Solche Düfte
sind mein
Leben

Solche Düfte sind mein Leben

Literarisches und Kulinarisches aus Baden-Württemberg

Solche Düfte sind mein Leben

Literarisches und Kulinarisches aus Baden-Württemberg

Badische und württembergische Autoren inspirierten Meisterköche und Bäckermeister des Landes
zu 102 Rezepten mit je einer farbigen Illustration

3., überarbeitete Auflage

HUGO MATTHAES DRUCKEREI UND VERLAG
GMBH & CO. KG

Grußwort

„Laß mi meine Küachla en deim Schmalz bacha, no därfst dein Speck en mei'm Kraut kocha!" Obwohl sie aus dem Schwäbischen kommt, gilt diese Redensart überall gleich in unserem Land. Und sie weist darauf hin, daß wir in Baden-Württemberg nicht nur gemütlich zusammensitzen, sondern dabei genauso gerne auch essen und trinken. Wieviel darauf früher schon Wert gelegt worden ist, davon legen alle Schriftsteller aus unserer Heimat Zeugnis ab, die in ihren Werken kulinarische Leckerbissen erwähnen oder beschreiben.

Die literarischen Häppchen von mehr als 60 schwäbischen und badischen Autoren aus unserem und den vergangenen vier Jahrhunderten haben nun Küchen- und Bäckermeister aus ganz Baden-Württemberg dazu angeregt, die bestgehüteten Geheimnisse ihrer Koch- und Backkünste preiszugeben.

Zusammen mit den jeweiligen literarischen Quellen und einer Kurzbiographie der dazugehörigen Dichter sind mehr als 100 Originalrezepte in diesem Buch abgedruckt. Hier findet der Leser nicht nur ein Rezept für den Zwiebelkuchen, wie ihn Eduard Mörike einmal erwähnte. Auch über die Zubereitung der Spaghetti alla Bolognese der Maria Luise Freifrau von Kaschnitz wird an dieser Stelle mehr verraten.

Das „Literarische Kochbuch" „Solche Düfte sind mein Leben" ist Teil einer Initiative der Landesregierung zur Lese- und Literaturförderung. Sie steht unter dem Motto „Baden-Württemberg: Orte für Worte – Literatur Lesen".
Ich wünsche Ihnen viel Vergnügen beim Durchblättern dieses interessanten Koch- und Backbuches und guten Appetit, wenn Sie das eine oder andere Rezept einmal ausprobieren.

Erwin Teufel
Ministerpräsident des Landes Baden-Württemberg

Vorwort

Die Idee dieses Buches, die Kunst des Kochens mit der Kunst des Schreibens und der bildenden Kunst zu verbinden, ist nicht nur schön, sondern auch tiefsinnig. Denn es gibt nicht nur eine Wirkung von seelischen Zuständen auf den Geist und Leib, sondern eine Wirkung des Leibes auf Seele und Geist. Dieses Feld ist noch wenig erforscht. Manches Kunstwerk und manche Dichtung mögen ihre Entstehung einem wohlgelungenen Rostbraten verdanken, dieses oder jenes anonyme Pamphlet mag durch einen übersäuerten Kartoffelsalat ausgelöst worden sein. Ich schlage vor, das Institut für Technikfolgenabschätzung in Stuttgart mit einer detaillierten Untersuchung dieser kulturpolitisch und gesundheitspolitisch nicht gerade unwichtigen Frage zu beauftragen. Daß der Wein einschlägig begabte Menschen zu Pinsel, Meißel und Feder (heute zum PC) greifen läßt, ist bekannt. Das Unterbewußtsein wird geöffnet, der Inhalt quillt hervor und drängt nach Realisierung. Eine gute Speise wirkt genauso wie der Wein. Hegel hat das Wort von der „Moralität des Essens und Trinkens" geprägt, freilich darauf verzichtet auszuführen, was er damit gemeint hat. So sind wir frei, unseren eigenen Sinn hineinzulegen. Der Linkshegelianer Feuerbach hat sogar geschrieben: „Der Mensch ist, was er ißt!"

Man achte auf das sogenannte Dreierles-S im letzten Wort. Dieses ist wichtig. Ich hoffe, daß dieses Rechtschreibproblem auch nach der Reform gelöst werden kann. Wenn nicht, greifen wir eben zu dem bekannten Götzzitat: „Wenn Ihr gegessen und getrunken habt, seid Ihr wie neu geboren; seid stärker, mutiger und geschickter zu Eurem Geschäft" (Götz von Berlichingen, I. Akt, Bruder Martin). Dieses Zitat eignet sich im übrigen hervorragend für Tischreden aller Art. Wenn der Tischredner sagt: „Da kann ich nur mit dem Götzzitat antworten", und dann kommen diese biederen Worte, sind die Zuhörer enttäuscht und erleichtert zugleich. Im übrigen bin ich nicht der Meinung von Feuerbach. Mozart war mehr als das Produkt von Tafelspitz und Kaiserschmarren und Schiller mehr als die Folge von sauren Kutteln, Spätzle und Kartoffelsalat.

Aber zurück zur Tischrede. Durch sie wird der Zusammenhang zwischen Wort und Speise am engsten. Besonders augenfällig wird dies, wenn die Speise bereits aufgetragen ist und der Redner sich dann erhebt. Macht er es nicht kurz, sondern lang, wird das Essen kalt beziehungsweise schmilzt das zum Nachtisch servierte Eis. Die Tischgäste betrachten traurig die Qualitätsverschlechterung des ihnen Gebotenen, und der Koch ist betrübt. Martin Luther, ein berühmter Tischredner, aber auch ein Freund guter Speisen und Getränke, wird sicherlich diesen Zusammenhang gekannt und auf ihn Rücksicht genommen haben. Im übrigen hat er sich so vorteilhaft über Schwaben und Bayern geäußert, daß ich ihm auch einen kalten Braten verzeihen würde. Er führt nämlich aus: „Wenn ich viel reisen sollte, wollte ich nirgends lieber als durch das Schwabenland und das Bayernland ziehen. Denn sie sind freundlich und gutwillig, herbergen gerne, gehen Fremden und Wandersleuten entgegen und tun den Leuten gütlich. Sachsen ist gar unfreundlich und unhöflich, da man weder gute Worte noch zum Essen gibt. Die Schweiz ist ein dürr und bergig Land. Drum sind sie engelich und hortig. Dort ist nicht viel Glaubens."

Unseren sächsischen und schweizerischen Lesern möchte ich versichern, daß Luther mit ihnen heute gewiß voll zufrieden wäre, und unsere badischen Landsleute mache ich darauf aufmerksam, daß mit den Schwaben auch sie gemeint sind, denn Luther konnte nicht vorausahnen, daß der alte Herzogsname „Schwaben" eines Tages nur auf die Württemberger Anwendung findet. Manche Württemberger tun nach außen so, als wären sie rauh und ruppig. Zwei Hochzeitern wird nachgesagt, daß der eine, dessen Braut hübsch war, gesagt hat: „Warum soll ich a Wüschte nemme, a Schöne frißt auch nicht mehr!" und der andere, dessen Braut zwar begütert, aber weniger ansehnlich war: „Schönheit vergeht, aber wüscht bleibt wüscht!" Aber ich glaube das nicht, und wenn es doch gesagt wurde, war es nicht so gemeint. Denn die schwäbische Seele ist durchaus empfindsamer Gedanken und feinsinniger Gefühle fähig. So wie unsere badischen Freunde sind wir für Kunst und feine Küche zu gewinnen.

Das Ruppige kommt eher aus dem Norden unseres Vaterlandes. Dies zeigt das Sinngedicht von Gotthold Ephraim Lessing:

Im Essen bist Du schnell
im Gehen bist Du faul.
Iß mit den Füßen Freund
und nimm zum Gehn das Maul.

Manfred Rommel

Manfred Rommel
Oberbürgermeister a.D. der Landeshauptstadt Stuttgart

Mit Leib und Seele genießen

Im September 1996, als für die Aktion „Baden-Württemberg: Orte für Worte – Literatur Lesen" die beteiligten Institutionen, Verbände und Gruppen zu einer ersten Anhörung zusammenkamen, entstand die Idee zu einem „Literarischen Kochbuch". Gedacht wurde zunächst an eine Publikation von Lieblingsspeisen badischer und württembergischer Literaten, die ihre Leibgerichte – im Idealfall mit eigenen Rezepten (nachbereitet von Meisterköchen und Bäckermeistern des Landes) – literarisch beschreiben oder in anderen Texten, zum Beispiel in einem Brief, darstellen. Und falls die Suche nach solchen Zitaten erfolglos bleiben sollte, wollte man auf die Kochbücher der Dichtermütter zurückgreifen, wie etwa auf jenes Kochbuch von Schillers Chère-mère, Louise von Lengefeld, das erst neulich in Marbach publiziert wurde.

Dieser Plan war jedoch aus mehreren Gründen nicht durchzuführen. Zum ersten haben sich nicht alle Autorinnen und Autoren über das geäußert, was sie am liebsten essen, und wenn sie es doch getan haben, dann in nur wenigen Fällen in einem literarischen Text. Zum zweiten sind erhaltene Kochbücher ihrer Mütter, in denen man vielleicht hätte fündig werden können, recht rar (dies gilt übrigens auch für Überliefertes von Ehefrauen und – was die Autorinnen unseres Jahrhunderts betrifft – von Ehemännern). Zum dritten sind die genannten Zutaten, zumindest in den bis Anfang dieses Jahrhunderts niedergeschriebenen Rezepten, heute oft nicht mehr oder nur sehr schwer erhältlich. Hinzu kommt, daß die angegebenen Maße und Gewichte damals noch nicht normiert waren (im späten 18. und frühen 19. Jahrhundert etwa wurde zwischen Hohlmaßen und Gewichten nicht immer unterschieden) und viele Speisen gegenüber den heute zubereiteten einen anderen Geschmack hatten (da wegen fehlender Kühlungsmöglichkeiten andere Konservierungsmethoden angewandt wurden).

Ohne die Idee aufzugeben, Literarisches mit Kulinarischem zu verknüpfen, änderte man deshalb die Konzeption. Da das Kochen mit Recht zu den Künsten gezählt wird, ist es ein schöpferischer Vorgang, der gleich dem Dichten Phantasie und Gefühl verlangt. Es sollte also von beidem, dem Lesen und dem Essen, Delikates zum Ausprobieren gesucht werden. Herausgekommen ist dabei etwas, das die Freuden der Tafel, das genüßliche Essen, und die Freuden der Sinne, das vergnügliche Lesen, zu einem gemeinsamen Erlebnis für Leib und Seele werden läßt. Als Leseanregung für jedermann „serviert" das Buch jetzt auf der einen Seite schriftstellerische „Versucherle", „Gustostückle" sozusagen, von herausragenden Dichterinnen und Dichtern Badens und Württembergs und „garniert" die Texte mit Porträts sowie kurzen Lebensbeschreibungen der Literaten. Und auf der anderen Seite präsentieren Meisterköche und Bäckermeister des Landes, die sich von den Erwähnungen über das Essen und Trinken in eben jenen Texten haben zu köstlichen Gerichten und Backwerken inspirieren lassen, ihre Rezepte, von der Suppe bis zum Dessert, von der Laugenbrezel bis zum Napfkuchen. Die Speisen, das Gekochte und das Gebackene (in der Regel mit der Empfehlung für einen passenden Wein ergänzt), gehören dabei sowohl der Alltags- wie auch der feineren Küche an.

Die dichterischen Stichworte aus den bis auf wenige Ausnahmen ohne Veränderungen (das heißt buchstabengetreu nach den Drucken) wiedergegebenen Texten sollten die Phantasie der Köche und Bäcker zu Gaumenfreuden ihrer Wahl anregen und nicht einengen, nicht Fessel sein. Die Inspiration stand deshalb beim Zusammenstellen der Rezepte im Vordergrund. So wird der „Fisch" zum „Bodenseefelchen", der „Speck und das Weißbrot" werden zu Speckseelen, die „Kirschen" zum „Kirschküchle mit Mandelschaum". Und der „Auerhahn", der heutzutage ja geschützt ist, verwandelt sich in einen „Fasan". Bei Gemüse und Fleischrezepten wird in der Regel die dazugehörige Beilage empfohlen. Sofern nicht anders angegeben, beziehen sich die Rezepte auf vier Portionen.

Zu einem Tafelfest gehört amüsantes Plaudern, mit Freunden und guten Bekannten zumeist. Die Literatur wiederum ist die Grundlage einer geistvollen Plauderei, eine Unterhaltung während der Tafel also per se etwas Literarisches, das zudem als geeignete Anregung und unerschöpflicher Fundus zu individuellen Tischreden gilt. So entstand vorliegende Anthologie (die hinsichtlich der zitierten Autorinnen und Autoren keinesfalls Anspruch auf Vollständigkeit erhebt) sozusagen als literarischer Eßkorb aus badischen und württembergischen Landen.

Albrecht Bergold

Schiller Nationalmuseum, Deutsches Literaturarchiv Marbach a. N.

Inhalt

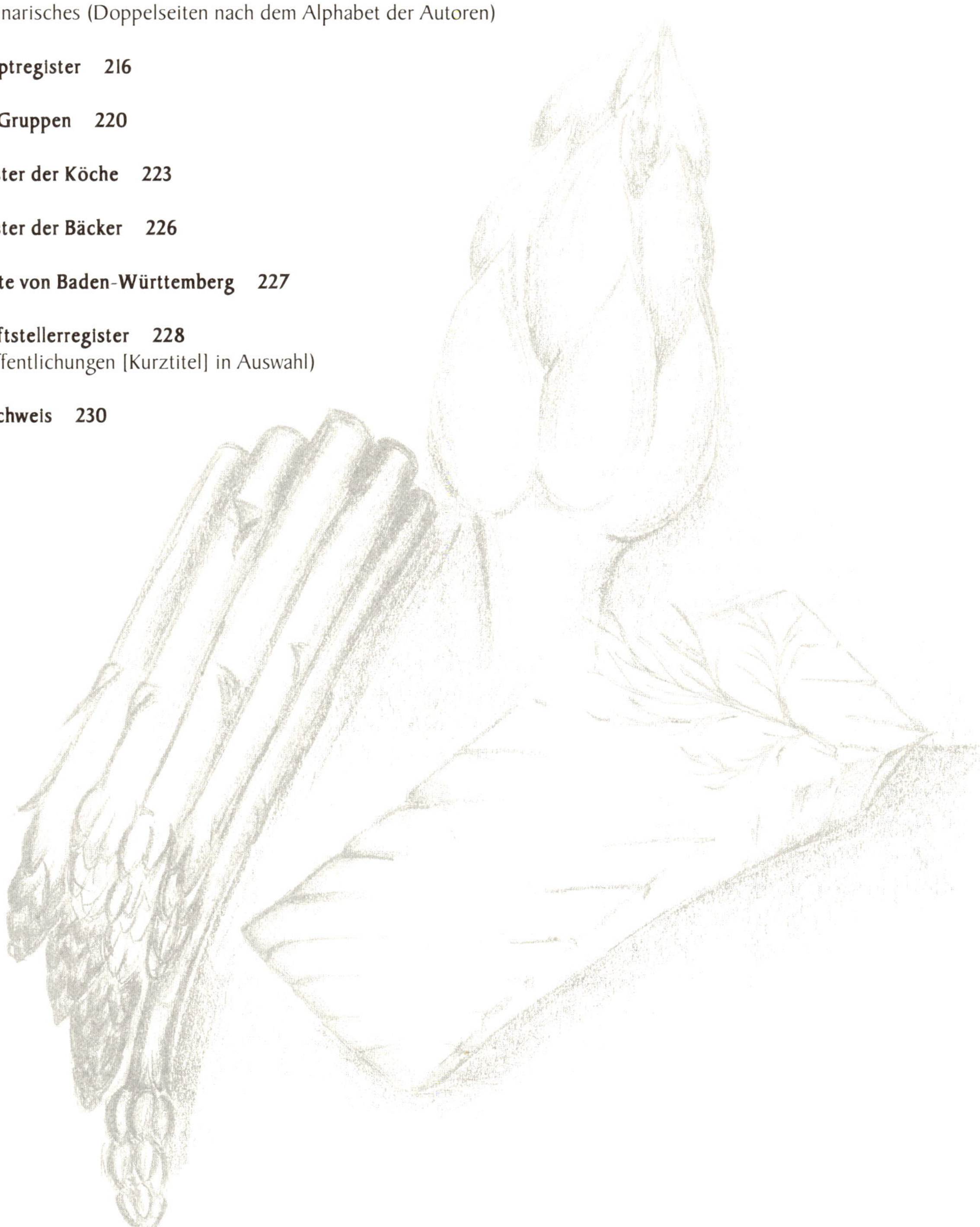

Berthold Auerbach,
Barfüßele, S. 488,
in: Ausgewählte Werke, Bd. 3,
Schwarzwälder Dorfgeschichten,
Leipzig: Lippold o. J.,
S. 403–503

Am ersten Wirtshause vor dem Tore kehrten sie ein, und Amrei sagte, als sie mit Johannes in der Stube war und dieser einen guten Kaffee bestellt hatte: „Die Welt ist doch prächtig eingerichtet! Da haben die Leute ein Haus hergestellt und Stühle und Bänke und Tische und eine Küche, darauf brennt das Feuer, und da haben sie Kaffee und Milch und Zucker und das schöne Geschirr, und das richten sie alles her, wie wenn wir's bestellt hätten, und wenn wir weiterkommen, sind immer wieder Leute da und Häuser und alles drin. Es ist gerade wie im Märlein: Tischlein, deck dich!" „Aber Knüppel aus dem Sack! gehört auch dazu", sagte Johannes, griff in die Tasche und holte eine Handvoll Geld heraus, „ohne das kriegst du nichts." „Ja freilich", sagte Amrei, „wer diese Räder hat, der kann durch die Welt rollen. Sag', Johannes, hat dir je in deinem Leben ein Kaffee so geschmeckt, wie der? Und das frische Weißbrot! Du hast nur zu viel bestellt; wir können das nicht alles ermachen; das Weißbrot, das steck' ich zu mir, aber es ist schad' um den guten Kaffee; oh! wie manchem Armen tät' der wohl, und wir müssen ihn da stehen lassen, und du mußt ihn doch bezahlen."

Und das frische Weißbrot!

Berthold Auerbach
1812 Nordstetten/Schwarzw. – 1882 Cannes

Die ersten zwölf Lebensjahre verbrachte Berthold Auerbach (eigentlich Moses Baruch Auerbacher) in seinem Schwarzwälder Heimatdorf zusammen mit zehn Geschwistern im Kreise seiner jüdischen Familie. Da er Gelehrter werden sollte, kam er 1825 auf die Hechinger Talmudschule, 1827 auf die Rabbinerschule in Karlsruhe. Im Frühjahr 1830 brach er die theologische Ausbildung ab, absolvierte in Stuttgart die oberen Klassen des Gymnasiums und studierte anschließend in Tübingen Rechtswissenschaft. Von D. F. Strauß beeinflußt, wandte er sich der Philosophie zu und wechselte zur Universität München. Wegen seiner radikal-liberalen Einstellung wurde der überzeugte Burschenschaftler nicht nur vom Studium ausgeschlossen, sondern mußte 1837 auf dem Asperg auch eine kurze Haftstrafe absitzen. Nach dem Abschluß seiner Studien in Heidelberg wurde er zunächst Mitarbeiter an Lewalds Zeitschrift „Europa". Von 1840 an arbeitete er in Bonn, 1841 bis 1845 in Karlsruhe als Kalenderredakteur. In dieser Zeit begann er seine „Schwarzwälder Dorfgeschichten". Auerbach lebte seither als freier Schriftsteller, unter anderem in Weimar, Leipzig, Dresden, Breslau und Wien. 1848 ließ er sich in Dresden nieder, von 1859 an lebte er vorwiegend in Berlin. Zur Wiederherstellung seiner Gesundheit zog er 1881 nach Cannes in Frankreich. Er starb dort 1882, wurde jedoch in seinem Heimatdorf Nordstetten begraben.

Weißbrot

Zutaten:
1 kg Mehl (Type 405 oder 550)
20 g Margarine
20 g Salz
35 g Hefe
20 g Zucker
600 ml Wasser

Zubereitung:
Alle Zutaten in eine Schüssel geben und einen glatten, geschmeidigen Teig kneten. Teig abgedeckt etwa 30 Minuten ruhen lassen. Dann in 2 bis 3 gleich große Stücke je nach Brotgröße teilen, formen und in Backformen einlegen oder einzeln auf mit Backpapier belegte Bleche legen und abgedeckt gehen lassen. Wird auf dem Blech gebacken, erst unmittelbar vor dem Backen an der Oberfläche etwa 2 cm tief einschneiden, bei runden Broten über Kreuz, bei langen Broten 4- bis 6mal schräg. Vor dem Backen mit Wasser abstreichen, ebenso nach Ende des Backens.
Backzeit etwa 35 Minuten. Backtemperatur etwa 220 °C.

Bäckerei Saur,
Horb

Weinempfehlung:
Schiller Qualitätswein

Berthold Auerbach, Die Frau Professorin, S. 174, in: Ausgewählte Werke, Bd. 3, Schwarzwälder Dorfgeschichten, Leipzig: Lippold o. J., S. 134–207

Die Mutter nahm Reinhard beiseite und sagte: „Habt nur immer ein getreu Aug' auf mein Lorle, so gibt's kein Kind mehr, soweit der Himmel blau ist; es hat ein gar lindes Herz, und wenn es einen Kummer hat, verdruckt es ihn in sich hinein, wenn's ihm auch hier das Herz abstoßt und ... sorget dafür, daß es sich in den Stadtkleidern nicht verkältet, es ist nicht dran gewohnt, und lasset ihm ein Fleischsüpple kochen, wo ihr über Nacht bleibet, es muß sie essen, es muß, es hat heut noch keinen Bissen übers Herz bracht ... und denket auch oft an Eure Mutter im Himmel ... und b'hüt Euch Gott."
Mit Lorle sprach die Mutter selbst gar nichts mehr, sie streichelte nur immer den schönen Mantel, den sie über hatte, und fragte: „Hast auch warm? Nimm dich nur in acht, es wird kühl gegen Abend, besonders im Fahren."
Lorle nickte bejahend, sie konnte nicht mehr reden.

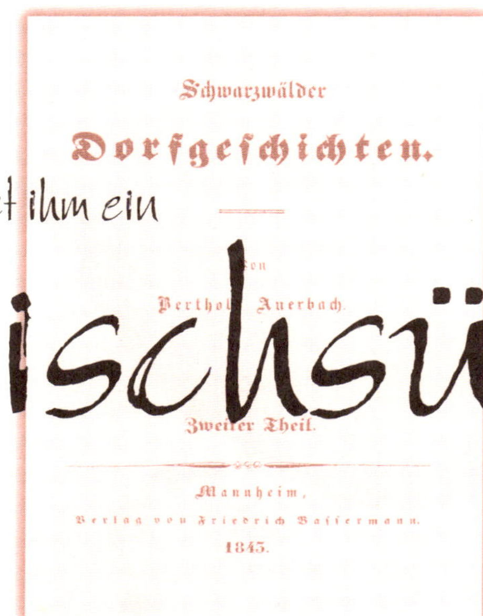
Schwarzwälder
Dorfgeschichten.
von
Berthold Auerbach.
Zweiter Theil.
Mannheim,
Verlag von Friedrich Bassermann.
1843.

und lasset ihm ein

Fleischsüpple

kochen

Berthold Auerbach
1812 Nordstetten/Schwarzw. – 1882 Cannes

Als 1836 sich die literarischen und politischen Kreise über die Tendenzen des jungen Deutschlands stritten, erschien Auerbachs erste Broschüre mit dem Titel „Das Judentum und die neueste Literatur. Ein kritischer Versuch". Schon ein Jahr später veröffentlichte er den zweibändigen Roman „Spinoza", in dem er – wie auch mit dem Roman „Dichter und Kaufmann" (1840) – für liberale Ideen sowie für ein selbstbewußtes und kulturelles Denken der Juden eintrat. Mit den „Schwarzwälder Dorfgeschichten", die zwischen 1843 und 1854 erschienen, wurde er nicht nur zu einem der populärsten deutschen Schriftsteller, sondern schrieb auch europäische Literaturgeschichte. Die volkserzieherischen Erzählungen, die dem städtischen Bildungsbürgertum ein von Gefühl geprägtes, idyllisches, einfaches und realistisches ländliches Heimatbild gegenüberstellen, ahmten viele Schriftsteller nach. Erfolgreich waren auch seine Kalender „Der Gevattersmann" (1845–1848) und die „Volkskalender" (1858–1868). Seine späteren Schriften befaßten sich mit schwerwiegenderen Konflikten und weltanschaulichen Problemen und zeichneten oft ein zu ideales und damit unechtes Bauernleben, wie etwa der Roman „Barfüßele" (1856).

Fleischsuppe mit Grießnocken und Gemüserauten

Zutaten:
Fleischsuppe:
400 g Tafelspitz
Gemüsebündel
1 Lorbeerblatt
2 Nelken
5 Pfefferkörner
3 TL Meersalz
2 l Wasser

Grießnocken:
1 Ei
50 g Butter
100 g Grieß
Salz
Pfeffer
Muskat

Gemüserauten:
300 g gelbe Rüben
Sellerie
Petersilienwurzel
Lauch (geputzt und geschält)
1 kleines Bd. Schnittlauch

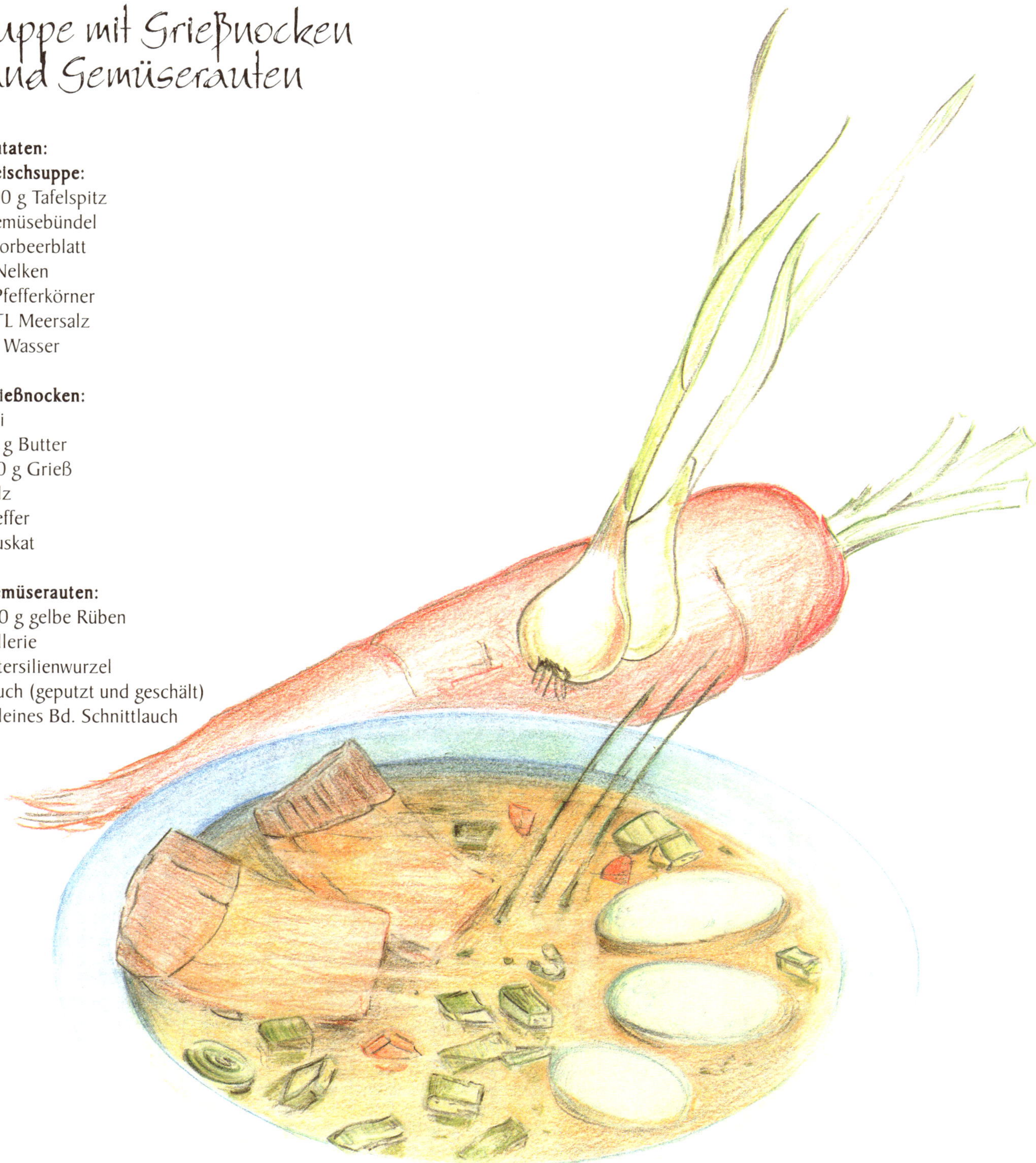

Zubereitung:
Fleischsuppe:
Den Tafelspitz waschen und abtrocknen, in das siedende Wasser geben, kurz aufwallen lassen, Hitze zurückdrehen, bis die Suppe nur noch simmert, abschäumen, die Gewürze zugeben und etwa $1^1/_2$ Stunden simmern lassen. Nach etwa 1 Stunde das Gemüsebündel zugeben und mit gar ziehen lassen. Zwischendurch öfters abschäumen, damit die Suppe schön klar bleibt.
Grießnocken:
Unterdessen die Grießnocken bereiten: die Butter schaumig schlagen, die Gewürze unterrühren, das Ei unterschlagen und den Grieß einrühren. Mit 2 Teelöffeln in leicht köchelndes Salzwasser einlegen und etwa 10 bis 15 Minuten gar ziehen lassen.
Gemüserauten:
Die Gemüse in schöne Rauten schneiden, kurz in Salzwasser überbrühen und in kaltem Wasser abschrecken. Nach Ende der Garzeit das Fleisch entnehmen, in gefällige Scheiben schneiden und warm stellen. Die Suppe abschmecken mit Meersalz, Pfeffer, Muskat und durch ein Tuch passieren. Das Fleisch, die Grießnocken, die Gemüserauten (alles erwärmt) schön in Suppenteller anrichten und mit der heißen Suppe übergießen. Mit dem frischen geschnittenen Schnittlauch garnieren und mit frischem Brot servieren.

Erich Stradinger,
„IBM Restaurant Cafeteria",
Böblingen

Weinempfehlung:
Trollinger QbA
trocken oder halbtrocken

Ludwig Bauer,
Die Überschwänglichen, Bd. 1,
Ludwigsburg:
Gesellschaft der Mörike-Freunde 1928,
S. 118–119
(Schriften der Gesellschaft der
Mörikefreunde, Bd. 6/7)

Nun ging ein Leben in der Küche an! In hundert Töpfen begann es zu sieden, zu schmoren und zu strudeln.
Wir hatten eine geschickte Köchin. Dennoch unterließ es Ida nicht, das Kochbuch in der Hand, am Herde auf- und abzugehen und über Pudding und Rostbeaf pathetisch zu perorieren. Dampfnudeln und einige andre gedämpfte Speisen sollten das Mahl eröffnen, um, wie sie sich ausdrückte, auf die Kunst des Briten sinnig anzuspielen. Dukaten-Nudeln sollten den Schluß machen und das goldne Ziel bezeichnen, welchem die höhere Mechanik zustrebt …
Ida staunte, mich so im Feuer zu sehen und noch mehr, als ich dem unsterblichen Fulton mit den Worten einen Toast ausbrachte: „Auf dem Gipfel des Dhawalagiri verdient er ein Denkmal, das ihm von Dampfaeronauten gebaut werde!"
„Und doch wollte ich wetten", unterbrach ihn Lawson, „daß Ihre schönsten Prachtwerke unter der gewöhnlichen Presse entstanden sind; und Lady Ida hat auf dem ordinärsten Herde von der Welt ein Kunststück von Rostbeaf gezaubert, das den Neid der Küche von Windsor erregen würde."

ein Kunststück von Rostbeaf gezaubert

Ludwig Bauer
1803 Orendsall – 1846 Stuttgart

Ludwig Bauer war noch nicht einmal zwölf Jahre alt, als sein Vater starb. So wurde der Pfarrerssohn zunächst in Ernsbach und später in Brackenheim für das Landexamen vorbereitet. 1817 bezog er das Blaubeurer Seminar, 1821 – als Primus seines Jahrgangs – begann er sein Theologiestudium am Tübinger Stift. Dort verband ihn eine enge Freundschaft mit Mörike, dort entstand auch der Mythos Orplid, jener romantische Gedanke, an den Märchenhaftes und Phantastisches wie auch Reales geknüpft wurden. Aus familiären Gründen verzichtete Bauer 1825 nach erfolgreichem Studium auf eine ihm angebotene Repetentenstelle und übernahm die Pfarrstelle in Ernsbach. 1831 folgte er aber als Lehrer für klassische Philologie dem Ruf an die Erziehungsanstalt Stetten im Remstal. Nach Ablegung des Professoralexamens konnte er vier Jahre später sein Lehramt am Stuttgarter Katharinenstift fortsetzen. Als Gustav Schwabs Nachfolger am Oberen Gymnasium entwickelte Professor Bauer eine vielseitige Geschäftigkeit. Vorträge, Vorlesungen, Privatstunden und schriftstellerische Arbeiten prägten sein Leben, aus dem ein plötzlicher Tod ihn mit 43 Jahren entriß. Schon in seiner Amtszeit als Pfarrer war Bauers Drama „Der heimliche Maluff" (1828) – seine Orplid-Dichtung – erschienen; es folgten der satirische Roman „Die Überschwänglichen" und „Alexander der Große, Karaktergemälde in drei Abtheilungen" (1836), ein Werk, mit dem er historische, realistische Stoffe formte. Weitere Veröffentlichungen waren die vielbeachtete „Allgemeine Weltgeschichte für alle Stände" in sechs Bänden (1836–1839), „Kaiser Barbarossa. Dichtergabe zum Kölner Dombau" und „Schwaben wie es war und ist" (1842) sowie „Panorama der deutschen Klassiker" (1844–1847).

Rosa gebratenes Roastbeef mit Trollingersauce und Weißkrautroulade

Zutaten:
800 g Roastbeef oder Hochrippe
1 kleiner Kopf Weißkraut
1 Schalotte (in feinen Würfeln)
1 gelbe Rübe (in feinen Würfeln)
½ Stange Lauch (in feinen Würfeln)
100 g Frischkäse
3 Eigelb
100 g geriebenes Weißbrot
⅛ l Weißwein
¼ l Trollinger
¼ l Fleischbrühe
1 EL grobkörniger Senf
80 g Butter
20 g Speisestärke
2 EL Sonnenblumenöl
Salz, Pfeffer, Muskat

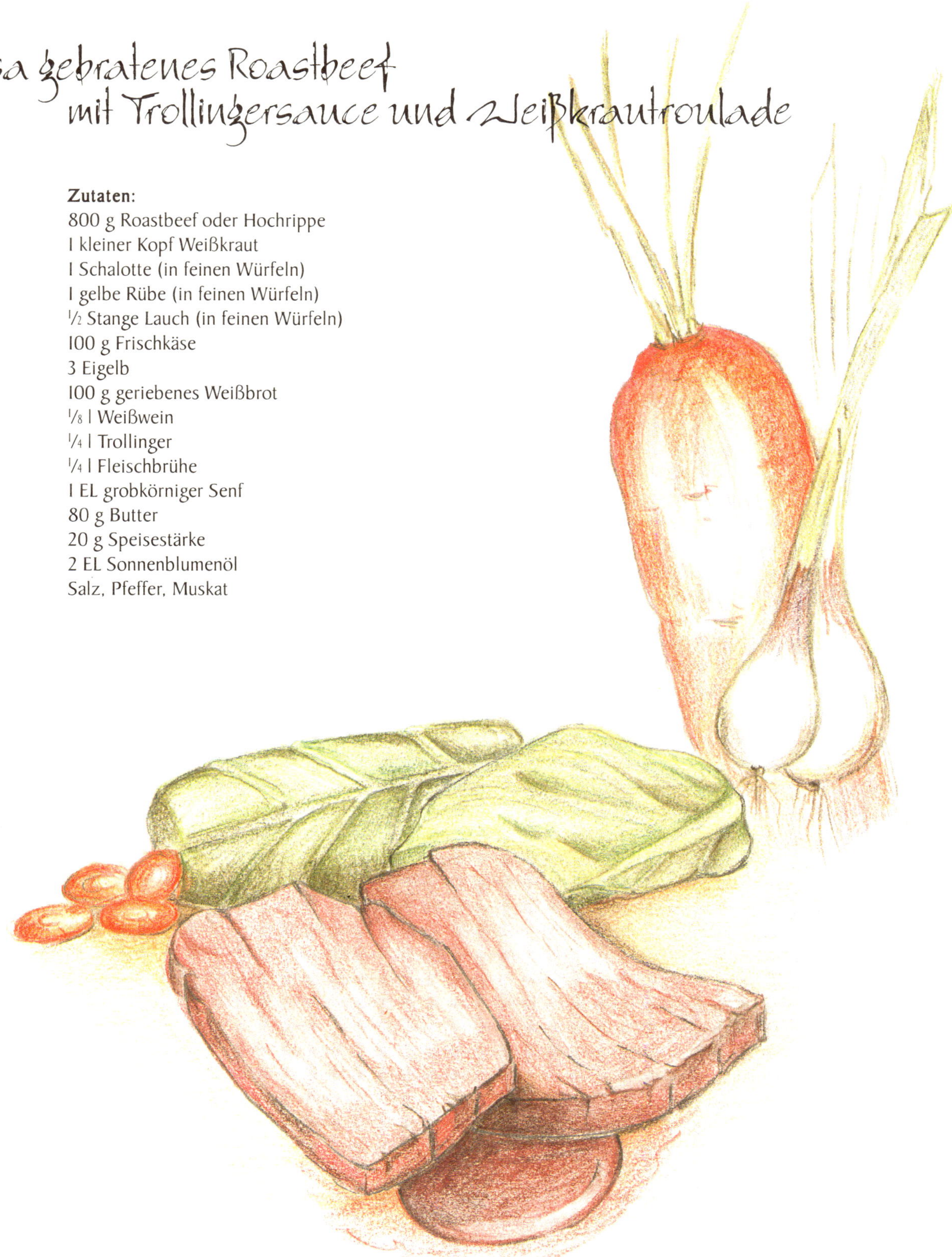

Zubereitung:
Roastbeef mit dem Senf einstreichen, mit Salz und Pfeffer würzen, in einem Bräter in Öl anbraten und bei 160 °C für 40 Minuten in den Backofen schieben.
Strunk vom Weißkrautkopf großzügig herausschneiden, 8 äußere Blätter ablösen und in Salzwasser überbrühen, auf Küchenkrepp trocknen. Schalotte in Butter glasig dünsten, gelbe Rübe, Lauch und das restliche, feingeschnittene Weißkraut dazugeben, würzen, mit dem Weißwein weich dünsten. Nach dem Auskühlen Eier und Frischkäse gut mit dem Weißkraut vermengen und abschmecken. Die Masse auf die Krautblätter streichen, zu Rouladen drehen, in eingeölte Alufolie wie Bonbons einwickeln und 25 Minuten in Salzwasser bei mäßiger Hitze garen, nicht kochen.
Das Roastbeef 10 Minuten abgedeckt auf einer Platte ruhen lassen. Den Bratensaft im Bräter mit Rotwein und Fleischbrühe ablöschen, mit Speisestärke abbinden und auf ¼ l Flüssigkeit einkochen.
Vor dem Servieren 20 g frische Butterflocken mit dem Schneebesen unterrühren. Das zerlegte Roastbeef mit den Kohlrouladen anrichten, die Trollingersauce angießen.
Als Beilage empfehlen sich Mohnschupfnudeln oder Kartoffelpüree.

Ulrich Knoch,
„Pavillon Restaurant,
Stadthalle Nellingen",
Ostfildern

Weinempfehlung:
Trollinger mit Lemberger

Emanuel von Bodman,
Die Sergeantin, S. 92–93,
in: Gedichte und Erzählungen,
Marbach: Deutsche
Schillergesellschaft 1964,
S. 72–93

Betty fragte, ob sie sich setzen dürfe, und als es ihr gewährt wurde, erwiderte sie, es sei schon ihr Wunsch, sich wieder zur Fahne zu stellen, wenn sie nur ihr Kind bei sich behalten dürfe, es sei ihr lieb wie ihr Augapfel, und sie wolle seine Erziehung schon in gutem Sinn in die Hand nehmen. Der Kapitän versprach ihr, sich dafür zu verwenden, dann fragte er, ob er's ansehen dürfe, worauf die Offizierin ihn und Betty in den Kindersaal führte, wo es mit einer Reihe andrer schreiender junger Erdenbürger soeben von zwei Schwestern auf dem Tisch gewickelt wurde. „Was für ein strammer Bub!" rief er aus, „das wäre doch schade, wenn der nicht in unsere Armee eintreten würde!" „Schon", lächelte Betty, „der muß aber mindestens Stabskapitän werden!" „Wir wollen abwarten", sagte der Kapitän, „die Figur hätte er dazu."
Er ließ sich nun in die Kaffeehalle führen, wo ihm eine Tasse Milchkaffee und ein Stück Napfkuchen angeboten wurden, was er nicht ablehnte. Dann nahm er seine Gitarre und verabschiedete sich von den Kameradinnen und von Betty.

wo ihm eine Tasse Milchkaffee und ein Stück Napfkuchen angeboten wurden

Emanuel von Bodman
1874 Friedrichshafen – 1946 Gottlieben

Emanuel Freiherr von und zu Bodman siedelte mit seiner Familie 1883 nach Kreuzlingen (Kanton Thurgau) über, das Gymnasium besuchte der Sohn einer alten badischen Adels- und Diplomatenfamilie aber in Konstanz. Nach dem Abitur 1893 studierte er, der von Anfang an den Beruf eines freien Schriftstellers anstrebte, in München, dann in Zürich und Berlin und schließlich wieder in München ohne bestimmte Zielrichtung. Nach ersten dichterischen Erfolgen lebte er als Schriftsteller in Zürich, Kronberg im Taunus, Emmishofen im Thurgau und von 1905 an wieder in Zürich. Später zog er nach Kilchberg, dann – 1912 – nach Tägerwilen im Thurgau. In den Kriegsjahren 1916 bis 1918 leistete Bodman freiwilligen Kriegsdienst in Belgien und Stuttgart, obwohl er seiner Natur nach unpolitisch und ihm alle Gewalt fremd war. 1928 kaufte er sich ein Haus in Gottlieben bei Konstanz, in dem er bis zu seinem Tode lebte. Bodman, der vor allem mit seinen feinsinnigen, formstrengen Gedichten individuelle Erfahrungen ins Allgemeingültige übertrug, stand dem Neuklassizismus und der Neuromantik nahe. Seine Hauptwerke, die sich auch durch ihre sprachliche Schönheit, ihren reinen, klassischen Stil auszeichnen, waren die Gedichtbände „Stufen" (1894), „Erde" (1896), „Neue Lieder" (1902), „Der Wandrer und der Weg" (1907) und „Mein Vaterland" (1914), die Novellen „Jakob Schläpfle" (1901), „Erwachen" (1906) und „Das hohe Seil" (1915) sowie die Tragödien „Der Fremdling von Murten" (1907) und „Die heimliche Krone" (1909).

Napfkuchen

Zutaten:
300 g Weizenmehl (Type 405)
20 g Backhefe
125 ml Vollmilch
125 g Butter (etwa 28 °C, nicht aus dem Kühlschrank)
60 g Zucker
1 g Salz, das Abgeriebene von 1 Zitrone
1 Ei (Raumtemperatur)
1 Eigelb (Raumtemperatur)
90 g Sultaninen (mit Wasser abwaschen)
45 g Zitronat
15 g Orangeat
50 g Mandeln (gestiftelt, geröstet)

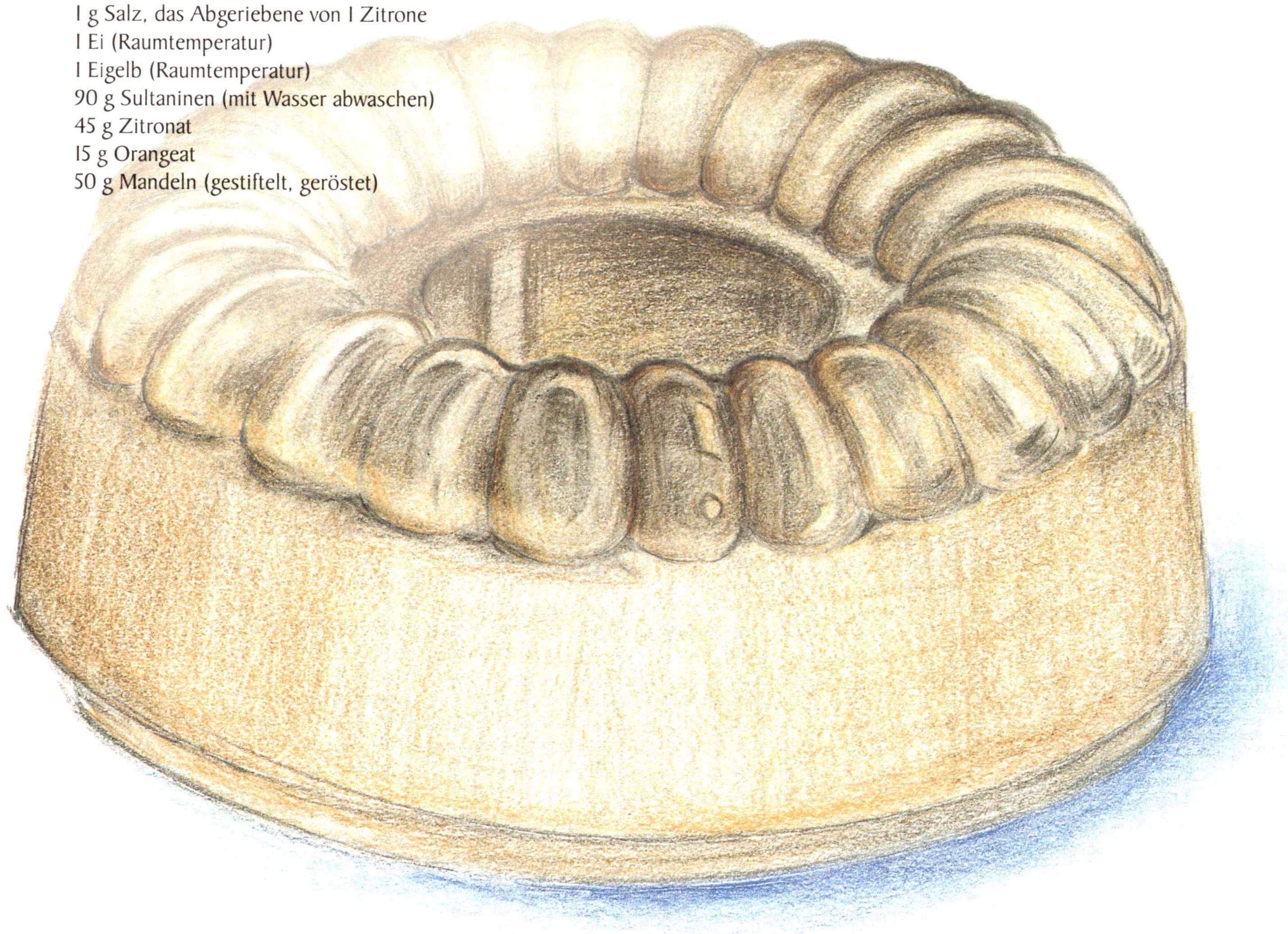

Zubereitung:
Zur Herstellung des Napfkuchens einen Vorteig bereiten. Dazu die Hälfte des Mehles (150 g), Hefe und die Milch in die Küchenmaschine geben. Mit einem Knethaken oder einem dicken Rührbesen den Teig so intensiv bearbeiten, daß er sich vom Schüsselrand ablöst. Den Vorteig nun an einen warmen Ort stellen und 30 Minuten gehen lassen.
In der Zwischenzeit die Butter, den Zucker, das Salz, die abgeriebene Zitronenschale sowie Ei und Eigelb in der Küchenmaschine schaumig rühren. Die Zutaten sollen Raumtemperatur besitzen, damit sich ein großes Volumen bilden kann. Nun den Vorteig und die andere Hälfte des Mehles in die schaumig gerührte Masse geben. Mit einem Knethaken den Teig so lange kneten, bis er sich wieder vom Schüsselrand ablöst. Nach einer Teigruhe von etwa 10 Minuten die Früchte vorsichtig unterkneten, aber darauf achten, daß die Sultaninen nicht zerdrückt werden. In die vorbereitete Napfkuchenform nun den Teig geben und ihn an einem warmen Ort etwa 15 Minuten gehen lassen. Backofen auf 210 °C vorheizen. Dann Backtemperatur auf 180 °C reduzieren. Backzeit etwa 45 Minuten.

Tip:
Als Napfkuchenformen eignen sich besonders Formen aus Ton, die aber vorher in Wasser geweicht werden müssen. Auch Formen aus Stahl oder beschichtete Formen können verwendet werden. Die Formen sollen mit Fett bestrichen und danach mit Mehl oder Paniermehl ausgestreut werden. Um eine längere Frischhaltung zu erzielen, kann der Napfkuchen mit heißer Butter bestrichen und mit Zucker bestreut werden. Aber auch ein Bestreichen mit heißer Aprikosenkonfitüre und ein Glasieren mit nicht zu warmem Fondant (Zuckerwerk) sind möglich.

Bäckerei Sauter,
Friedrichshafen

Weinempfehlung:
älterer, halbtrockener
Lemberger
oder Spätburgunder

Manfred Bosch,
Im grünen Inn,
in: Mordio & Cetera,
München: Relief-Verlag 1971
(ohne Seitenangabe)

im GRÜNEN INN
am nachbartisch
höre ich jemanden,
der eben noch
das fehlen echter ideale
bedauerte,
sagen:
für einen wurstsalat
gäbe ich jetzt
mein leben

na bitte!

für einen

wurstsalat

gäbe ich jetzt mein leben

Manfred Bosch
1947 Bad Dürrheim

Manfred Bosch wuchs in Radolfzell am Bodensee auf und besuchte das dortige Gymnasium. Nach dem Abitur leistete er als Kriegsdienstverweigerer Ersatzdienst in einem Münchner Altersheim. Der freie Schriftsteller und Publizist, der auch der Redaktion der Zeitschrift „Publikation" angehörte, lebte zunächst in München. Erste Veröffentlichungen erschienen bereits 1969, die Epigramme „ein fuß in der tür" (1970), die Westerngedichte „lauter Helden" (1971) und „Wir sind gemachte Leute" (1971) folgten. 1978 erhielt er den Bodensee-Literaturpreis der Stadt Überlingen. Der Mitherausgeber und Redakteur der alemannischen Zeitschrift „Allmende", der nun in Rheinfelden/Baden wohnt, beschäftigte sich auch mit der Mundart: Er gab bis Mitte der 80er Jahre die Bändchen „Uf den Dag wart i", „Mir hond no gnueg am Aalta", „Ihr sind mir e schäne Gsellschaft" und „Wa sollet au d Leit denke" heraus. Boschs Studien über die Zeit der Nationalsozialisten („Als die Freiheit unterging"; 1985) und seine Dokumentation über die Nachkriegszeit in Südbaden („Der Neubeginn"; 1988) erlangten ebenfalls große Beachtung.

Schwäbischer Wurstsalat

Zutaten:
400 g Schinkenwurst
400 g Schwarzwurst oder Griebenwurst
1 Zwiebel
2 Fleischtomaten
2 Essiggurken
1 kleines Bd. Schnittlauch
100 ml Tafelöl
6 EL Rotweinessig
Salz, Pfeffer aus der Mühle

Zubereitung:
Wurst in feine Streifen schneiden und mit Öl, Essig und Pfeffer aus der Mühle anmachen. Tomaten und Gurken waschen, vierteln und in feine Scheiben schneiden. Zwiebel fein würfeln, alles zusammen leicht salzen und unter den Wurstsalat mengen.

Den Wurstsalat in einer Schüssel anrichten und mit feinen Schnittlauchröllchen bestreuen.
Dazu passen als Beilage ein leicht gesalzener roter Rettich oder Radiesle, herzhaftes Bauernbrot sowie Röstkartoffeln.

Ralph Schmid,
„Sudhäusle",
Schorndorf

Weinempfehlung:
Schiller Qualitätswein
oder Birnenmost

Michael Buck,
Ein oberschwäbische Dorfgeschichte, S. 59,
in: Bagenga', Oberschwäbische Gedichte,
Stuttgart: Lutz 1892,
S. 1–72

Da saßen am Eckstein
gegenüber drei Knaben mit
einem Zwerchsack.
Es waren mein Bruder
Anton, ein Vetter Johannes
und ein dritter mit Namen
Felix Zoll. Ich eile hinunter.
Sie sagen: „jetzt warten wir
schon eine gute halbe
Stunde und sehen immer an
den Fenstern hinauf."
„Ja warum seid ihr denn
nicht heraufgekommen?"
„O wir hatten das Kuraschi
nicht."
Sie erzählten, wie sie schon
morgens 4 Uhr daheim
fortgegangen seien und
abwechselnd den Zwerch-
sack getragen haben.
Ich nahm sie mit hinauf.
Hier aber war ihnen nicht
wohl.
So gingen wir vor die Stadt
hinaus in ein Wirtshäuslein,
tranken Weißbier und
zehrten von dem Inhalt des
Zwerchsacks, der in Weiß-
brot und Speck bestand,
für mich ein Leckerbissen!
Die armen Tropfen gingen
noch am gleichen Tag
wieder heim; es war hin und
her ein Marsch von zwölf
Stunden.
Bisweilen geschah es, daß
ein Ertinger Viehhändler, der
nach Biberach reiste, mir
einen Laib Brot mit Speck
brachte.
Zu meinem Entzücken war
mehrmals in der Mitte des
Laibs ein Kronenthaler,
den die Mutter mit einem
tiefen Messerstich hinein-
geschoben hatte.

Weißbrot und Speck

… für mich ein Leckerbissen!

Michael Buck
1832 Ertringen/Bussen – 1888 Ehingen

Als Sohn einer Bauernfamilie am Fuße des Bussen aufgewachsen, kam Michael Buck mit elf Jahren auf die Biberacher Lateinschule. Nach bestandenem Examen wurde er 1848 in das bischöfliche Konvikt Ehingen aufgenommen. 1852 begann er in Tübingen mit dem Medizinstudium, das er in München mit der Promotion beendete. Zurück in Tübingen, legte Buck 1858 das medizinische Staatsexamen und die gerichtsärztliche Prüfung ab. Während seiner anschließenden ärztlichen Tätigkeit in verschiedenen Orten Oberschwabens und später als Oberamtsarzt in Ehingen veröffentlichte er neben seinen Mundartdichtungen volkskundliche und geschichtliche Schriften. Obwohl seine ersten Gedichte in hochdeutscher Sprache verfaßt waren, bevorzugte er später für seine Dichtungen hauptsächlich seinen Heimatdialekt. Seine durch Humor und hintergründigen Lebensernst wie auch tiefe religiöse Überzeugungen geprägten Verse befassen sich besonders mit Erlebnissen aus der Kindheit und heimatlichen Themen. Eine erste selbständige Veröffentlichung erschien 1864 unter dem Titel „Medizinischer Volksglaube und Aberglaube aus Schwaben"; dem Bändchen „Der Bussen und seine Umgebung" (1868) folgten unter anderem die „Oberschwäbischen Dorfbilder" (1870).

Speckseelen

Zutaten:
300 g Dinkelmehl
700 g Weizenmehl (Type 405 oder 550)
20 g Salz
40 g Hefe
680 ml Wasser (kalt)
120 g Schinkenspeck

Zubereitung:
Alle Zutaten in eine Schüssel geben und einen glatten Teig kneten. Den Teig mindestens 3 Stunden ruhen lassen (am besten an einem kühlen Ort über Nacht). Teig auf eine Platte legen und mit nassen Händen oder einem Teigschaber etwa 20 cm lange und 100 g schwere Stücke abdrücken. Etwas in die Länge ziehen, insgesamt etwa 30 cm, und auf ein mit Backpapier belegtes Blech setzen. Nochmals etwa 20 Minuten ruhen lassen und backen. Eventuell vor dem Backen noch etwas Speck aufstreuen.
Backzeit etwa 25 Minuten. Backtemperatur etwa 240 °C.

Bäckerei Kapp, Ertingen

Weinempfehlung:
Trollinger oder schwäbischer Most

Sebastian Blau (d. i. Josef Eberle),
Schwäbisch,
München: Piper & Co. 1946,
S. 145–146

Die Spätzle' – auf dieses Wort hat der Leser doch schon lange gewartet! –, die Spätzle' sind das Fundament unsrer Küche, der Ruhm unsres Landes, die Pièce de résistance des Schwabenpotts, das A und O der schwäbischen Speisekarte, der Prüfstein für die hausfrauliche Ehrbarkeit der Schwäbinnen und den Auslandsschwaben eine handfeste Stütze ihres Heimatgefühls. Teilnehmer am Russischen Feldzug 1812 berichten, daß die württembergischen Regimenter selbst im weglosen Schnee des unendlichen Rußland nicht auf ihre Spätzle' verzichtet hätten. Kein guter Schwabe wird bezweifeln, daß zwischen ihrer tapferen und bis zuletzt disziplinierten Haltung, die auch Napoleon auffiel, und zwischen den Spätzle' ein ursächlicher Zusammenhang besteht. Geschulten Historikern dürfte der Nachweis nicht schwerfallen, daß schon jener tapfere schwäbische Ritter, der einst mit Kaiser Rotbart lobesam ins Heilige Land gezogen kam, ein Spätzlesbrett im Tornister gehabt habe. Auf jeden Fall steht fest, daß der Knöpfleschwab auf das berühmte Hasenabenteuer Häfen und Pfannen mitnahm, um seinen Gesellen jederzeit mit einer ordentlichen Portion Knöpfle' oder Spätzle' – denn das ist das gleiche – den Mut stärken zu können.

die Spätzle' sind das Fundament unsrer Küche

Josef Eberle (Pseud. Sebastian Blau)
1901 Rottenburg/Neckar – 1986 Stuttgart

Kindheit und Jugend verbrachte der spätere Herausgeber der „Stuttgarter Zeitung" in seiner Heimatstadt. Nach dem Abitur absolvierte er zunächst in Tübingen eine Buchhandelslehre und arbeitete anschließend in Berlin. Doch bald schon zog es ihn zur schreibenden Zunft. Zunächst war er als Journalist tätig, 1927 wurde er Leiter der Vortragsabteilung von Radio Stuttgart. In dieser Zeit trat er das erstemal mit seinen Gedichten (1928) als Schriftsteller an die Öffentlichkeit, von 1934 an mit dem Mundartbändchen „Feierobed" auch unter dem Pseudonym Sebastian Blau. 1933 mußte er seine Tätigkeit beim Rundfunk aufgeben, 1936 erhielt er Schreibverbot. Bis zum Ende des Zweiten Weltkriegs als Angestellter beim amerikanischen Konsulat in Stuttgart untergekommen, gab er von 1945 an die „Stuttgarter Zeitung" heraus. Er leitete die Geschicke des Blattes, von dem Theodor Heuss einmal sagte, sie sei eine „Zeitung mit gutem literarischem Gesicht", bis 1971. Für sein erfolgreiches Wirken erhielt er 1955 von der Universität Tübingen den Titel eines Ehrendoktors der Philosophie, 1961 von der Landesregierung Baden-Württemberg den Titel eines Ehrenprofessors.

Handgeschabte Spätzle

Zutaten:
500 g Mehl
4 Eier
1 TL Salz
1/8 l Wasser

Zubereitung:
Aus den Zutaten mit dem Rührlöffel einen zähen Teig schlagen, bis er Blasen wirft. Einen Teil des Teiges auf das nasse Spätzlesbrett legen, dann mit Messer, Schaber oder Palette in dünnen Streifchen in das gesalzene kochende Wasser schaben.
Sobald die Spätzle an die Oberfläche steigen, nimmt man sie mit einem Schaumlöffel heraus und richtet sie auf einem Teller an.
Man kann sie noch nach Belieben mit in Butter gerösteten Weißbrotkrumen abschmälzen.
Als Alternative kann man die Spätzle auch aus Vollkornmehl herstellen. Besonders gut schmecken Spätzle mit Buchweizenmehl. Dabei muß beachtet werden, daß man 2/3 Buchweizenmehl und 1/3 normales Mehl verwendet, da Buchweizenmehl nicht genug Kleberanteil hat. Die Herstellungsweise bleibt immer gleich.

Gernot Belke,
„Neckarwerke Stuttgart AG",
Stuttgart

Weinempfehlung:
Trollinger trocken
oder ein Riesling

Josef Eberle,
Haohzich, S. 142,
in: Die schwäbischen Gedichte
des Sebastian Blau,
Tübingen u. Stuttgart:
Wunderlich 1947,
S. 133–145

Zeeste' mol en Allmachtsschlag
Flädlesupp als Onterlag,
noh en schöne' Bolle' gsottes
Ochsefleisch ond dozua hot es
raote Rahne', Rätich, Kressig,
saure Gürklen aus em Essig,
geale Rüabe', Zwetschgegsälz –
des wär glaube älls.

Herr, wia glustets do dia Fresser,
Herr, wia romplet do dia Bäuch!
Ond mit Löffel, Gable', Messer
goht ma' deane Gompe' z Leich.
D Manne' müaßt vor guate Sache'
s Hosepreisle weiter mache'.
Mittlerweile lauft dr Wei'
schier vo' selber en se nei'.

Sodele, iatz hot ses gsetzt.
Des wär gschaffet, was kommt jetzt?
Iatz geits Brotes ond Salot,
schöne, ghaufet vole Platte';
des ist habhaft, des ka' batte'.
Langet zua, solang s noh goht!

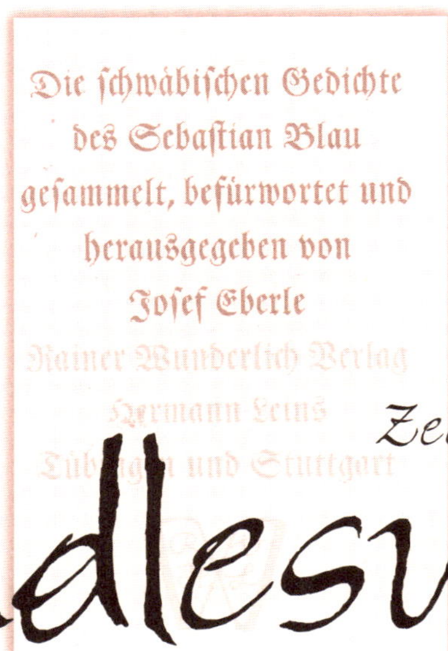
Die schwäbischen Gedichte
des Sebastian Blau
gesammelt, befürwortet und
herausgegeben von
Josef Eberle
Rainer Wunderlich Verlag
Hermann Leins
Tübingen und Stuttgart

Zeeste' mol en Allmachtsschlag Flädlesupp als Onterlag

Josef Eberle (Pseud. Sebastian Blau)
1901 Rottenburg/Neckar – 1986 Stuttgart

Josef Eberle schaute als schwäbischer Mundartlyriker und Erzähler seinen Landsleuten in die Seele und auf den Mund und schrieb mit seinen volkstümlichen Geschichten – wie etwa in der Ortschronik „Rottenburger Hauspostille" (1946) – manches über die Schwaben und ihre Vergangenheit, was einem Spezialisten für Heimatkunde zur Ehre gereichen würde. Doch wegen seiner großen Liebe zur römischen Antike – er machte sich als Übersetzer und Herausgeber lateinischer Lyrik einen Namen – entstanden auch Publikationen mit heiteren sowie melancholischen Texten, die sich durch sprachliche Harmonie und Kunstfertigkeit auszeichnen. Früh erschienenen Gedichtbändchen wie „Mild und Bekömmlich" (1928), „Kugelfuhr" (1933) und „Feierobed" (1934) und Prosaschriften wie „Gold am Pazifik" (1935) und „Schwäbisch" (1936) folgten nach 1945 neben weiteren Veröffentlichungen in schwäbischer Mundart auch Titel wie die Gedichtausgaben „Horae" (1954) und „Amores" (1962), die Essays „Interview mit Cicero" (1956), „Stunden mit Ovid" (1959) und „Caesars Glatze" (1977) und die Epigramme „Cave Canem – Vorsicht, beißt!" (1962).

Flädlesuppe

Zutaten:
Fleischbrühe:
300 g Brustkernknochen
300 g Ochsenbrust oder Tafelspitz
1 Gemüsebündel
½ gebräunte Zwiebel
2 Nelken
1 Lorbeerblatt
Salz, Muskat

Flädle:
250 g Mehl
3 Eier
½ l Milch
1 kleines Bd. Schnittlauch
Salz, Muskat
50 ml Öl oder 50 g Butterfett

Zubereitung:
Fleischbrühe:
Knochen waschen, kurz überbrühen. Mit kaltem Wasser aufstellen, aufkochen, abschäumen und das Fleisch dazugeben. 1 Stunde leicht kochen lassen. Die gebräunte Zwiebel, das Gemüsebündel und etwas Salz dazugeben, nochmals 30 Minuten kochen lassen. Brühe durch ein Tuch passieren und abschmecken.

Flädle:
Gesiebtes Mehl mit Eiern und Milch im Mixer kurz aufschlagen, würzen, den in feine Röllchen geschnittenen Schnittlauch dazugeben. In einer heißen Pfanne mit Fett die Flädle dünn ausbacken, kurz abkühlen lassen, in feine Streifen schneiden. In Tassen oder tiefen Tellern anrichten, mit der heißen Brühe übergießen. Das Fleisch aus der Brühe als Hauptgang servieren. Dazu passen sehr gut Meerrettichsauce und Röstkartoffeln.

Walter Hofmann,
„Gasthof Lamm",
Weinstadt-Strümpfelbach

Weinempfehlung:
Riesling halbtrocken

Ludwig Finckh,
Schelmerei am Bodensee.
Kurzgeschichten, S. 277–278,
in: Ausgewählte Werke,
Stuttgart: Silberburg 1956,
S. 217–344

„Heute hätte es fast ein Unglück auf dem Bodensee gegeben. Das Kursdieselschiff fuhr eben zwischen Radolfzell und Iznang, als der Schiffsführer bemerkte, daß kein Kühlwasser mehr zu den Motoren floß. An der Außenwand des Schiffes verläuft unter Wasser die Mündung einer Röhre, durch die während der Fahrt Seewasser angesogen wird zur Kühlung der Motoren.
Zum Glück war man nahe an Land, und der Kapitän bestieg sofort nach der Landung ein Boot und umfuhr das Schiff. Da stak in der Röhre, luftdicht abschließend, der Leib eines schwerpfündigen Krätzers, den sein Unstern auf der Jagd nach einem Fischchen gerade in die Rohrmündung getrieben hatte. Man mußte ihn mit dem Ventil zurückstoßen und am Schwanze herausziehen. Dann bekamen die Motoren wieder Wasser. Das Schiff war voll besetzt. Wäre die Verstopfung mitten auf dem See eingetreten, wer weiß, was für ein unabsehbares Unheil geschehen wäre.
Drei Stunden später lag der Krätzer gebacken in der Pfanne. Den Namen des Schiffes zu nennen muß ich mir versagen, weil der Kapitän keine Fischkarte hatte."

Drei Stunden später lag der Krätzer gebacken in der Pfanne

Ludwig Finckh
1876 Reutlingen – 1964 Gaienhofen

Der Reutlinger Apothekerssohn Ludwig Finckh begann nach dem Abitur in der Nachbarstadt Tübingen 1894 Jura zu studieren; er wechselte später nach München und Leipzig. Als er – zurück in Tübingen – 1899 Hermann Hesse kennenlernte, gab er der Schriftstellerei zuliebe kurz vor dem Examen auf, begann jedoch auf Druck der Eltern im folgenden Jahr in Freiburg/Br. ein Medizinstudium, das er in Berlin fortsetzte und mit der Promotion zum Doktor der Medizin 1904 beendete. Schon während des Studiums wie auch als junger Arzt in Melsungen und Aachen war Finckh weiter dichterisch tätig, erste Veröffentlichungen folgten. 1906 zog er nach Gaienhofen am Bodensee, dem Örtchen, wo damals auch Hermann Hesse lebte, und widmete sich ganz der Schriftstellerei. Mit Ausbruch des Ersten Weltkriegs nahm Finckh für einige Jahre wieder intensiv seine medizinische Tätigkeit auf: als Lazarett-Arzt (im Städtischen Krankenhaus Konstanz) sowie als Zivil- und als Landsturmarzt. In den zwanziger Jahren vertiefte er sich in Ahnen- und Sippenforschung und veranstaltete Vortragsreisen zu ausgewanderten Deutschen, unter anderem nach Ungarn, Serbien und Rumänien. Das Schreiben war nun endgültig das Wichtigste in seinem Leben geworden. In „Himmel und Erde", einem „kurzen Lebensaufriß", sagt er von sich selbst: „Das Doktordiplom habe ich nicht verdient; ich bin ja in die Literatur ausgebrochen."

Gebackener Bodenseekretzer mit Remouladensauce und Salzkartoffeln

Zutaten:
16 ganze Bodenseekretzer
3 Zitronen, Salz, Pfeffer
2 kg Fett (in der Friteuse oder im hohen Topf)

Remouladensauce:
1 Gewürzgurke (etwa 40 g)
1 TL Kapern
1 Sardellenfilet
250 g Mayonnaise
1 TL Senf
Frische Kräuter (Petersilie, Kerbel, Estragon)
Pfeffer, Salz
Zitronensaft
1 hartgekochtes Ei

Zubereitung:
Kretzer:
Die Bodenseekretzer schuppen, unter fließendem Wasser säubern, trockentupfen. Mit Salz, Pfeffer und Zitronensaft marinieren und 30 Minuten stehen lassen.
Inzwischen Fett auf etwa 180 °C erhitzen.
Remouladensauce:
Gewürzgurke, Kapern, Sardellenfilet, Petersilie, etwas Kerbel und Estragon fein hacken, Senf und die Mayonnaise unterrühren, mit Salz, Pfeffer und Zitronensaft abschmecken. Ich gebe noch 1 feingewürfeltes, hartgekochtes Ei darunter.
Im heißen Fett die Kretzer schwimmend backen, bis sie knusprig sind, auf einer Platte oder auf Tellern anrichten. Dazu Zitronenschnitze, Salzkartoffeln und die Remouladensauce servieren.

Hannelore Honold,
„Restaurant Mettnau-Stube",
Radolfzell

Weinempfehlung:
Müller-Thurgau trocken

Ludwig Finckh,
Der Bodenseher, S. 152–153,
in: Ausgewählte Werke,
Stuttgart: Silberburg 1956,
S. 113–215

„Das ist dem Vater zu Ehren", sagte die Mutter an einem Wintermorgen, als sie in die Stube trat und den frischgefallenen Schnee vor den Fenstern sah. „Da bin ich nur froh, daß ich schon den Tisch gedeckt habe. Im Schlaf habe ich einen Knall gehört. Das wird doch nicht in seinem Kopf gewesen sein, fahre ich auf; aber der Vater lag ruhig neben mir und schlief. Da fiel es mir ein; ich stand auf und stellte Christrosen auf den Tisch und den Gugelhopf, sah über euch drei Kinder hin und gab dem Vater einen Kuß im Schlaf; so ist er vierzig Jahre alt geworden."
„So, du bist es gewesen?" fragte er und rieb sich noch die Augen; „und mir hat geträumt, meine Mutter gehe durch die Stube, mache die Fenster weit auf und sage: ‚Jetzt hat es der Andreas doch noch zu etwas gebracht mit seinem Nelkenstock, er ist ein Schneekönig geworden.' Du brauchst mir nicht mit dem Holzschlegel zu winken, Mutter, ich gebe euch schon etwas ab von meiner Gescheitheit."
Er schnitt den Gugelhopf auf und teilte jedem ein Stück zu, und wir schmausten auf das Schwabenalter.
Unter dem dampfenden Kaffee kam die Gunhild herein und gratulierte; Herr Christian lud uns auf den Abend hinüber, um den Tag zu feiern.

Er schnitt den
Gugelhopf
auf und teilte jedem ein Stück zu

Ludwig Finckh
1876 Reutlingen – 1964 Gaienhofen

Seine erste Publikation unter dem Titel „Fraue du, du Süße" (1900) enthielt zwar Gedichte im Stil der Minnesänger, doch war Ludwig Finckh vor allem ein humorvoller Erzähler, der in volkstümlicher und schlichter Sprache Begebenheiten aus seiner schwäbischen Heimat und ihrer Geschichte thematisierte und dabei seine Vorliebe für Idyllisches und Romantisches nicht versteckte. Der schon in jungen Jahren entstandene Roman „Der Rosendoktor" (1906), den er Hermann Hesse widmete, wurde am bekanntesten. Weitere erfolgreiche Werke waren unter anderem die Romane „Die Reise nach Tripstrill" (1911), „Der Bodenseher" (1914), „Die Jakobsleiter" (1920), „Bricklebritt" (1926), „Stern und Schicksal" (1931), „Herzog und Vogt" (1940) und „Das goldene Erbe" (1943) sowie die Erzählungen „Biskra" (1906), „Rapunzel" (1909), „Urlaub von Gott" (1930) und „Die Reise an den Bodensee" (1936).

Gugelhupf

Zutaten:
150 g Butter (etwa 28 °C)
120 g Zucker
6 Eier (Raumtemperatur)
100 g dunkle, aufgelöste Kuvertüre (Schokoladenüberzugsmasse)
3 cl Milch
50 g Stärke
150 g Haselnüsse (geröstet, gemahlen)
100 g Weizenmehl (Type 405)
8 g Backpulver
Salz, Zitronenaroma, Vanillearoma

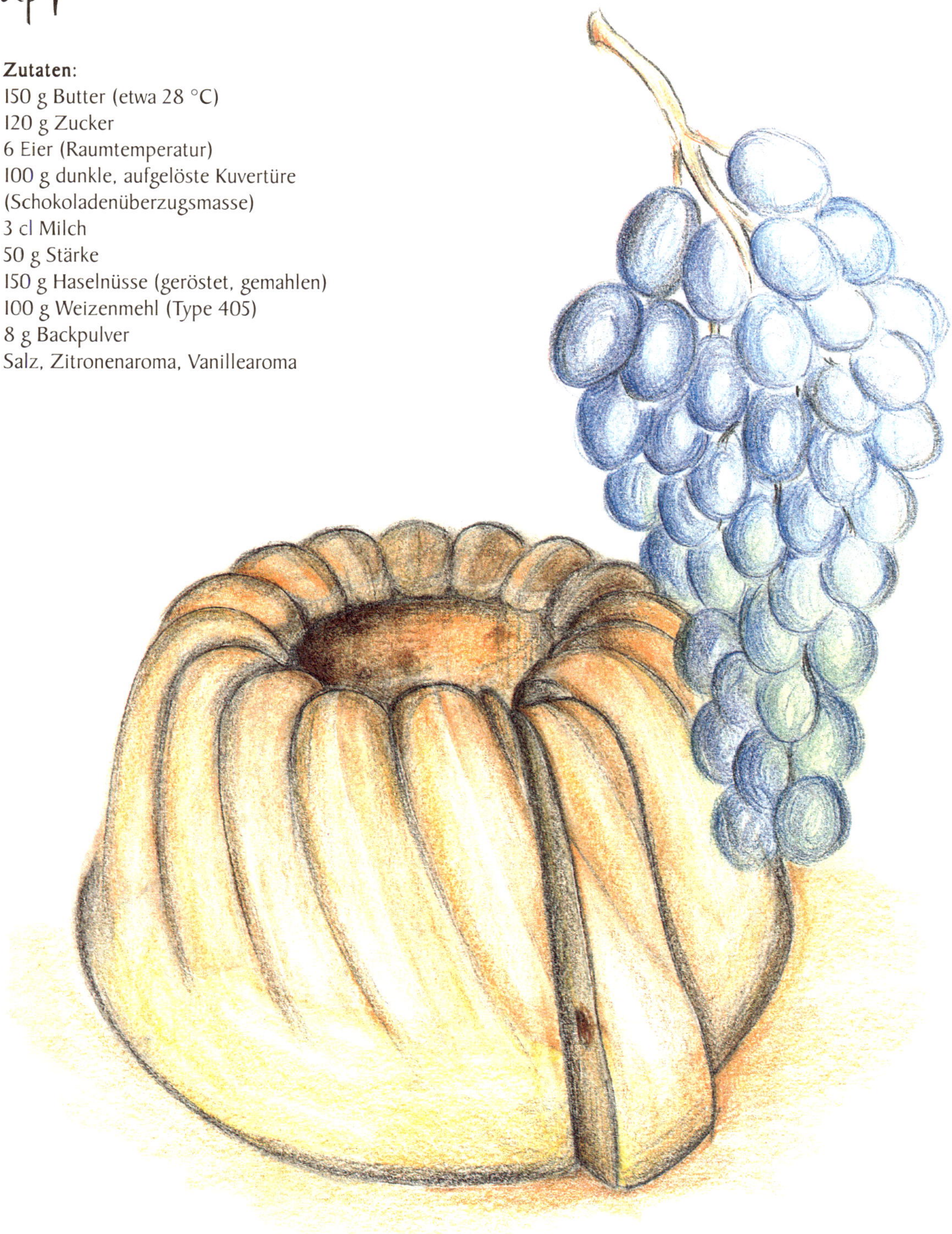

Zubereitung:
Eine Gugelhupfform mit weicher Butter auspinseln und gemahlene Haselnüsse einstreuen. Butter, Zucker, Salz, Zitronenaroma und Vanillearoma in der Küchenmaschine mit dem Rührbesen so lange rühren, bis ein gutes Volumen entstanden ist. Die Schokolade mit der Milch unter ständigem Rühren auf dem Herd so lange erwärmen, bis eine gelöste, bindige Masse entsteht. In die aufgeschlagene Buttermasse nun die aufgelöste Schokoladenüberzugsmasse geben, die Eier und die Stärke ebenfalls. Das Gemisch in der Küchenmaschine so lange rühren, bis sich eine glatte Masse gebildet hat. Mehl mit dem Backpulver versieben und mit den gerösteten, gemahlenen Haselnüssen nur kurz in die Masse einrühren. Die Gugelhupfmasse in die vorbereiteten Formen füllen und in den vorgeheizten Backofen geben.
Backzeit etwa 40 Minuten. Backtemperatur 190 °C.

Tip:
Mit einem Holz- oder Metallstab kann man zur Kontrolle in den Gugelhupf stechen. Wenn nichts daran kleben bleibt, ist der Kuchen gebacken. Nach dem Backen kann der Gugelhupf mit Puderzucker leicht überstäubt werden.

Bäckerei Berger,
Reutlingen

Weinempfehlung:
lieblicher Kerner oder Silvaner

Johann Georg Fischer,
Des Jägers Herbst, S. 181,
in: Dichtungen,
Stuttgart: Griesinger & Comp. 1841,
S. 178–181

Nur keinen Frühling mehr möcht' ich,
So lang' ich lebe, sehen, –
Im Lenz ein liebend' Paar wird mich
Noch bringen zum Vergehen.

Doch hör' ich ja den rechten Klang,
Es drischt im Maierhause; –
Da schlendr' ich hin die Trauf' entlang
Zu einem kräft'gen Schmause.

Aus voller Flasch' manch' Schlücklein gut,
Ein gutes Stück vom Hasen
Läßt mich durch's Fenster wohlgemuth
Der Pfeife Wolken blasen.

Ein gutes Stück vom Hasen

Johann Georg Fischer
1816 Groß-Süßen – 1897 Stuttgart

Auf Grund der schon während der ersten Schuljahre auffallenden Begabung wurde Johann Georg Fischer zum Lehrerberuf bestimmt. Nach Abschluß des Lehrerseminars Esslingen im Jahr 1833 unterrichtete er zunächst einige Jahre, bevor er dann von 1841 bis 1843 am Reallehrerseminar in Tübingen, unter anderem bei Friedrich Theodor Vischer, studierte. In Stuttgart 1845 an der Elementarschule angestellt, wurde er 1858 deren Leiter (bis 1866) und 1862 gleichzeitig Professor an der dortigen Oberrealschule. 1885 trat Fischer, der unter anderem Literatur und Geschichte lehrte, in den Ruhestand. Die Lyrik Fischers, der unter anderem mit Mörike befreundet war, zeichnet sich vor allem durch eine genaue und einfühlsame Schilderung des Naturlebens aus. Die verschiedenen Ausgaben – „Gedichte" (1838), „Dichtungen" (1841), „Gedichte" (1854), „Aus frischer Luft" (1872), „Neue Lieder" (1876) und „Auf dem Heimweg" (1891) – errangen wesentlich mehr Beachtung wie seine farblosen historischen Dramen „Friedrich II. von Hohenstaufen" (1863), „Florian Geyer" (1866) oder „Kaiser Maximilian von Mexiko" (1868).

Gebeizte Feldhasenkeule in Sauerrahmsauce mit gemischten Pilzen vom Stauferwald

Zutaten:
4 Hasenkeulen
80 g Fett
30 g Salz
Pfeffer aus der Mühle
3 Lorbeerblätter
4 Nelken
8 zerquetschte Wacholderbeeren
3 reife Tomaten
2 Zwiebeln
150 g geschnittene Gemüse (wie Lauch, Sellerie, gelbe Rüben und Petersilie)
1 Räucherspeckschwarte
30 g Mehl
3/4 l Brühe
1/2 l Dornfelder oder Spätburgunder
1/4 l saure Sahne und 1/4 l Crème fraîche
500 g gemischte Waldpilze (frisch oder gefroren)
40 g Räucherspeck- und 80 g Zwiebelwürfel
40 g Butter
30 g gehackte Petersilie

Zubereitung:
Hasenkeulen kurz kalt abwaschen, trockentupfen, mit scharfem Messer Häute, Sehnen und Knochen (außer dem Haxen- und Röhrenknochen) entfernen und aufbewahren. Keulen mit 1/4 l Wein und dem Sauerrahm über Nacht zum Beizen einlegen.
Im Schmortopf Fett erhitzen, die trockengetupften und gewürzten Keulen mit den Sehnen und gehackten Knochen auf allen Seiten gut anbraten, grobe Zwiebelwürfel mitrösten, gewürfelte Tomaten und Speckschwarte hinzufügen, etwas Wein angießen, einkochen lassen, mit Mehl bestäuben, mit Beize und 3/4 l Brühe auffüllen und gut glattrühren. Mit den Gewürzen und dem Wurzelgemüse 3/4 bis 1 Stunde köcheln lassen, die fertigen Keulen aus der Sauce nehmen und warm stellen. Den restlichen Wein und die Crème fraîche in die Sauce rühren, nochmals aufwallen lassen, geschmacklich vollenden und durch ein feines Sieb drücken.
Für die Mischpilze feine Zwiebel- und Speckwürfel in Butter mittelbraun anbraten, die geputzten Pilze hinzufügen, etwa 5 Minuten dünsten, salzen, Pfeffer aus der Mühle und gehackte Petersilie beigeben.
Die Pilze kann man als Beilage mit in den Teller oder in die fertige Sauce geben. Als Beilagen eignen sich Kartoffelbrätlinge, Kartoffelklöße, Spätzle, Kroketten, Herzogin- oder Gratinkartoffeln, außerdem Apfelrotkohl oder Rosenkohl.
Als weitere Garnitur:
halbe heiße Birnen, mit Preiselbeeren gefüllt, oder halbe gedünstete Äpfel mit heißen Schattenmorellen oder glasierten Maronen.

Wilhelm Kellenbenz,
„Hotel-Restaurant Löwen",
Süßen

Weinempfehlung:
Samtrot trocken

Cäsar Flaischlen,
Von Daheim und Draußen, S. 66–67,
in: Sieben Schwaben.
Ein neues Dichterbuch,
Heilbronn: Salzer 1910,
S. 63–98

... und Weinsberg ... mit dem Kernerhaus ...
und mit der Weibertreu ... und ...
ja ja! ja ja!
Und der Bahnhof!
natürlich alles umgebaut!
„Bier! warme Würstchen! Laugenbrezeln!"
Au ja! Laugenbrezeln! selbstverständlich zwei!
Laugenbrezeln!
jetzt sind wir wirklich im Ländchen!
Ein gutes, aber eigentlich ...
ein elend trockenes Vergnügen!
doch ... echt Schwaben!
Zähne gehören dazu!
Lauffen ... Besigheim ... Bietigheim ...
Ludwigsburg ... na ja! man wär da ja beinah
auf die Welt gekommen! aber weiter!
Kornwestheim ... Zuffenhausen ... Feuerbach ...
hotz Heiden, was da alles gebaut worden ist!
Nun noch den Tunnel ...
hurra und man hat's! ...

Au ja!

Laugenbrezeln!

selbstverständlich zwei!

Cäsar Flaischlen
1864 Stuttgart – 1920 Gundelsheim

Nach dem Abschluß des humanistischen Gymnasiums begann der Majorssohn eine Ausbildung im Buchhandel, die er 1883 in Brüssel fortsetzte. Von 1885 an arbeitete Flaischlen in Bern, parallel dazu begann er sich mit dem Studium der Philosophie und der Philologie zu beschäftigen. Im Oktober 1886 wechselte er an die Universität Berlin, später nach Heidelberg und Leipzig, wo er 1889 promovierte. Flaischlen lebte von 1890 an in Berlin; in den Jahren 1895 bis 1900 war er Schriftleiter der Kunstzeitschrift PAN. Der auch literaturhistorisch interessierte, zunächst vom Naturalismus beeinflußte Lyriker, Erzähler und Dramatiker, dessen Prosa- und Mundartgedichte mit ihrem schlichten idyllischen Charakter sehr gefühlsbetont und oft volkstümlich sind, wandte sich später der impressionistischen Bewegung zu. Als seine Hauptwerke gelten die Dramen „Toni Stürmer" (1891) und „Martin Lehnhardt" (1895), die Gedichtbände „Nachtschatten" (1884), „Von Alltag und Sonne" (1898) und „Aus den Lehr- und Wanderjahren des Lebens" (1900) sowie der Entwicklungsroman „Jost Seyfried" (1905).

Laugenbrezeln

Zutaten:
1 kg Mehl (Type 405 oder 550)
50 g Margarine
20 g Salz
20 g Zucker
40 g Hefe
480 ml Wasser (kalt)

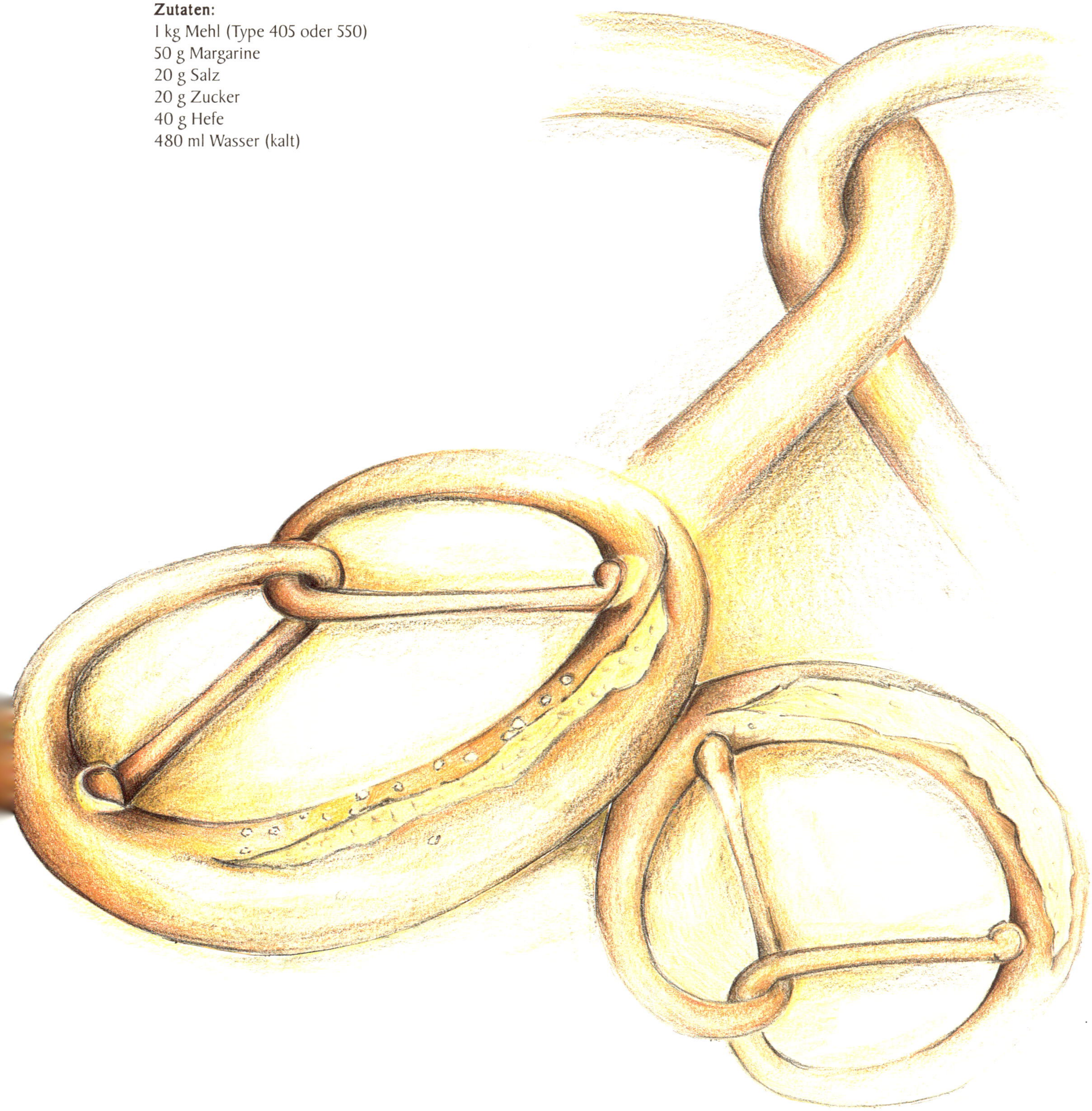

Zubereitung:
Alle Zutaten in eine Schüssel geben und einen ziemlich festen Teig kneten. Teig etwa 10 Minuten ruhen lassen, dann in 20 bis 25 gleich große Stücke teilen und Stränge formen. Stränge anschließend ausrollen auf etwa 50 cm Länge (Mitte muß dick bleiben) und eine Brezel formen. Geformte Brezel etwa 30 Minuten gehen lassen, dann am offenen Fenster kühl stellen (Teigoberfläche muß trocken sein und eine feste Haut haben). In Lauge tauchen (vom Bäcker oder Apotheker zu bekommen), an der dicken Stelle mit Messer tief einschneiden, Hagelsalz aufstreuen und sofort im Ofen backen. Backzeit etwa 15 Minuten. Backtemperatur etwa 220 °C.

Bäckerei Muth, Gundelsheim

Weinempfehlung: schwäbischer Most

Bruno Frank,
Politische Novelle, S. 131,
in: Ausgewählte Werke,
Hamburg: Rowohlt 1957,
S. 86–145

Sie aß gern und ohne Ziererei mit von den guten Sachen, die der glückliche Hausvater auftrug für seinen berühmten Gast, der duftenden Suppe aus vielerlei Kräutern, der stattlichen Meerbarbe dann, hochrot leuchtend auf ihrer Schüssel.

„Wissen Sie, mein Freund", sagte Dorval, „daß Sie einen alten Römer verrückt machen könnten! Nichts hatten die lieber als diesen Fisch. Sie reisten weit, um ihn zu essen."

„Und dabei zweifle ich noch, Herr Dorval, daß ihn diese Römer so anrichten konnten wie ich. Haben Sie die Güte, meine Sauce zu beachten!"

„Eine Langustensauce, nicht wahr?" fragte Frau Grandin.

„Meine Erfindung, gnädige Frau. Ich denke, sie ist geglückt?"

Und er war wieder davon.

„Man läßt den Ruhm des Landes leuchten vor Ihnen, mein Herr", sagte sie lächelnd zu Carmer, „aber Sie halten sich allzusehr zurück. Sie werden den Braven noch kränken."

„Er wird mich für einen Wilden halten, der nichts versteht, und wird getröstet sein. Wie soll ich ihm klarmachen, daß ich am liebsten nur ein Stück von seinem Weißbrot in seinen Wein tauchen möchte. Dabei schmeckt man schon dieses ganze reiche Land. Wenn Sie es mir erlauben, gnädige Frau, so tu ich's einmal."

Nichts hatten die lieber als diesen Fisch

Bruno Frank
1887 Stuttgart – 1945 Beverly Hills

Obwohl Bruno Frank zunächst in Tübingen, München, Straßburg und Heidelberg Jura studierte, promovierte er 1912 in Tübingen mit einer Arbeit über „Gustav Pfizers Dichtungen". Es folgten Reisen durch Frankreich und Südeuropa, im Ersten Weltkrieg war er in Flandern und Polen; erste Gedichte und einige Dramen erschienen bereits in jener Zeit. Nach etlichen Jahren oberbayrischen Landlebens zog er nach München und lebte dort – in der Nachbarschaft Thomas Manns, mit dem er befreundet war – als freier Schriftsteller bis 1933. Die Emigration, die durch die sich verändernden politischen Verhältnisse notwendig geworden war, führte ihn dann über Österreich, die Schweiz, Frankreich und England nach Amerika: 1939 ließ er sich endgültig in Kalifornien nieder.

Rotbarbenfilets (Rougetfilets) auf Bratkartoffeln mit Gemüse-Linsen-Vinaigrette

Zutaten:
Rotbarbenfilets:
8 Rougetfilets (Rotbarbe) zu je etwa 50 g
6 mittelgroße Kartoffeln (festkochend)
Meersalz, Pfeffer, 50 g Mehl
2 EL Sonnenblumenöl
2 EL Olivenöl

Vinaigrette (Kräutersauce):
80 g Linsen
300 g Gemüse (Fenchel, Stangensellerie, gelbe Rübe, Lauch, Zucchini)
200 ml Olivenöl
½ TL Dijonsenf
1 EL Knoblauchessig, 1 EL Rotweinessig
100 ml Geflügelbrühe (ohne Fett)
Je 1 TL gehackte Petersilie, Basilikum, Schnittlauch, Zwiebel
Salz und Pfeffer

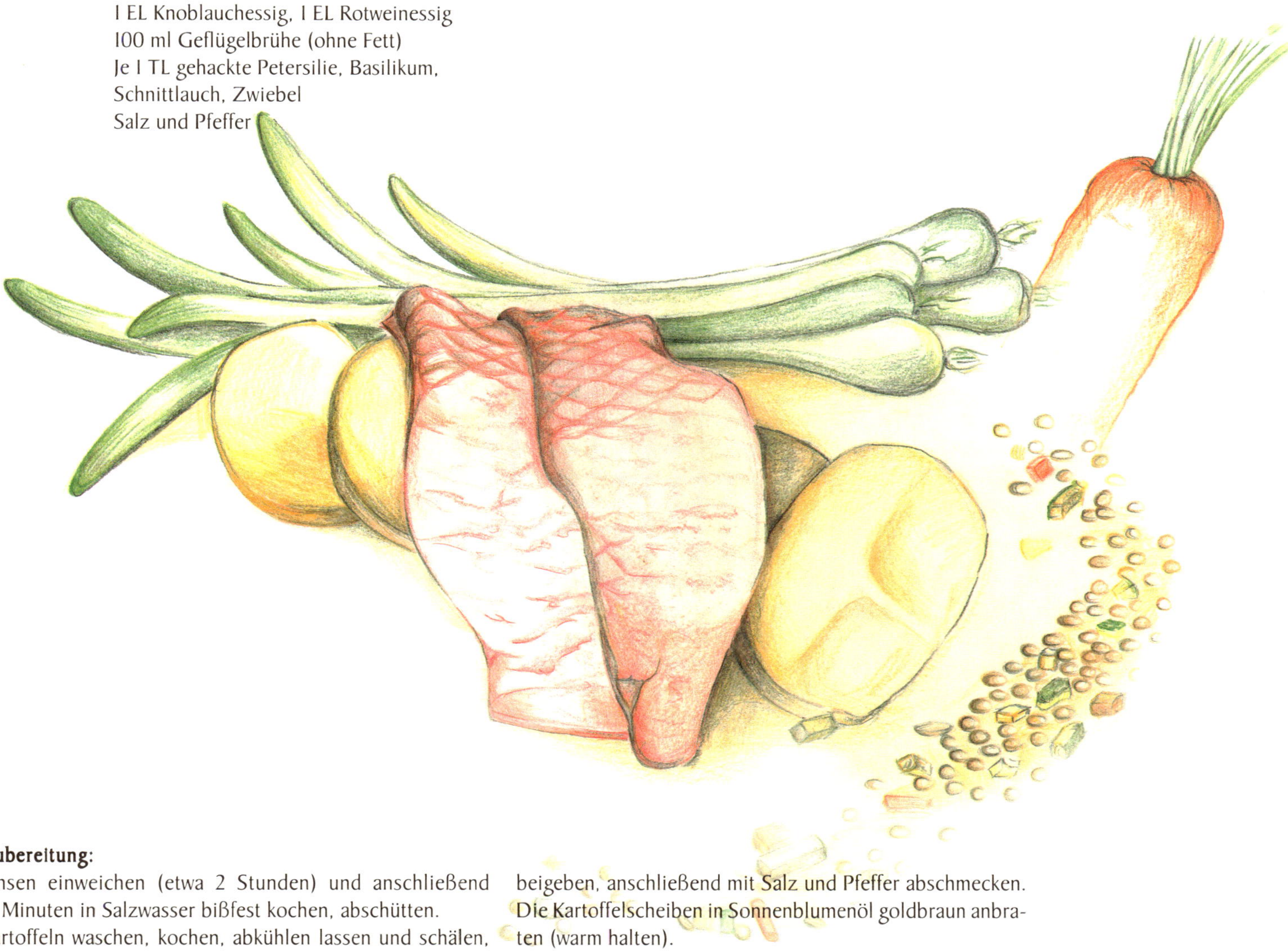

Zubereitung:
Linsen einweichen (etwa 2 Stunden) und anschließend 15 Minuten in Salzwasser bißfest kochen, abschütten.
Kartoffeln waschen, kochen, abkühlen lassen und schälen, anschließend in Scheiben schneiden.
Gemüse putzen, waschen und in Streifen schneiden. In Olivenöl dünsten, mit Geflügelbrühe auffüllen und knackig kochen, herausnehmen und abkühlen lassen.
Die gehackten Kräuter und die in kleine Würfel geschnittenen Zwiebeln mit dem Senf und dem Essig verrühren und die vorbereiteten Zutaten wie Linsen und Gemüsestreifen beigeben, anschließend mit Salz und Pfeffer abschmecken.
Die Kartoffelscheiben in Sonnenblumenöl goldbraun anbraten (warm halten).
Rotbarbenfilets mit dem Meersalz und dem Pfeffer würzen, in Mehl wenden und vorsichtig abklopfen. Die Filets nun in Olivenöl anbraten.
Die Bratkartoffeln auf vorgewärmte Teller verteilen, je 2 Rougetfilets darauf legen und mit der Gemüse-Linsen-Vinaigrette übergießen.

Dieter Maier,
„Neckarwerke",
Esslingen-Denkendorf

Weinempfehlung:
Riesling Spätlese trocken

Bruno Frank,
Politische Novelle, S. 131,
in: Ausgewählte Werke,
Hamburg: Rowohlt 1957,
S. 86–145

„Das muß ich nachmachen", sagte Dorval. „Carmer, Sie haben recht. Weizen der Ebene und Saft der Berge. Der kleine Cassis ist gut, was?" Und er betrachtete liebevoll den bernsteinenen Trank im groben Glase. „Ja", sagte Carmer, „er schmeckt nach Stein und nach Sonne, rein und bitterlich."
Und er blieb auch beinahe ganz bei seiner Brot- und Weinandacht, während der Wirt sein Ehrendiner weiter auftrug: seine Spargel von doppelter Daumendicke, von denen nach dem Speisen kein holziges Fäserchen übrigblieb, sein Hähnchen in Rahm mit jungen Salaten, den andern süßen Salat endlich zum Nachtisch, den aus Früchten, der duftete wie der Garten Eden: aus Kirschen, Melonen, Birnen und Pfirsich, mit einem herben Likör fremdartig nur eben genetzt. Das Mahl war so leicht, so unbeschwerend, daß auch wer ihm zusprach, nur heiterer und lebendiger davon werden konnte – 'und dabei', dachte Carmer, 'ist dies ein Dorfgasthaus, und nicht einsehen läßt sich, warum sein Wirt ein besserer Meister sein soll als tausend andere im Land. Sich von reinen, leichten Speisen ernähren, ob das nicht am Ende viel wichtiger ist und förderlicher als manche Last von Würde und Idee?'

seine Spargel von doppelter Daumendicke

Bruno Frank
1887 Stuttgart – 1945 Beverly Hills

Mit seiner Reflexionslyrik, zum Beispiel in dem 1905 erschienenen Band „Aus der goldenen Schale", war Bruno Frank anfangs von Rainer Maria Rilke beeinflußt. Das Hauptgewicht seiner literarischen Arbeit liegt jedoch in seinem erzählerischen Werk. Er schrieb seine Romane und Novellen, die vielfach historische Stoffe behandeln, in der Nachfolge zu den großen Romanciers des 19. Jahrhunderts, wie etwa Turgenjew. Erste Erfolge allerdings erzielte er mit einigen Dramen, vor allem mit der Komödie „Sturm im Wasserglas" (1930). Von den spannungsreichen, phantasievollen, in der klassischen Tradition geschriebenen Prosawerken erlangten die „Politische Novelle" (1928) und „Der Magier" (1929) größere Bedeutung. Weitere Hauptwerke sind vor allem die im Exil erschienenen Romane „Cervantes" (1934), „Der Reisepaß" (1937) und „Die Tochter" (1943).

Weißer Heilbutt mit badischem Spargel und neuen Kartoffeln

Zutaten:
800 g weißes Heilbuttfilet mit Haut
in 4 Scheiben zu je 200 g
1 kg badischer Spargel
600 g neue Kartoffeln
½ l Orangensaft von frischen Orangen
100 ml flüssige Sahne
40 g Butterschmalz
½ Zitrone
Salz, Pfeffer aus der Mühle, Kümmel
1 Prise Zucker
Kerbel oder Blattpetersilie

Zubereitung:
Neue Kartoffeln waschen und im Dampfkochtopf 10 Minuten mit je 1 Prise Salz und Kümmel kochen. Orangensaft auf 100 ml einkochen, die Sahne hinzufügen, aufkochen und mit dem Stabmixer aufschlagen.
Den Spargel vom Kopf zum Ende schälen, in leichtem Salzwasser mit 1 Prise Zucker und Zitronensaft 10 Minuten zugedeckt kochen lassen.
Heilbutt waschen, mit Küchenkrepp abtrocknen, würzen, in Mehl wenden, abklopfen und in der Pfanne in heißem Butterschmalz kurz auf der Hautseite anbraten. Bei 150 °C für 8 Minuten in den Backofen zum Garen geben.
Den Spargel auf vorgewärmten Tellern anrichten, Orangensauce angießen. Heilbuttfilets auflegen und mit einer halbierten Kartoffel sowie Kerbelblättchen garnieren. Restliche Kartoffeln separat servieren.

Andreas Müller,
„Restaurant Tafelhaus",
Backnang

Weinempfehlung:
Grauburgunder Kabinett trocken

Gerd Gaiser,
Wanderndes Korn, S. 17,
in: Reiter am Himmel,
München: Langen-Müller 1941,
S. 17–18

In asturischen Tälern,
Fern durch die Batschka, über der Erde Rumäniens,
Wohin immer die Saat auswarf der schwäbische Stamm,
Flüstert der Dinkel.
Aber sein Heimland blieb unsre lichterfüllte
Offene Alb.
Wie oft haben wir gegen die gelben Äcker die Augen
Mit den Händen geschirmt, ausruhend vom Tagesbrand,
In der Hitze des Jahrs hergewandert durchs Korn,
Wenn am Abend das Mädchen
Braunwangig kam und strähnig,
Bier, kornduftend, und Brot
Vor uns auf den Tisch lud, vom
Laibe stäubend das Mehl,
Unsere Sohlen aber knirschten im feinen Sand
Auf den Dielen.
Dann, wie haben wir winters oft von den Feldern geträumt,
Den unendlichen:
Raschelnde Stengel,
Niedrig hinflimmernd das Sonnenrad –
Felder aber mit bläulichen Schatten, Felder mit rötlichen
Schatten, streifig erhellt, rostgesprenkeltes Korn,
Ockerne Ähren und weißliche, fleischern umschattete Ähren,
Strotzende Ähren, kurzgrannige, stachlig und prall,
Fast unzählige Arten, den Dörfern eigen, den Sippen
Angeerbtes Geschenk, die ernährende
Uralte Frucht.

Bier, kornduftend, und Brot Vor uns auf den Tisch lud

Gerd Gaiser
1908 Oberriexingen/Enz – 1976 Reutlingen

Der Sohn eines evangelischen Pfarrers besuchte nach seiner Schulausbildung die theologischen Seminare in Schöntal und Urach, studierte jedoch nicht evangelische Theologie in Tübingen – wie nach der Seminarzeit sonst üblich –, sondern Malerei an der Kunstakademie in Stuttgart, später dann in Königsberg. Im Anschluß daran bereiste er zur praktischen Weiterbildung fast alle europäischen Länder, unter anderem Ostpreußen, das Baltikum, die Niederlande, Frankreich, Spanien und Italien. Zurück in Deutschland, studierte Gaiser in Dresden und Tübingen Kunstgeschichte und erwarb 1934 den Doktortitel. Am Zweiten Weltkrieg nahm er von 1939 bis 1945 als Jagdflieger teil, danach folgte die Kriegsgefangenschaft in Italien. In die Heimat zurückgekehrt, arbeitete er zunächst als freischaffender Maler, von 1949 an als Studienrat für das Fach Kunst in Reutlingen. 1962 wurde er zum Professor an der dortigen Pädagogischen Hochschule berufen.

Sechskornbrot mit Dinkel

Zutaten:
150 g Roggenvollkornschrot
400 g Brotmehl (Type 812 oder 1050)
150 g Dinkelmehl (Dinkelfeinschrot)
150 g Weizenvollkornmehl
50 g Buchweizen
50 g Haferflocken
50 g Gerstenflocken
50 g Leinsaat
20 g Hefe
23 g Salz
700 ml Wasser
30 g Sauerteig (vom Bäcker)

Zubereitung:
Sauerteig:
Aus Roggenvollkornschrot mit 150 ml Wasser, 3 g Salz sowie 30 g Sauerteig einen frischen Sauerteig bereiten, über Nacht an einem warmen Ort abgedeckt stehen lassen.
Quellstück:
Vom Weizenvollkornmehl, dem Buchweizen, den Haferflocken, Gerstenflocken und 300 ml Wasser einen Teig ansetzen und ebenfalls über Nacht stehen lassen. Am nächsten Tag vom Sauerteig, dem Quellstück und den restlichen Zutaten einen Teig bereiten. An einem warmen Ort etwa 40 Minuten reifen lassen. Zu einem länglichen Brot formen und auf ein mit Backpapier belegtes Blech legen. Vorher eventuell in Vollkornmehl wälzen. Nochmals etwa 40 Minuten gären lassen, danach mit dem Messer seitlich längs etwa 2 cm tief einschneiden und backen.
Backzeit etwa 70 Minuten. Backofen auf 250 °C vorheizen und dann auf 200 °C reduzieren.

Bäckerei Schnizer, Vaihingen

Weinempfehlung:
Trollinger oder
Trollinger mit Lemberger

Gerd Gaiser,
Aus dem Dorf M., S. 107,
in: Ortskunde, München u. Wien:
Hanser 1977,
S. 88–115

Meine Schulmorgen zeigen sich mir in der Erinnerung kalt und widrig. Der Wecker rasselte nach halb sechs; ich kroch heraus, fröstelnd, fuhr in die Kleider, wärmte mir meine Milch selbst. Nichts rührte sich im Haus, im großen Zimmer war es unwirtlich, die Luft abgestanden. Vielleicht, wenn abends noch jemand nachgeschürt hatte, gab der Ofen einen Rest Wärme von sich, die ich dankbar wie eine Katze empfand. Nur in diesem Zimmer befand sich eine Steckdose, an die der elektrische Kocher anzuschließen war, aber im gleichen Zimmer auch über ihrem Schreibtisch, das Bücherbrett meiner Mutter. Bald hatte ich mich daran gewöhnt, achtlos meinen Milchkaffee zu schlürfen und dazwischen Brotbrocken in den Mund zu stopfen, auf die ich ebenso schlampig mit dem Löffel Quittenmus warf; bei dem allem aber war mein Blick gierig in ein Buch vertieft, das ich jeden Morgen herunterholte und von dem ich wußte, daß es nicht für mich bestimmt war, es erschien mir abstrus, ungeheuerlich und tief. Es war ein verbotenes Buch, obwohl niemand ein Verbot erlassen hatte. Beißend und schluckend, dazwischen nach der Uhr schielend, las ich in dem Buch, dessen wüste Kraftstellen und lästerliche Herausforderungen es mir besonders antaten. Es war der „Faust".

Brotbrocken …,
auf die ich … mit dem Löffel
Quittenmus
warf

Gerd Gaiser
1908 Oberriexingen/Enz – 1976 Reutlingen

Die erste Publikation war zwar das Gedichtbändchen „Reiter am Himmel" (1941), bekannt geworden ist Gerd Gaiser, der zugleich als Maler, Kunsterzieher und Kunsthistoriker tätig war, aber vor allem durch seine Romane, seine Novellen und Erzählungen, die sich zeitkritisch mit Themen der letzten Kriegs- und ersten Nachkriegsjahre wie auch mit Problemen der deutschen Gegenwart in den Zeiten des Wirtschaftswunders auseinandersetzen. Seine Geschichten sind oft hintergründig und mythologisiert; seine Texte beschreiben unter anderem immer wieder die Einsamkeit des Individuums. Hervorzuheben sind besonders seine Romane „Eine Stimme hebt an" (1950), „Die sterbende Jagd" (1953), „Das Schiff im Berg" (1955) und „Schlußball" (1958). Weitere erwähnenswerte Veröffentlichungen sind die Erzählungen „Einmal und oft" (1956), „Gib acht in Domokosch" (1959), „Sizilianische Notizen" (1959) und „Am Pass Nascondo" (1960).

Quittenbrot

Zutaten:
3 kg Quitten
$^1/_4$ l Wasser
Zucker (nach Gewicht des Fruchtmuses)
5 EL Zitronensaft
Etwas Öl

Zubereitung:
Die Quitten von Stielen und Blüten befreien, vierteln. Mit dem Wasser aufsetzen und weich kochen. Durch ein Haarsieb passieren. Den Brei wiegen und die gleiche Menge Zucker einrühren, mit Zitronensaft schärfen. Unter Rühren so lange sanft kochen, bis der Brei rotbraun und dick wird. Ein Backblech einölen, die Masse 1 bis 2 cm dick darauf flach streichen. Im offenen Backofen bei 50 °C etwa 2 Stunden trocknen lassen (Gas kleinste Stufe und immer mal wieder abschalten). In Rhomben oder Streifen schneiden, auf Küchenrosten an trockenem Ort etwa 1 Woche trocknen lassen. Im Hagelzucker wälzen, dann lagenweise, getrennt durch Folie, luftdicht verschlossen aufbewahren.

Rudi Pfitzer,
„Landgasthof Krone",
Murrhardt-Fornsbach

Weinempfehlung:
Quittenwasser oder
halbtrockener Kerner Auslese

Karl Gerok,
Kartoffelblüte,
in: Ausgewählte Dichtungen,
Stuttgart: Greiner & Pfeiffer 1907,
S. 187–188

Blühendes Kartoffelkraut,
Sanft von Sommerwind umkost,
Immer, wann ich dich geschaut,
Warst du mir ein Augentrost;
Mit der Büsche Laubgezelt,
Mit der Blüten Rötlichblau
Hebst du wie ein Blumenfeld
Dich hervor aus grüner Au.

Nun da schon der Rosenstrauch
Ab den ersten Purpur streift,
In des Juli warmem Hauch
Schon am Baum die Birne reift,
Längst der Vögel Sang verstummt,
Nur der Falter nascht im Klee,
Nur durchs Feld die Biene summt,
Sagt der Sommer bald Ade.

Doch indem die Blüte fällt,
Räumt sie gern der Frucht den Platz,
So auch du, mein blühend Feld,
Hütest einen goldnen Schatz,
Unter dir im Erdengrund
Wächst willkommne Hausmannskost,
Eine Frucht, gesund und rund,
Alt und jung zum Magentrost.

Wenn ich drum in Sommers Pracht
Durch die blühnden Fluren geh',
Denk' ich gern der Winternacht,
Da dies Feld bedeckt mit Schnee,
Doch am Tisch bei Lampenschein
Sitzen Kindlein Kopf an Kopf,
Froh begrüßt dich groß und klein,
Dampfender Kartoffeltopf!

Froh begrüßt dich groß und klein, Dampfender Kartoffeltopf!

Karl Gerok
1815 Vaihingen/Enz – 1890 Stuttgart

Wenige Wochen nach der Geburt Karl Geroks zog die Familie nach Stuttgart, wohin sein Vater als Stiftsprediger versetzt worden war. Schon im Gymnasium wurde von seinem Lehrer Gustav Schwab sein poetisches Talent entdeckt. Nach dem Studium der evangelischen Theologie am Tübinger Stift von 1832 bis 1836, unter anderem bei Friedrich Theodor Vischer und David Friedrich Strauß, begann seine erfolgreiche kirchliche Laufbahn zunächst als Hilfsprediger in Stuttgart. Von 1840 bis 1844 war er dann Repetent am Tübinger Stift, später Diakon in Böblingen und Stuttgart. 1853 dort zum Oberhelfer und Amtsdekan ernannt, folgten 1862 die Beförderung zum Stadtdekan, 1868 die Ernennung zum Oberkonsistorialrat, Oberhofprediger und Prälaten in Nachfolge Karl von Grüneisens. Obwohl man Gerok wiederholt in bedeutende auswärtige Ämter berief, blieb er in Stuttgart und wurde unter anderem deshalb zum Ehrenbürger der Stadt ernannt; 1877 verlieh ihm die Universität Tübingen den Ehrendoktor der Theologie. Karl Gerok schrieb vor allem religiöse Lyrik; als geistlicher Dichter und Erbauungsschriftsteller thematisierte er besonders die ethischen Werte. Am bekanntesten geworden ist sein Gedichtband „Palmblätter" (1857). Weitere Gedichtausgaben veröffentlichte er unter den Titeln „Pfingstrosen" (1864), „Blumen und Sterne" (1868), „Deutsche Ostern" (1871), „Der letzte Strauß" (1885) und „Unter dem Abendstern" (1886).

Dampfender Kartoffeltopf

Zutaten:

40 g Fenchelwürfel (Würfel jeweils 1 cm auf 1 cm)
40 g Lauchwürfel
150 g Selleriewürfel
150 g Gelbe-Rüben-Würfel
100 g Petersilienwurzelwürfel
350 g Kartoffelwürfel (Salatkartoffeln)
20 g Butter
2 Knoblauchzehen
400 ml Gemüsebrühe
¼ l Sahne (süß)
50 g Stärkemehl
Salz, Pfeffer, Muskat zum Würzen
Frische Kräuter (wie z. B. Schnittlauch, Petersilie, Fenchelkraut oder Estragon)
Etwa 30 g Parmesan

Spinat-Käse-Sauce:

60 g Bavaria blue oder Camembert
50 g Tiefkühlspinat
1 Vollei
1 Eigelb

Zubereitung:

Feuerfeste Form ausbuttern, mit den Knoblauchzehen ausstreichen und den restlichen Knoblauch in der Form belassen. Gemüsebrühe und Sahne mit Stärkemehl binden und kräftig würzen. Die Gemüse- und Kartoffelwürfel in die Form geben und mit dem gebundenen Gemüsesaft überziehen. Die Form mit Alufolie oder Deckel abdecken und den Eintopf im vorgeheizten Ofen bei 120 °C etwa 45 bis 60 Minuten garen.
Bavaria blue, angetauten Spinat, Vollei und Eigelb in der Küchenmaschine mixen und abschmecken. Den Eintopf aus dem Ofen nehmen, die gehackten Kräuter hinzufügen und unterheben.
Die Spinat-Käse-Masse auf den Eintopf geben, mit Parmesan bestreuen und zum Schluß überbacken.
Im Topf servieren.

Tip:

Den Eintopf mit 2 Eigelb und 2 cl Sahne binden, bevor die Spinat-Käse-Masse auf den Eintopf kommt.

Variation:

Den Eintopf auf Tellern anrichten und ebenfalls mit der Spinat-Käse-Masse überbacken oder den Kartoffeltopf mit anderen Saisongemüsen kombinieren.

Hans-Peter Merk,
„Hotel Der Adelshof",
Schwäbisch Hall

Weinempfehlung:
Schillerwein trocken

Albrecht Goes,
Bratapfel, S. 112–113,
in: Erzählungen.
Gedichte. Betrachtungen,
Frankfurt/M.: S. Fischer 1986,
S. 112–113

Hier am Westchen hundert Maschen
Ernsthaft rechts und links gestrickt.
Wohl ... doch jetzt beiseit die Taschen,
Her zum Ofen, hingeblickt!

Seht ihrs nicht mit Mund und Händen?
Duftets nicht in Aug und Ohr?
Wie, daß wir den Zauber fänden
Heimlich hier im Zauberrohr?

Wie, daß man im Zubereiten
Eine Winterabendwelt,
Alle Tag- und Jahreszeiten
Unversehns in Händen hält!

Heißer Saft will niederträufeln,
Und wer soll nun Kaiser sein?
Auch noch Zucker willst du häufeln?
Nimm den Apfel, er ist dein!

Nimm den Apfel, er ist dein!

Albrecht Goes
1908 Langenbeutingen

Als Sohn einer alten schwäbischen Pfarrersfamilie schlug Albrecht Goes ebenfalls die theologische Laufbahn ein: Den Seminaren in Urach und Schöntal folgte das Studium der evangelischen Theologie am Tübinger Stift und in Berlin. In den Jahren von 1930 bis 1940 war er Pfarrer in den württembergischen Gemeinden Unterbalzheim und Gebersheim, danach wurde er hauptsächlich an der Ostfront als Lazarettgeistlicher eingesetzt. Nach dem Zweiten Weltkrieg kehrte Goes zunächst ins Pfarramt zurück, ließ sich dann aber wegen seiner schriftstellerischen Tätigkeit beurlauben. Von 1955 an lebt er, nur noch mit einem Predigtauftrag betraut, als freier Schriftsteller in Stuttgart-Rohr. Essay und Erzählung sind für Goes wichtig, die Hauptrolle in seinem literarischen Werk spielt jedoch die lyrische Dichtung. Hier steht er – in Nachfolge Mörikes, über den er eine Biographie schrieb (1938) – in der schwäbischen klassisch-romantischen Tradition, etwa mit den Ausgaben „Der Hirte" (1934), „Heimat ist gut" (1935), „Der Nachbar" (1940) und „Die Herberge" (1947). Große Wirkung erzielte der christlich-humanistische Dichter mit seinen Erzählungen „Unruhige Nacht" (1950), „Das Brandopfer" (1954) und „Das Löffelchen" (1965). Aber auch seine Reden, Betrachtungen und Laienspiele fanden einen weiten Leserkreis.

Gefüllter Bratapfel
mit Vanilleeis und Eierlikörsahne

Zutaten:
4 große Boskoop, Glockenäpfel oder andere weichkochende Äpfel
60 g Zucker
120 g geriebenes Weißbrot
50 g Rosinen
30 g gebräunte Mandelblättchen
5 g Zimt
40 g Zucker
6 cl Kerner oder Muskateller
4 cl Eierlikör
100 ml Sahne (geschlagen)
50 g Johannisbeeren
Melisseblättchen
Puderzucker

Zubereitung:
Äpfel schälen und halbieren, mit einem runden löffelförmigen Ausstecher großzügig aushöhlen, auf ein Blech setzen, mit dem Wein beträufeln, im Ofen bei etwa 180 °C 12 bis 15 Minuten weich dünsten.
Für die Füllung Zucker leicht bräunen, so lange geriebenes Weißbrot hinzufügen, bis eine fast trockene Masse entsteht. Gebräunte Mandelblättchen, Rosinen und Zimtzucker untermengen und in die fertigen heißen Äpfel einfüllen. Zum Anrichten 2 halbe gefüllte Äpfel je Teller, 2 Kugeln Vanilleeis und 1 größere Sahnerosette, mit Eierlikör überzogen, schön garnieren.
Anschließend das Dessert mit Johannisbeeren und Zitronenmelisse schmücken und den Teller mit etwas Puderzucker bestäuben.

Wilhelm Kellenbenz,
„Hotel-Restaurant Löwen",
Süßen

Weinempfehlung:
Kerner Auslese

Hans Jakob Christoffel von Grimmelshausen, Das wunderbarliche Vogelnest I, S. 319–320, in: Werke, Bd. 3, Berlin u. Weimar: Aufbau-Verlag 1972, S. 259–394

Folgends kame ich in eine Nebenkammer, worin das Konfekt stund, welches so kostbarlich zugerichtet war, daß ich mich verwundern mußte, weil ich dergleichen noch niemal gesehen. Da stunden ganze Türn und Schlösser von Marzipan, ganze Platten von allerhand Obswerk, ja Schunken, Knackwurst und dergleichen Genäsch, aus lauter Zucker gemacht, gemalt, überguldt und mit Blumen geziert, geschweige der kandierten und eingelegten Sachen. Ich stunde wohl eine Stund darbei, bis ich alles nach Genügen beschaute; hernach kam ich wieder in den Eßsaal; da waren die erste Speisen, was nicht gessen worden, bereits abgetragen und andere darvor hingestellt. Da sahe ich vielerhand Pasteten; auf einer stunde ein schöner Fasan in seinem natürlichen Gefieder, als wann er lebte und jetzt fortfliegen wollte; auf der andern ein Kapaune, auf der dritten ein Auerhahn, auf der vierten ein paar Hasel-, auf der fünften etliche Feldhühner, und so fortan. Auf etlichen guckten nur die Hasenfüße oder Vogelköpfe heraus, und an andern nur die Klauen von den Laufen des hohen Gewilds. Ich wurde schier zum Narren darüber, weil es mir so fremd vorkam. Ein gebraten Spanferkel sprach ich glückselig, weil es eine Zitron im Maul hatte, welches sonst Dreck hineingenommen, wann es ein rechtes Saualter erlebt. Besser und mehrer gute Bissel wurden auf den Tellern abgehoben, als man über Tafel aße. Ich aber hätte viel lieber eine gute warme Brühe in meinem Magen gehabt.

Ein gebraten Spanferkel sprach ich glückselig

Hans Jakob Christoffel von Grimmelshausen
um 1622 Gelnhausen – 1676 Renchen

Wahrscheinlich infolge einer Plünderung seiner Vaterstadt kam Hans (eigentlich Johann) Jakob Christoffel von Grimmelshausen mit zwölf Jahren nach Hanau. Von den Wirren des Dreißigjährigen Krieges erfaßt, zog der Sohn einer einfachen protestantischen Bürgersfamilie von 1635 an durch verschiedenste Gegenden Deutschlands, unter anderem in der kaiserlichen und in der schwedischen Armee, zuletzt 1648 als Regimentssekretär des bayerischen Obersts Elter. Wohl noch vor Kriegsende zum katholischen Glauben übergetreten, bekam er 1649 die Verwaltung der Schauenburgischen Güter in Baden übertragen. Von 1662 bis 1665 war er Burgvogt auf Schloß Ullenburg bei Gaisbach im Schwarzwald. Hier wurde er seßhaft, er erwarb Grundstücke und betrieb als Wirt den Gasthof „Silberner Stern". Wohl durch den Umgang mit Gelehrten aus dem nahen Straßburg angeregt, lernte er die zeitgenössische Literatur kennen und begann mit seiner literarischen Arbeit. 1667 gab Grimmelshausen seine Wirtschaft auf und zog nach Renchen in Baden, wo er das bischöflich-straßburgische Schultheißenamt erhalten hatte. In diesen letzten Lebensabschnitt erst fiel seine umfangreiche literarische Tätigkeit.

Spanferkelbraten mit Knusperschwarte aus der Röhre

Zutaten:
2 kg Spanferkel von Rücken, Schulter oder Keule
250 g gehackte Ferkel- oder andere Bratenknochen
2 Knoblauchzehen (mit etwas Öl im Mixer püriert)
40 g Salz, Pfeffer aus der Mühle
10 g Paprikapulver
Je 1 TL Rosmarin, Estragon und Thymian
50 g Fett
100 g Zwiebeln (grob gewürfelt)
Je 50 g Lauch, gelbe Rüben und Sellerie (in Würfeln)
2 reife Tomaten
20 g Mehl
3/4 l Brühe
1 Räucherspeckschwarte (wenn vorhanden)
200 ml Spätburgunder

Zubereitung:
Die Schwarte vom Ferkelbraten mit einem scharfen Messer rautenförmig einritzen, mit einer Mischung aus Salz, Pfeffer und Paprika sowie Knoblauchöl rundum fest einreiben. Im vorgeheizten Backofen bei 170 °C und Umluft im Bratentopf mit dem Fett und 1/4 l Wasser ansetzen, nach etwa 45 Minuten den Braten auf ein emailliertes Backblech umsetzen, auf der mittleren Schiene bei 150 °C 30 Minuten weitergaren lassen.
Inzwischen röstet man die Knochen in dem Topf mit dem Fett und dem Bratensaft an, brät das Gemüse und die Tomaten mit, fügt die kleingeschnittene Speckschwarte hinzu, gießt 100 ml Brühe an, läßt etwas einkochen, bestäubt mit Mehl und füllt mit der restlichen Flüssigkeit und dem Wein auf. Nun gibt man Rosmarin, Estragon und Thymian bei, läßt die Sauce bei kleiner Hitze einkochen, würzt eventuell etwas nach und seiht die Sauce ab.

Tip:
Da Ferkelfleisch einen hohen Wassergehalt hat, klemmt man zwischen die Backofentüre einen Gegenstand, damit durch den schmalen Spalt der Dampf entweichen kann. So erhält man eine schöne, rösche und schmackhafte Schwarte.
Als Beilagen zu Spanferkel eignen sich besonders Semmelknödel, Spätzle, Schupfnudeln, Bayrisches Kraut, Sauerkraut, schwäbischer Kartoffelsalat oder Weißkrautsalat.

Wilhelm Kellenbenz,
„Hotel-Restaurant Löwen",
Süßen

Weinempfehlung:
Schiller Qualitätswein
oder Trollinger

Hans Jakob Christoffel von Grimmelshausen, Ratstübel Plutonis, S. 255–256, in: Werke, Bd. 4, Berlin u. Weimar: Aufbau-Verlag 1972, S. 183–262

Dieser Exemplen folge nach mit kostbarlichen Gastereien und vergiß beides der alten und jetztlebender Geirmäuler Schleckerbißlein nicht, sintemal auch die alten Sizilier der Göttin Gulä[1] (wie Palämon lib. 9 ad Timäum schreibt) einen Tempel und Altar aufgerichtet. Vornehmlich stelle alles an auf die französische neue Mode, deren Bottagien[2] eine etwan auf 25 Pistolen zu stehen kommt, ohnangesehen ihre Vorfahren uns Teutsche wegen überflüssiger Zehrung etwan durchgehechlet haben. Hierzu wisse zur Nachricht, daß Statius unter dem Tischgenäsch die Nuß aus Ponto, die Palmen in Idumäa und die Pflaumen aus Damasco lobet; Varro hält die samische Pfauen, die phrygische Antvögel[3], die ägyptische Datteln, die ambracianische Böcklein und die Scaros aus Sicilia vor die beste: Suetonius rechnet unter des Kaisers-Vitellii Delicias[4] der Fasanen Hirn und die Murenen[5] aus dem Karpatischen Meer; Athenäus zählet in seinem Deipnosoph unter die lieblichste Speisen die ägyptische Tauben, die getulische Spargen[6], die rhegische[7] Zwiebeln, die ambracische wilde Säu, die siracusische Krametsvögel, den böotischen Aal, die attische Feigen und die mazedonische Thunos[8].

[1] Kehle [2] Suppen [3] Enten [4] Ergötzlichkeiten [5] Raubfische [6] afrikanischer Spargel [7] aus Rhegium [8] Thunfische

Der Abentheurliche
SIMPLICISSIMUS
Teutsch /
Das ist:
Die Beschreibung deß Lebens eines
seltzamen Vaganten / genant Melchior
Sternfels von Fuchshaim / wo und welcher
gestalt Er nemlich in diese Welt kommen / was
er darinn gesehen / gelernet / erfahren und auß-
gestanden / auch warumb er solche wieder
freywillig quittirt.
Überauß lustig / und männiglich
nutzlich zu lesen.
An Tag geben
Von
German Schleifheim
von Sulsfort.
Monpelgart /
Gedruckt bey Johann Fillion /
Im Jahr M DC LXIX.

Athenäus zählet …
unter die lieblichste Speisen
… den böotischen
Aal

Hans Jakob Christoffel von Grimmelshausen
um 1622 Gelnhausen – 1676 Renchen

Seine schriftstellerische Tätigkeit begann Grimmelshausen, der als bedeutendster deutscher Erzähler des 17. Jahrhunderts gilt, zunächst unter verschiedenen Pseudonymen, unter anderem als Samuel Greifensohn und German Schleifheim. Mit realistischer Anschaulichkeit und in volkstümlicher, zum Teil mundartlicher Sprache beschreibt der Erzähler und Sittenschilderer seine Zeit. Sein bekanntestes Werk, der 1668 und in einer Fortsetzung 1669 erschienene Barockroman „Der Abentheurliche Simplicissimus Teutsch", der in drastischer Sprache und ironisch-satirischer Verfremdung das Leben eines „reinen Toren" während des Dreißigjährigen Krieges darstellt, ist in der Tradition der volkstümlich-satirischen spanischen Schelmenromane in der Ich-Form geschrieben. Grimmelshausen veranschaulicht darin den Gegensatz von Geist und Welt: Sein von redlichem, christlichem Streben erfüllter Held scheitert immer wieder an seiner eigenen Sinnlichkeit und der Bosheit der Welt. Weitere bekannte Schriften sind unter anderem die Romane „Histori vom keuschen Joseph" (1667), „Dietwalts und Amelinden anmuthige Lieb- und Leids-Beschreibung" (1670) und „Lebensbeschreibung der Ertzbetrügerin und Landstörtzerin Courasche" (1669) sowie die Erzählungen „Der erste Bärnhäuter" (1670), „Der seltzame Springinsfeld" (1670) und „Das wunderbarliche Vogel-Nest" (1672).

Kocheraal in Bärlauchsauce

Zutaten:
1 kg frischer, ausgenommener Kocheraal
1,8 l Wasser
8 cl Balsamessig
2 Bd. frischer Bärlauch
1 Gemüsebündel
1 Zwiebel
1 Zitrone
Salz, Pfeffer
5 schwarze Pfefferkörner
2 Wacholderbeeren
2 Pimentkörner
1 EL Butter
100 ml Sahne

Zubereitung:
Den Kocheraal vom Fischhändler ausnehmen lassen, die Haut abziehen und den Aal in fingergroße Stücke zuschneiden. Aus Wasser, Essig, Wacholderbeeren, Pfefferkörnern, Pimentkörnern, Salz und Gemüsebündel einen Sud bereiten. Diesen aufkochen lassen, dann Hitze zurücknehmen, Aalstücke zugeben und bei kleiner Hitze etwa 20 Minuten ziehen lassen.
In der Zwischenzeit von diesem Fischsud etwa 1/4 l entnehmen und in einer kleinen Kasserolle auf die Hälfte einkochen lassen, Sahne dazugeben. 1 Bd. Bärlauchblätter fein gewiegt hinzufügen. Das Ganze ebenfalls bei mäßiger Hitze ziehen lassen. Nach etwa 10 Minuten mit Salz und Pfeffer abschmecken. Die zerlassene Butter mit dem Schneebesen kurz unterschlagen.
Den Aal aus seinem Sud heben, kurz abtropfen lassen und auf die Teller setzen. Zur köchelnden Bärlauchsauce die restlichen Blätter nochmals fein gewiegt hinzufügen. Anschließend den Kocherfisch mit der Sauce übergießen und mit Bärlauchblättern und Zitrone garnieren.
Beilage: neue Kartoffeln.

Eugen Hemrich,
„Hotel und Restaurant Zur Sonne",
Bad Friedrichshall-Jagstfeld

Weinempfehlung:
reifer Riesling

Karoline von Günderode,
Magie und Schicksal, S. 308,
in: Gesammelte Dichtungen,
München: Drei Masken Verlag 1923,
S. 302–355

Zeno
Du auch schon hier? O gönne dir den
Schlummer!
Es ist des Mohnes Saft, die süße Milch,
Die zu der Leidenschaften wildem Treiben
In deinem heißen Blute Balsam mischt,
Und Kühlung in dein ungestümes Sehnen.
Ligares
Des Mohnes Blume senkt ihr blättrig
Haupt
Von Schlummer schwer und traumgedrückt
zur Erde:
Denn süßes Wähnen wohnt in ihrem Kelch,
Der Liebe Schmachten, träumerisch
Umfangen,
Begierig Sehnen und versagte Lust,
Ein wehmuthsvoll und seeliges Vergehen,
Sanft aufgelöst in Schlummersüßigkeit;
So sind die Träume, so des Gottes Walten
Deß Stirne sich mit dunklem Mohn
bekränzt.
Was Liebe reizt, was Liebe schmeichelnd
nähret,
Das sollt' ein Mittel gegen Liebe seyn?
Zeno
Wie? hast du selbst dir heilig nicht
gelobet,
Der falschen Hoffnung länger nicht zu
traun?
Dich gänzlich von Ladikä abzuwenden,
Seit du es wissest, daß sie dich
verschmäht?

Es ist des Mohnes Saft, die süße Milch

Karoline von Günderode
1780 Karlsruhe – 1806 Winkel am Rhein

Aufgewachsen ist die Tochter des badischen Hofrats, Regierungsrats und Kammerherrn Hektor von Günderode in Hanau. 1797 kam sie als Stiftsdame ins Cronstetten-Hynspergische evangelische Damenstift nach Frankfurt am Main. Durch ihre Freundschaft mit Bettina und Clemens Brentano lernte sie 1799 dessen Schwager Friedrich Karl von Savigny kennen, mit dem sie eng verbunden war. Im Frühjahr 1804 begegnete die Günderode dann in Heidelberg dem Altertumsforscher und Mythologen Friedrich Creuzer, der den Romantikern sehr nahe stand und später die „Heidelberger Jahrbücher" begründete. Die immer intensivere Liebesbeziehung – Creuzer wollte sich schließlich wegen ihr von seiner Frau scheiden lassen – endete, als Karoline von Günderode erfuhr, daß Creuzer aus Dankbarkeit für die Pflege während einer gefährlichen Erkrankung bei seiner Frau bleiben wolle, mit ihrem Selbstmord. Hinterlassen hatte die schwärmerische Lyrikerin, die auch einige phantasiereiche Dramen schrieb, ein schmales Werk. Ihre romantisch-klassizistischen, einfühlsamen und oft von Melancholie geprägten, teilweise ekstatischen Gedichte erschienen erstmals 1804 unter dem Titel „Gedichte und Phantasien". Ein Jahr später veröffentlichte sie die „Poetischen Fragmente" und 1806 den Gedichtband „Melete von Ion".

Mohnkuchen

Zutaten:
Mürbeteig:
70 g Puderzucker
100 g Butter
Salz, Vanille, Zitrone
1 Ei
220 g Weizenmehl (Type 405)
3 g Backpulver

Mohnfüllung:
750 ml Milch
125 g Zucker
80 g Butter
2 g Vanille
2 g Zitronenaroma
4 g Salz
200 g Mohn (gemahlen)
20 g Grieß
20 g Kuchenbrösel
1 Ei
50 g Sultaninen

Streusel:
50 g Zucker
50 g Butter
100 g Weizenmehl (Type 405)

Zubereitung:
Zur Herstellung des Mürbeteiges Puderzucker, Butter und Gewürze verkneten, danach das Ei hinzufügen und zum Schluß kurz das Mehl unterarbeiten. Der Mürbeteig sollte eine Nacht im Kühlschrank lagern.
Eine konische Kuchenform mit weicher Butter einfetten und mit Mürbeteig auslegen.
Für die Mohnfüllung zuerst Milch, Zucker, Butter, Zitronenaroma, Vanille und Salz in einem Kessel aufkochen. Den gemahlenen Mohn, Grieß und Kuchenbrösel dazugeben und unter ständigem Rühren noch einmal aufkochen. Nach dem Abkühlen Ei und Sultaninen einrühren. Die Mohnfüllung danach in die Kuchenform auf den Mürbeteig streichen.
Zur Herstellung von Streuseln Zucker und Butter gut miteinander verkneten und zum Schluß das Mehl untermengen.
Die Streusel nun auf die Mohnfüllung aufstreuen.
Im vorgeheizten Backofen bei einer Temperatur von 180 °C und einer Backzeit von 55 Minuten backen.

Bäckerei Föhl,
Stuttgart

Weinempfehlung:
gereifter, halbtrockener Spätburgunder

Agnes Günther,
Die Heilige und ihr Narr,
Stuttgart: Steinkopf 1961,
S. 181–182

Da macht sie ein Laut aufsehen. Durch das Blättergewirre am Fenster, das nicht sehr hoch vom Erdboden entfernt ist, schiebt sich eine kleine, magere, braunschwarze Hand und klammert sich an die Fensterbrüstung; dann ein schwarzzotteliger Kopf, ein elendes Körperchen in einem groben zerschlissenen Hemd folgt nach. Mit großen, runden, schwarzen Augen sieht das kleine Menschenwesen nach den guten Dingen da auf dem Tisch und flüstert mit gutturalen, Rosmarie ganz unverständlichen Tönen immer wieder das gleiche. – Rosmarie erhebt sich, das Kind erschrickt, so daß es beinahe herunterfällt. So etwas Großes und Weißes hat es wohl noch nie gesehen. Rosmarie lächelt ihm zu und häuft Gemüse und ein Kotelett zierlich auf einen Teller, Messer und Gabel daneben und stellt alles mit einer einladenden Handbewegung auf die innere Fensterbrüstung. Die schwarzen Augen des Kerlchens leuchten, Messer und Gabel braucht er nicht, die schmutzigen Finger und die Mauszähnchen verrichten das Geschäft allein.

und häuft Gemüse und ein

Kotelett

zierlich auf einen Teller

Agnes Günther
1863 Stuttgart – 1911 Marburg

In Stuttgart verbrachte Agnes Breuning ihre gesamte Kindheit und Jugend. Anfang 1887 verlobte sie sich mit dem in Tübingen lehrenden Theologen Rudolf Günther, im September desselben Jahres heiratete das Paar in der Stuttgarter Stiftskirche. Da ihr Mann zweiter Pfarrer in Blaubeuren wurde, zogen beide kurz darauf in das Städtchen auf der Alb. 1891 bereits versetzte man Rudolf Günther wieder, diesmal nach Langenburg im Jagstkreis. Der neue Wohnort und dessen Umgebung wurden die zweite Heimat von Agnes Günther; sie interessierte sich vor allem für die Geschichte Langenburgs, die auch in ihr dichterisches Werk einfloß. Doch jene Jahre waren bereits geprägt von einem immer wieder auftretenden Lungenleiden, das sie häufig auf das Krankenbett warf und im Sommer 1901 zu einer längeren Badekur in Bordighera an der Riviera zwang. Nach der Berufung des Ehemanns zum Theologieprofessor an die Universität Marburg lebte sie einige Zeit in der Stadt an der Lahn, kehrte jedoch noch im Jahr 1909, von Heimweh getrieben, ins Württembergische zurück. Als im Frühjahr 1910 ihre Krankheit erneut ausbrach, fuhr sie zur Erholung nach Davos. Zurück in Marburg, konnte sie ihr schriftstellerisches Werk fast vollenden, bevor sie den Kampf mit ihrer Krankheit endgültig verlor.

Mit Apfelpüree gefüllte Schweinekoteletts

Zutaten:
4 Schweinekoteletts zu je 250 g
2 Äpfel (Elstar)
30 g Butter
1 kleine Zwiebel (in feinen Würfeln)
150 g Sellerie (in feinen Würfeln)
1 TL Puderzucker
50 g Mehl
1 Msp. gemahlener Zimt
2 Gewürznelken
3 EL Olivenöl
20 g Butter
1/8 l Riesling
2 EL Kräuteressig
Salz, Pfeffer aus der Mühle

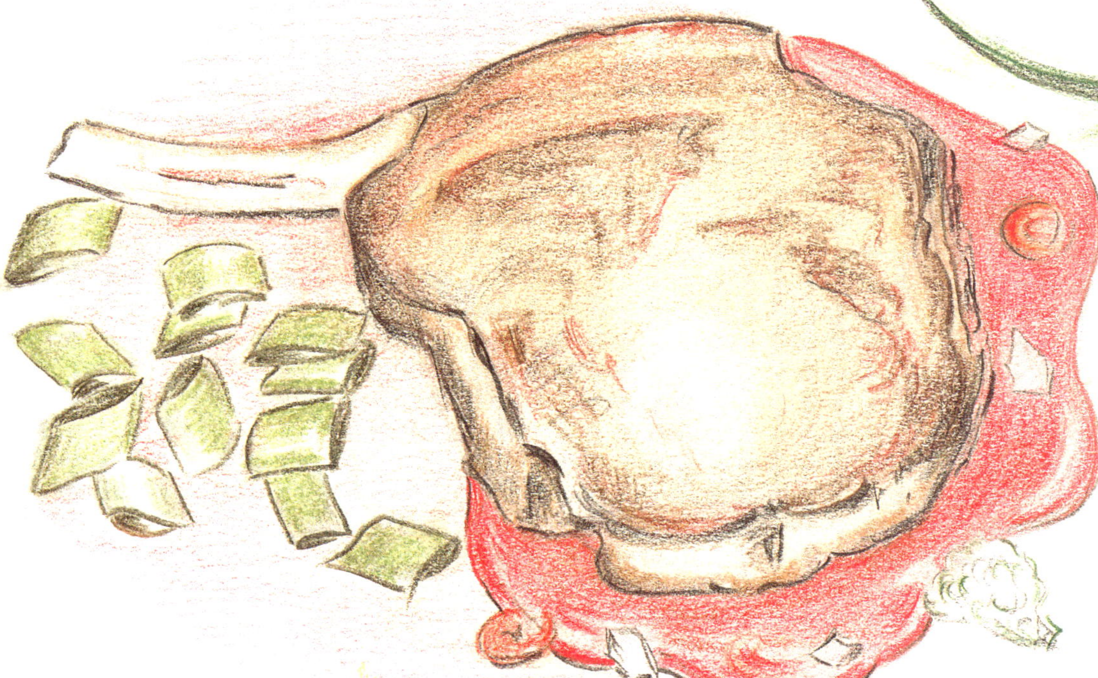

Zubereitung:
Mit einem scharfen Messer je eine Tasche in die Koteletts schneiden. Die Äpfel schälen und raspeln. In einem Topf die Butter zerlassen und darin die Zwiebeln und die Selleriewürfel andünsten. Äpfel, Puderzucker, Nelken und Zimt zugeben. Umrühren und das Ganze auf großer Flamme kochen, bis die Flüssigkeit der Äpfel verdampft und die Füllung fest ist. Mit dieser Masse die Koteletts füllen und die Öffnung mit einem Zahnstocher verschließen.
Die gefüllten Koteletts mit Salz und Pfeffer aus der Mühle würzen, in Mehl wenden, in einer Pfanne mit Öl von beiden Seiten anbraten, in eine gebutterte Auflaufform legen, den Wein und den Essig dazugießen.
Im Backofen bei 180 °C etwa 20 Minuten durchgaren lassen, ab und zu wenden.
Die Koteletts auf einer Platte anrichten, den Bratensaft und die frische Butter mit dem Pürierstab aufschlagen.
Gemüse der Jahreszeit und Kartoffelgratin bieten sich als Beilage an.

Karl Handte,
„Gasthof Stern",
Frickenhausen

Weinempfehlung:
Rivaner (Müller-Thurgau, trocken ausgebaut) oder Spätburgunder Weißherbst

Agnes Günther,
Die Heilige und ihr Narr,
Stuttgart: Steinkopf 1961,
S. 124

Auf dem Heimwege sprechen schon alle durcheinander wie die jungen Vögel.
Die Zöpfe fliegen, und die Zungen stehen keinen Augenblick still.
Rosmarie sagt am wenigsten, aber sie lächelt zu dem, was die andern sagen, und hört so eifrig zu, als habe sie im Leben nie Interessanteres gehört,
als daß Apothekers Julie den schlechtesten Aufsatz gemacht habe, und daß es bei Notars ein kleines Kind gebe.
Ein Kinderwagen stehe schon im Hausflur,
ganz weiß mit vergoldeten Knöpfen.
Und eine ganz Kühne will wissen, ob es wahr sei, daß Rosmarie zum Frühstück immer Schokolade mit Schlagsahne und gefüllte Krapfen bekomme und jeden Tag alles frisch von Kopf bis zu Fuß anziehe.
Zu der Schlagsahne will sich nun Rosmarie nicht bekennen, aber sie sagt errötend: „Man kann doch nur frische Wäsche tragen."

ob es wahr sei, daß Rosmarie zum Frühstück immer ...

gefüllte Krapfen

bekomme

Agnes Günther
1863 Stuttgart – 1911 Marburg

Mit dem erst zwei Jahre nach ihrem Tode veröffentlichten schwärmerischen Roman „Die Heilige und ihr Narr" wurde Agnes Günther einem breiten Publikum bekannt. Dieser Roman, in mehrere Sprachen übersetzt und vielfach verfilmt, gehörte zu den Bestsellern der Literatur zu Anfang des Jahrhunderts. Vor allem bei ihren Leserinnen war die religiös-sentimentale Darstellung der Seelengeschichte einer Frau, in der sich Märchenmotive und Mädchenträume verbinden, ein großer Erfolg. Erstmals in die Öffentlichkeit trat sie mit ihrem Schauspiel „Die Hexe", das 1906 im fürstlichen Theatersaal in Langenburg uraufgeführt wurde. Den Stoff hierfür entnahm sie einer im Württembergischen bekannten Historie über die Verurteilung und Errettung der jungen Hexe Gisela. In Fortführung dieses Stückes erschien 1913, posthum, das Drama „Von der Hexe, die eine Heilige war".

Gefüllte Krapfen

Zutaten:
100 ml Milch
150 g Weizenmehl (Type 405)
30 g Hefe
55 g Butter (weich)
60 g Zucker
5 g Salz
Vanille, Zitronenaroma
2 Eier
2 Eigelb
350 g Weizenmehl (Type 405)
100 ml Milch
Fritierfett
Konfitüre

Zubereitung:
Aus 100 ml Milch, 150 g Weizenmehl und 30 g Hefe mit einem Knethaken in der Küchenmaschine einen intensiv gekneteten Vorteig bereiten. Danach eine Teigruhe von etwa 30 Minuten einhalten. Butter, Zucker, Salz, Vanille und Zitronenaroma mit einem Rührbesen in der Küchenmaschine gut schaumig rühren und danach die Eier und Eigelbe einrühren. Die Buttermasse und den Vorteig mit dem Restmehl und der Restmilch in der Küchenmaschine so lange kneten, bis der Teig glatt geworden ist und sich vom Schüsselrand ablöst. Jetzt dem Teig eine 30minütige Teigruhe gönnen. Danach etwa 40 g schwere Kugeln formen, auf ein Tuch legen, abdecken und so lange an einen warmen Ort stellen, bis sie „reif" geworden sind. Die Reife kann man dadurch bestimmen, daß man mit dem Finger die Kugel leicht eindrückt und die entstandene Delle dann nur ganz allmählich wieder zurückgeht.
Die Krapfen dann in heißem Fritierfett schwimmend bei 170 °C auf beiden Seiten je zweimal backen. Nach dem Backen mit Hilfe einer Spritztüte Konfitüre einfüllen.

Bäckerei Hafendörfer, Stuttgart

Weinempfehlung:
Kerner oder Silvaner Spätlese halbtrocken

Heinrich Hansjakob,
Der Hosig, S. 364,
in: Wilde Kirschen.
Ausgewählte Schriften, Bd. 3,
Stuttgart: Bonz & Comp. 1921,
S. 335–369

Ein ländliches Hochzeitsessen im Kinzigtal bei einer bessern Bauernhochzeit mitzumachen, ist eine Riesenleistung, die nur ein Magen von Gußstahl und ein Herz von Granit zu übernehmen imstande sind. Für das letztere ist die Sache deshalb sehr schwierig, weil nach jedem „Gang" an der Tafel ein Tanz auszuhalten ist. Der Magen profitiert durch die Unterbrechung; dafür muß aber das Herz um so schärfer ins Zeug. Es ist kulturhistorisch nicht uninteressant, das Menu, wie es seit Jahrhunderten bis heute im Kinzigtale besteht, hier anzuführen. Zunächst kommen zwei Suppen, eine Brotsuppe und eine Nudelsuppe, dann Rindfleisch mit Rahnen und Meerrettich. Jetzt erscheint das Hauptgericht, „gebeiztes Rindfleisch mit Nudeln und Gugelhopf". Fehlte das bei einer Hochzeit, so wäre es ein förmliches Unglück.

Zunächst kommen zwei Suppen, eine Brotsuppe und eine Nudelsuppe

Heinrich Hansjakob
1837 Haslach/Kinzig – 1916 Haslach/K.

Heinrich Hansjakob, der in seinem Schwarzwälder Heimattal aufwuchs und später zur Schulausbildung nach Rastatt kam, studierte in Freiburg/Brsg. und Tübingen Theologie und klassische Philologie. Bereits 1863 zum katholischen Priester geweiht, bestand er noch im selben Jahr sein philologisches Staatsexamen und promovierte 1864 in diesem Fach. Zunächst als Gymnasiallehrer in Donaueschingen tätig, leitete er dann von 1865 bis 1869 die Realschule in Waldshut. Wegen Beteiligung am Kulturkampf wurde der politisch engagierte Pädagoge zweimal mit Festungshaft bestraft und 1869 schließlich seines Amtes als Realschuldirektor enthoben. Er lebte danach als Priester in Hagnau am Bodensee, betätigte sich daneben jedoch weiter auch als Schriftsteller und Politiker. Von 1871 bis 1881 war er Mitglied im badischen Landtag. 1884 schließlich erhielt er die Stadtpfarrstelle in Freiburg/Brsg., wo er bis 1913 amtierte.

Brotsuppe und Nudelsuppe

Zutaten:
Brotsuppe:
200 g Schwarzbrot
4 EL Öl
1 Zwiebel
1 gelbe Rübe
¼ Sellerie
1 l Fleischbrühe
Liebstöckel, Majoran, Salz, Pfeffer, Muskat, gemahlener Kümmel
4 EL Sahne
1 Eigelb
60 g Schwarzwälder Schinken (in Würfel geschnitten)
50 g Schwarzbrot (in Würfel geschnitten)

Nudelsuppe:
3 Eier
325 g Mehl
Salz, Muskat
1 l Brühe
Schnittlauch

Zubereitung:
Brotsuppe:
200 g Brot kurz einweichen. Das Gemüse in feine Würfel schneiden und leicht anrösten. Das ausgedrückte Brot hinzugeben und mit der Brühe auffüllen. Zum Kochen bringen und 10 Minuten unter Rühren leicht sieden. Vom Herd nehmen und alles pürieren. Auf den Herd zurückgeben und mit den Kräutern und den Gewürzen abschmecken. Am Schluß mit der Sahne-Eigelb-Mischung binden, aber nicht mehr kochen. Zum Garnieren den angebratenen Schinken und die angerösteten Brotwürfel über die Suppe verteilen.

Nudelsuppe:
Aus den Eiern, Gewürz und Mehl einen sehr festen Nudelteig zubereiten. Diesen etwas ruhen lassen und dann kleine Teigstücke zwischen den Händen reiben, so daß winzige Riebele (Würstchen) entstehen. Auf einem Tuch trocknen lassen und in die heiße Brühe geben.
Kurz aufwallen lassen und mit Schnittlauch servieren.

Frank Beutler,
„Gasthof Schwanen-Post",
Alpirsbach

Weinempfehlung:
Spätburgunder Weißherbst trocken

Heinrich Hansjakob,
Der Hosig, S. 364,
in: Wilde Kirschen.
Ausgewählte Schriften, Bd. 3,
Stuttgart: Bonz & Comp. 1921,
S. 335–369

Es folgt Schweinefleisch mit Sauerkraut und Bratwürsten, dann Kalbfleisch mit Salat, endlich gebackene Kalbsfüße und Zwetschgen und schließlich nochmals eine Suppe.
Letztere weicht jetzt manchmal dem Kaffee.
Nach dem Hauptgericht, ehe wieder ein Tanz getan wird, gehen der Hochzeiter und die Hochzeiterin bei allen Gästen herum und kredenzen jedem einen Trunk.
Der Hochzeiter trägt die Weinflasche und die Braut das Glas, das sie jedem der Anwesenden reicht mit der Formel:
„I will i's brocht ha!"
Zwischenhinein machen auch die Musikanten draußen auf dem Tanzboden einmal eine Pause und sehen sich nach einem „Benefice" um.
Sie stellen sich an die einzelnen Tische und spielen den daran Sitzenden ein Extrastück mit Gesang.
Dafür wird dann mit einem Teller der „Spiellohn" gesammelt.
Meist sind die Lieder erotischen Inhalts oder enthalten eine Verherrlichung des Bauernstandes.

Es folgt …

Kalbfleisch

mit Salat

Heinrich Hansjakob
1837 Haslach/Kinzig – 1916 Haslach/K.

Der heute noch beliebte Volksschriftsteller aus dem Schwarzwald war nicht nur wegen seiner Reiseschilderungen – zum Beispiel „In Frankreich" (1874), „In Italien" (1877) und „In den Niederlanden" (1881) – sowie seiner lebendigen Lebenserinnerungen und Tagebuchnotizen – wie etwa „Auf der Festung" (1870), „In der Residenz" (1878) und „Aus meiner Studienzeit!" (1885) – ein vielgelesener Autor, sondern auch wegen seiner in urwüchsigem Stil geschriebenen Erzählungen, in denen er oft mit leicht erzieherischer Tendenz die bäuerliche Welt und die Landschaft des Schwarzwaldes beschreibt. Hier sind vor allem die Publikationen „Wilde Kirschen!" (1888), „Dürre Blätter" (1889), „Schneeballen" (1892–1894), „Bauernblut" (1896) und „Waldleute" (1897) zu nennen. In den unter dem Titel „Schneeballen" in drei Bänden veröffentlichten Erzählungen ist auch die Meisternovelle „Der Vogt auf Mühlstein", die 1895 in einem eigenen Bändchen erschien.

Eingemachtes Kalbfleisch

Zutaten:
1 kg Kalbsschulter oder -hals

Beize:
½ l Gutedel
1 Zwiebel
Nelke, Lorbeerblatt

Sauce:
50 g Butter
80 g Mehl
2 Eigelb
200 ml frische Sahne
Salz, Pfeffer, Muskat,
gehackte Petersilie

Zubereitung:
Das Kalbfleisch in Würfel schneiden und über Nacht in die Beize einlegen. Das Fleisch herausnehmen und in kochendem Salzwasser, dem ein Teil der Beize zugegeben wurde, fast fertiggaren. Aus dem Mehl und der zerlassenen Butter eine helle Mehlschwitze bereiten, mit etwa ½ l von der Kochbrühe auffüllen, aufkochen und das vorgegarte Fleisch in der weißen Sauce fertiggaren. Dabei ab und zu mit einem Holzlöffel umrühren. Kurz vor dem Anrichten mit der Eigelb-Sahne-Mischung binden – nicht mehr kochen lassen.
Der Ausdruck „eingemachtes Kalbfleisch" kommt aus der Zeit, als nach dem Schlachten das Fleisch zur Konservierung in Weckgläsern oder Dosen eingemacht wurde.
Das Gericht kann mit Spargelstücken oder Pilzen wie Champignons und Pfifferlingen verfeinert werden. Zum Schluß mit gehackter Petersilie oder Kerbel bestreuen.
Als Beilage passen breite Nudeln, Reis und grüne Salate.

Frank Beutler,
„Gasthof Schwanen-Post",
Alpirsbach

Weinempfehlung:
Gutedel, den Sie
für die Beize nehmen

Wilhelm Hauff, Das kalte Herz, S 43, in: Schwäbische Erzähler, hrsg. v. B. u. M. Zeller, Stuttgart: Klett 1987, S. 36–76

Mit schnelleren Schritten, als er gekommen war, zog Peter wieder ab. Das Dunkel des Tannenwaldes schien immer schwärzer zu werden, die Bäume standen immer dichter, und ihm fing so an zu grauen, daß er im Trab davonjagte, und erst, als er in der Ferne Hunde bellen hörte und bald darauf zwischen den Bäumen den Rauch einer Hütte erblickte, wurde er wieder ruhiger. Aber als er näher kam und die Tracht der Leute in der Hütte erblickte, fand er, daß er aus Angst gerade die entgegengesetzte Richtung genommen und statt zu den Glasleuten zu den Flözern gekommen sei. Die Leute, die in der Hütte wohnten, waren Holzfäller; ein alter Mann, sein Sohn, der Hauswirt, und einige erwachsene Enkel. Sie nahmen Kohlenmunkpeter, der um ein Nachtlager bat, gut auf, ohne nach seinem Namen und Wohnort zu fragen, gaben ihm Apfelwein zu trinken, und abends wurde ein großer Auerhahn, die beste Schwarzwaldspeise, aufgesetzt.
Nach dem Nachtessen setzten sich die Hausfrau und ihre Töchter mit ihren Kunkeln um den großen Lichtspan, den die Jungen mit dem feinsten Tannenharz unterhielten, der Großvater, der Gast und der Hauswirt rauchten und schauten den Weibern zu, die Bursche aber waren beschäftigt, Löffeln und Gabeln aus Holz zu schnitzeln.

und abends wurde ein großer

Auerhahn,

die beste Schwarzwaldspeise, aufgesetzt

Wilhelm Hauff
1802 Stuttgart – 1827 Stuttgart

Der Sohn einer alteingesessenen, zur württembergischen Ehrbarkeit gehörenden Beamtenfamilie wuchs in Stuttgart und Tübingen auf. Nach dem Seminar in Blaubeuren studierte der überzeugte Burschenschaftler von 1820 an in Tübingen Theologie und Philosophie. Danach war er – zwischen Oktober 1824 und April 1826 – in Stuttgart Hauslehrer der Söhne von Ernst Eugen Freiherr von Hügel, Präsident des württembergischen Kriegsministeriums. Hauff wandte sich in dieser Zeit verstärkt seinen schriftstellerischen Arbeiten zu und verzichtete frühzeitig auf die Fortführung seiner theologischen Laufbahn. So erschienen schon 1826 kurz hintereinander die „Mittheilungen aus den Memoiren des Satan" und „Der Mann im Mond" – beide Publikationen zunächst nicht unter seinem eigenen Namen. Der noch im selben Jahr veröffentlichte erste von drei „Märchenalmanachen" allerdings trägt seinen Namen. Im Frühjahr 1826 wurde dann sein Roman „Lichtenstein" angezeigt. Mit diesem Hauptwerk begründete Hauff in der Nachfolge des schottischen Romanciers Walter Scott den historischen Roman in Deutschland. Eine mehrmonatige Reise durch Frankreich, Holland und Norddeutschland folgte. Von Cotta im Januar 1827 zum „Morgenblatt für gebildete Stände" geholt, blieben ihm nur noch wenige Monate für seine Arbeit als Redakteur und Schriftsteller: Er starb kurz vor seinem 25. Geburtstag an einem Schleimfieber. Dem zwischen Spätromantik und Frührealismus stehenden Erzähler waren nur drei Jahre für die literarische Arbeit geblieben, in denen er zehn Bücher und zwei Anthologien veröffentlichte.

Fasan* mit Steinpilz-Leber-Füllung und Traubensauce

Zutaten:
2 Jagdfasanen (mit Leber und Herz)
200 g frische Steinpilze
4 Tafelbrötchen (ohne Kruste)
1 Schalotte (in feine Würfel geschnitten)
40 g gekochter Schinken (in feine Würfel geschnitten)
1 kleines Bd. Kerbel
2 Eier
¼ l Milch
40 g Butter
2 EL Öl
200 g Trauben (Muskat oder Sultaninen)
Etwas Portwein
1 EL Balsamessig
¼ l Geflügelbrühe
Salz, Pfeffer aus der Mühle

**Fasan als Ersatz für den Auerhahn, der artenschutzrechtlich nicht bejagt bzw. in Küchen verarbeitet werden darf.*

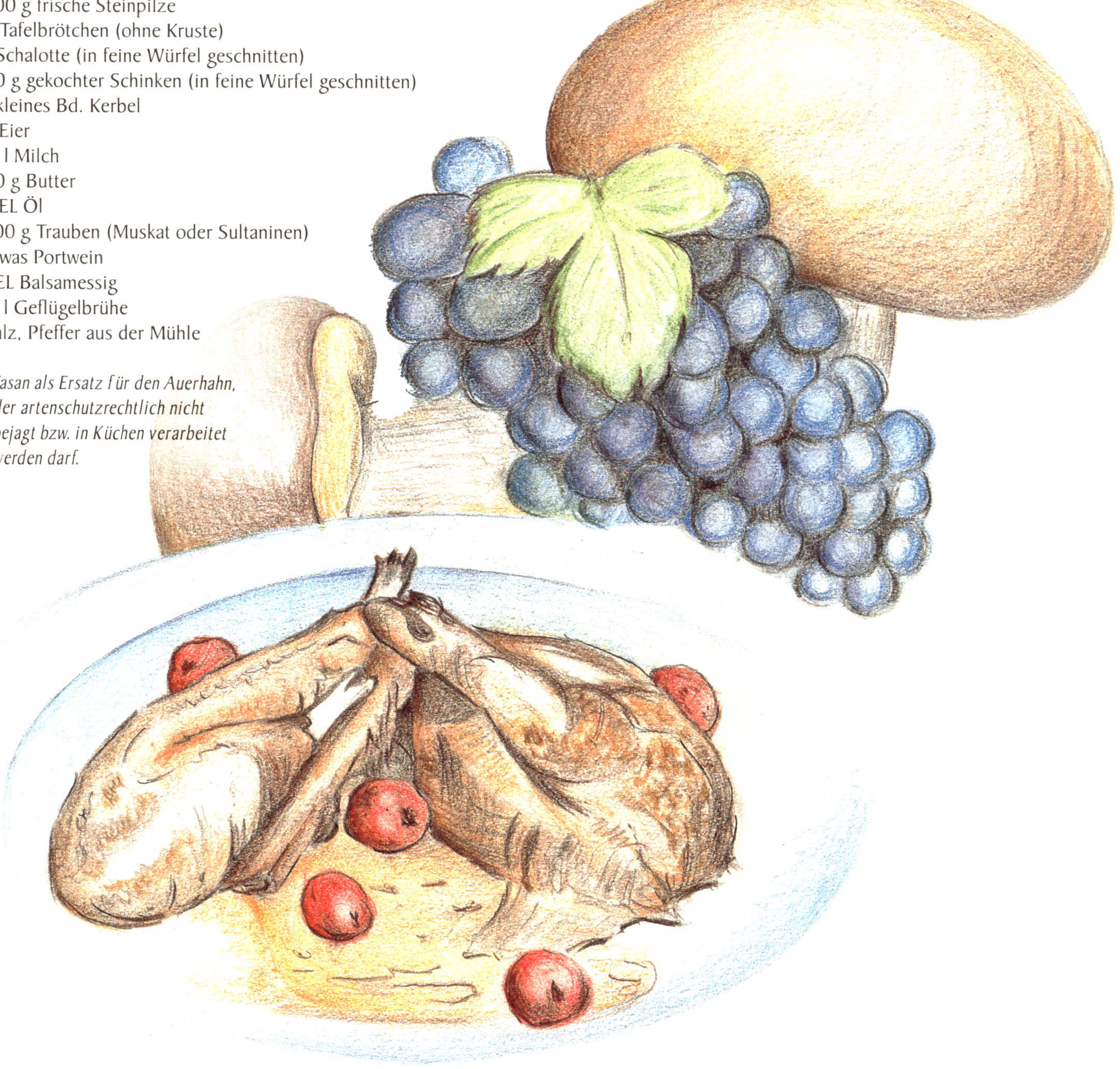

Zubereitung:
Innereien waschen, abtupfen und fein hacken. Fasanen waschen, notfalls Federkiele mit Pinzette entfernen und gut abtupfen.
Schalottenwürfel in Butter anbraten, Schinken und Innereien dazugeben, danach die geputzten Steinpilze in kleine Würfel schneiden und kurz anbraten. Brötchenwürfel mit der heißen Milch übergießen, Eier, Steinpilze und gehackten Kerbel hinzufügen und abschmecken. Masse in die Fasanen einfüllen und mit Bindfaden zusammenbinden.
Die Fasanen würzen, mit Öl in heißem Bratentopf von allen Seiten anbraten und auf dem Rücken 30 Minuten bei 180 °C in dem vorgewärmten Backofen schmoren. Alle 5 Minuten mit dem Bratensaft übergießen.
Die Fasanen herausnehmen und 10 Minuten auf einer Platte zugedeckt am Herdrand ruhen lassen. Bratensatz mit Geflügelbrühe ablöschen, einkochen lassen und mit Portwein und dem Balsamessig abschmecken.
Nun die halbierten entkernten Trauben dazugeben, nicht mehr kochen, Fasanen halbieren, Brust und Keule getrennt mit Füllung auf einer Platte anrichten. Die Sauce extra servieren. Als Beilage passen Rieslingkraut oder gefüllte Wirsinghäppchen.

Frank Widmann
„Landgasthof Löwen"
Königsbronn-Zang

Weinempfehlung:
Grauburgunder trocken oder
Spätburgunder halbtrocken

Friedrich Haug, Epigramme, S. 21, in: Anthologie aus den sämmtlichen Schriften, Bd. I, Hildburghausen, New York: Bibliographisches Institut 1830, S. II–74

Als Till Krebse mit Versen schickte.

Durch dein Gedicht empfahlst du deine
Krebse nicht;

Nein! deine Krebse, Freund, empfahlen
dein Gedicht.

deine

Krebse,

Freund, empfahlen dein Gedicht

Friedrich Haug
1761 Niederstotzingen – 1829 Stuttgart

Seine Ausbildung absolvierte der Pfarrerssohn Friedrich Haug, der bis 1773 die Ludwigsburger Lateinschule und danach das Stuttgarter Gymnasium besuchte, wie sein berühmt gewordener Mitschüler Friedrich Schiller auf Anordnung des Herzogs von 1775 an in der Militärakademie in Stuttgart (später: Hohe Karlsschule). Nach dem Abschluß des Studiums der Rechte 1783 bekam er eine Stelle als Sekretär und Herzoglich Geheimer Kabinettskanzlist. Seit 1791 war er Hof- und Pfalzgräflicher Mitarbeiter bei mehreren Publikationen, 1794 wurde er zum Geheimen Sekretär befördert. Haug, der 1791 „Sinngedichte" veröffentlichte, an vielen Zeitschriften und Almanachen mitarbeitete und Redakteur des Cottaschen „Morgenblatts für gebildete Stände" war, wurde vor allem durch seine Epigramme bekannt („Hundert Epigramme auf Ärzte, die keine sind", 1806; „Epigrammatisches Spiel", 1807; „Epigrammatische Anthologie", in 10 Bänden hrsg. zusammen mit F. Ch. Weißer, 1807–1809). Im Alter von 55 Jahren bekam er, gleichzeitig mit der Verleihung des Hofrat-Titels, die Stelle eines Bibliothekars an der Öffentlichen Bibliothek in Stuttgart. In zwei Bänden erschienen 1827 Haugs „Gedichte", die wie alle seine poetischen Arbeiten aus der klassischen Schule stammen.

Flußkrebse mit Gartengurken und Dill in Weißburgunder

Zutaten:
Pro Person 4 bis 6 große Krebse zu je 80 g (lebend)
1 Salatgurke
1 Bd. Dill
100 g Butter
300 ml Wasser
1 Knoblauchzehe
1 Thymiansträußchen
½ Lorbeerblatt
8 Korianderkörner
5 Schalotten
80 g Staudensellerie
80 g Weißes vom Lauch
2 reife Tomaten
5 Champignons
100 ml Weißburgunder aus Baden
5 cl Noilly Prat (weißer, trockener Vermouth)
5 cl weißer Portwein
5 cl Cognac
½ l Fischbrühe

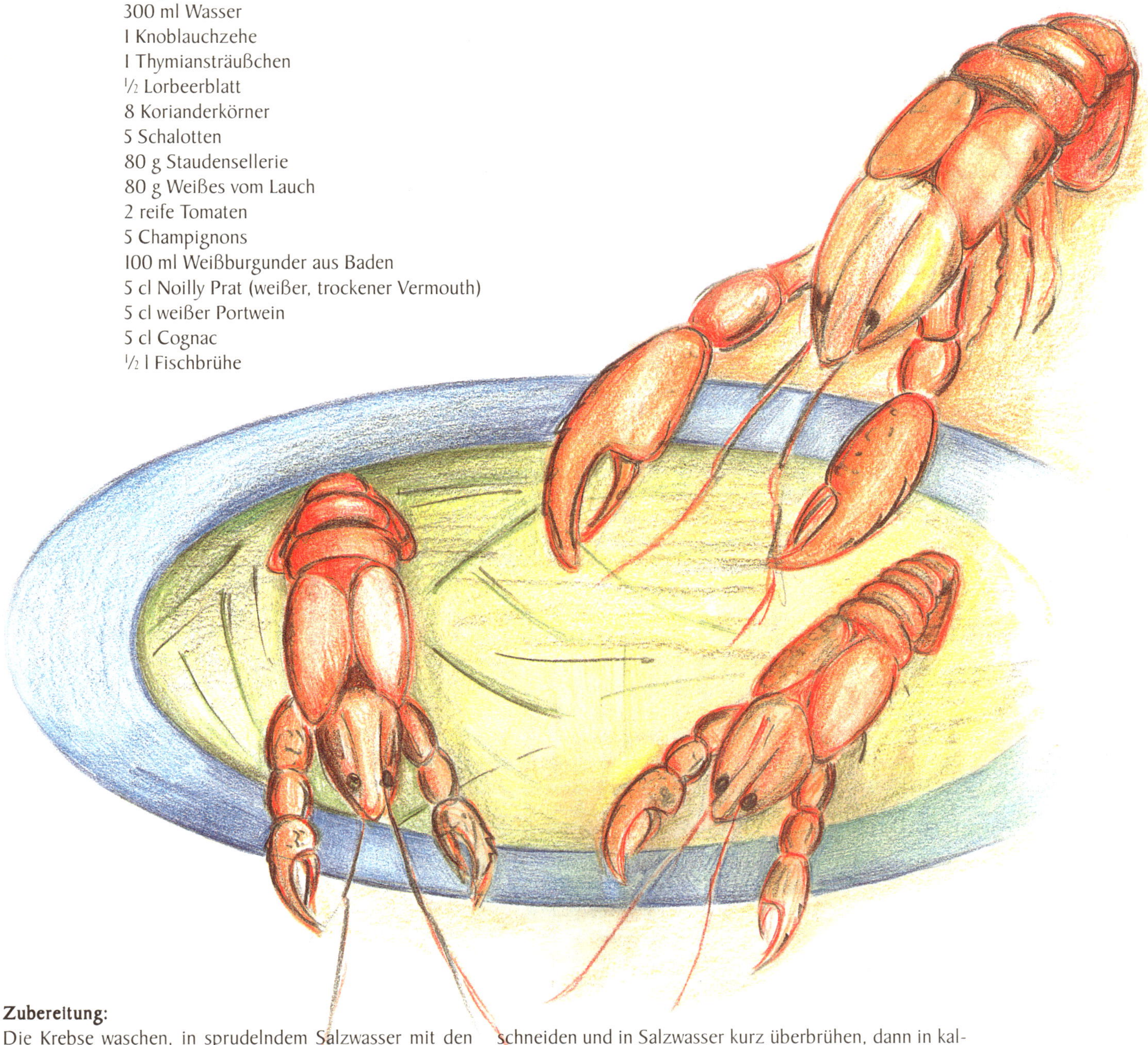

Zubereitung:
Die Krebse waschen, in sprudelndem Salzwasser mit den Dillstengeln 3 Minuten kochen und in kaltem Wasser abschrecken, das Krebsfleisch mit einer Schere auslösen.
Krebsschalen mit der Butter, der angedrückten Knoblauchzehe, den kleingeschnittenen Gemüsen, dem Wasser und den Gewürzen 10 Minuten dämpfen, mit Cognac, Portwein und Noilly Prat ablöschen, mit dem Weißwein und der Fischbrühe auffüllen, Flüssigkeit auf ¼ einkochen lassen, durchseihen und mit dem Stabmixer aufschlagen. Die Salatgurke schälen, der Länge nach halbieren und entkernen, in Stifte schneiden und in Salzwasser kurz überbrühen, dann in kaltem Wasser abschrecken.
Bei den Krebsschwänzen den Darm mit einem kleinen Messer entfernen. Das Krebsfleisch zusammen mit den ausgelösten Scheren und den Gurkenstiften mit etwas Krebssud erwärmen (nicht kochen), in warmen tiefen Tellern anrichten, restlichen Krebssud nochmals aufmixen, auf die Teller verteilen und mit gezupftem Dill garnieren.
Dazu reicht man französisches Weißbrot und Reis.

Rolf Straubinger,
„Burgrestaurant Staufeneck“,
Salach

Weinempfehlung:
Spätlese vom Riesling
oder Grauburgunder

Johann Peter Hebel,
Der silberne Löffel, S. 207–208,
in: Schatzkästlein des
rheinischen Hausfreunds,
Essen: Magnus o. J.,
S. 207–209

… da sah der Offizier von ungefähr zu, wie einer, in einem grünen Rocke, mit dem silbernen Löffel spielte, und wie ihm der Löffel auf einmal in den Rockärmel hineinschlüpfte und nicht wieder herauskam. Ein anderer hätte gedacht: Was geht's mich an? und wäre still dazu gewesen oder hätte großen Lärm angefangen. Der Offizier dachte: Ich weiß nicht, wer der grüne Löffelschütz ist, und was es für einen Verdruß geben kann, und war mausstill, bis der Wirt kam und das Geld einzog. Als der Wirt kam und das Geld einzog, nahm der Offizier auch einen silbernen Löffel und steckte ihn zwischen zwei Knopflöcher im Rocke, zu einem hinein, zum andern hinaus, wie es manchmal die Soldaten im Krieg machen, wenn sie den Löffel mitbringen, aber keine Suppe. – Währenddem der Offizier seine Zeche bezahlte, und der Wirt schaute ihm auf den Rock, dachte er: „Das ist ein kurioser Verdienstorden, den der Herr da anhängen hat. Der muß sich im Kampf mit einer Krebssuppe hervorgetan haben, daß er zum Ehrenzeichen einen silbernen Löffel bekommen hat, oder ist's gar einer von meinen eigenen?"

Der muß sich im Kampf mit einer Krebssuppe hervorgetan haben

Johann Peter Hebel
1760 Basel – 1826 Schwetzingen

Als Sohn einfacher Leute aufgewachsen, besuchte Hebel die Dorfschule in Hausen, die Lateinschule in Schopfheim, das Gymnasium in Basel und – nach einer kurzen Zwischenstation im Lörracher Pädagogium – von 1774 bis 1778 das Gymnasium in Karlsruhe. Dem zweijährigen Studium der Theologie in Erlangen und den anschließenden Jahren als Hauslehrer und Vikar folgte 1783 die Lehrtätigkeit als Präzeptoratsvikar am Pädagogium in Lörrach. In jenen Jahren entstanden die ersten dichterischen Werke in alemannischer Mundart, vor allem im Dialekt der Lörracher Gegend. 1791 wurde er Lehrer an seiner früheren Schule, dem Karlsruher Gymnasium, sowie Subdiakon der dortigen Hofkirche. Wenige Jahre später beförderte man ihn zum Professor für Dogmatik und hebräische Sprache des Gymnasiums, dessen Leitung als Direktor er schließlich 1808 übernahm. Im darauffolgenden Jahr bereits in die Kirchen- und Schulprüfungskommission berufen, wurde Hebel 1814 Mitglied des evangelischen Konsistoriums und 1819 Prälat; in dieser Funktion gehörte er von 1819 bis 1821 dem badischen Landtag an. 1826 starb er an den Folgen einer Erkrankung, die er sich auf einer Dienstreise zugezogen hatte.

Krebssuppe

Zutaten:
12 Krebse (lebende oder frisch abgekochte)
½ l Hühnerbrühe
½ l Grauburgunder
1 Kräuterbündel aus Dill und Thymian
4 zerdrückte Pfefferkörner
½ TL Kümmel
200 g Fischgräten
3 Schalotten
50 g Butter
⅛ l Sahne
Salz, Pfeffer aus der Mühle

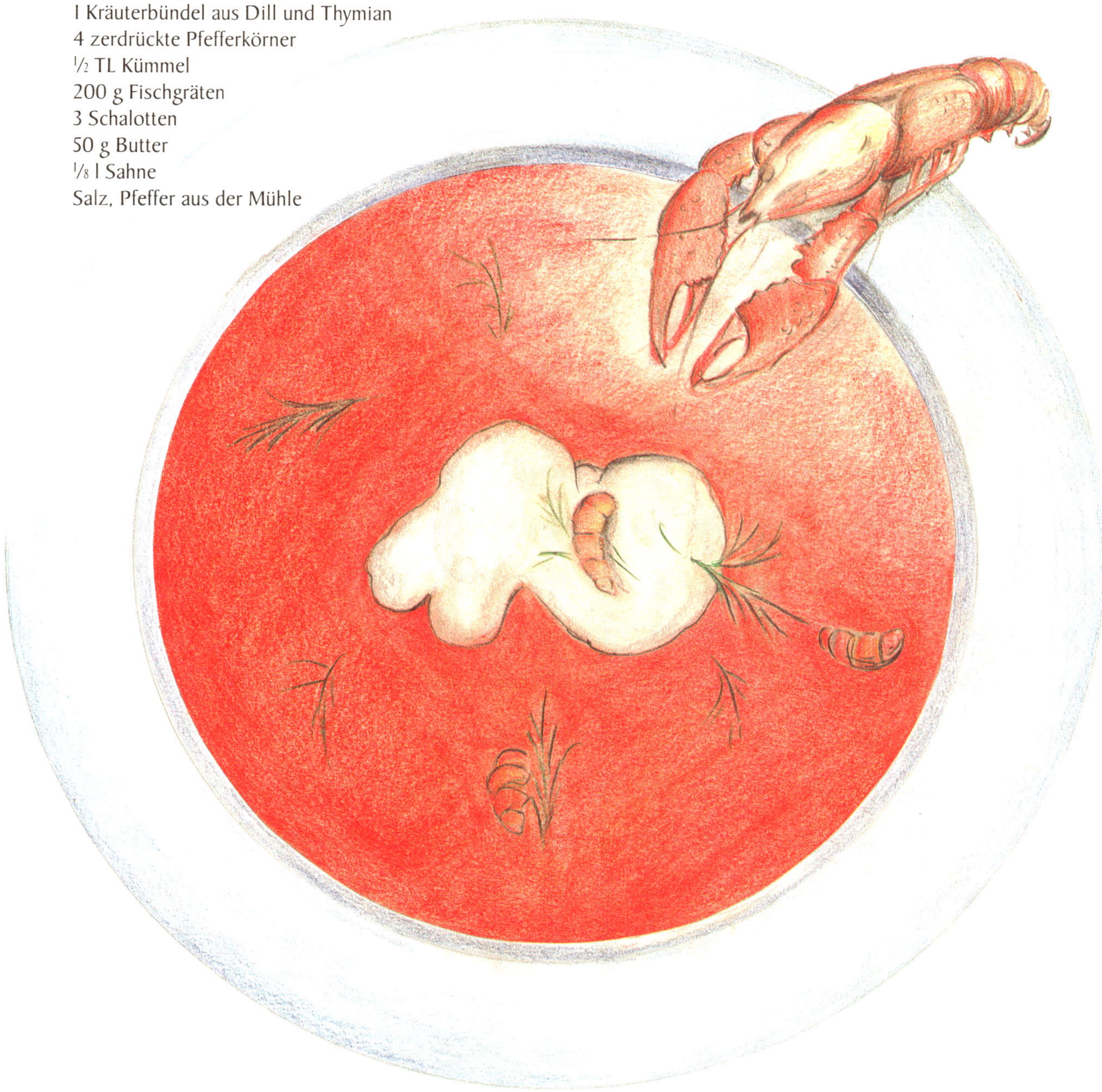

Zubereitung:
Die Krebse mit dem Kopf voraus in einen großen Topf mit siedendem Wasser geben, kochen lassen, bis sie nach wenigen Minuten rot werden. Krebse herausnehmen und bei geringer Hitze in der Hühnerbrühe, welcher Weißwein, das Kräuterbündel, die Gewürze und die Fischgräten zugegeben werden, etwa 5 Minuten ziehen lassen. Dann durch ein Sieb passieren.
Das Fleisch aus Scheren und Schwänzen auslösen, den Darm entfernen. (Die Scheren werden später als Garnitur benötigt.) Die übrigen Krebsschalen im Mixer fein zerkleinern und dann mit der Butter verrühren. Die Schalotten in dieser Butter glasig anschwitzen, mit der Hühnerbrühe auffüllen. 15 Minuten köcheln lassen, dann nochmals passieren und mit etwas Sahne im Mixer aufschlagen.
Vor dem Servieren nochmals abschmecken, Krebsfleisch gleichmäßig auf 4 Teller verteilen, mit der Suppe übergießen und mit Krebsscheren am Tellerrand dekorieren.
Zu dieser Suppe läßt sich auch jedes andere Krustentier verwenden.

Dieter Wägerle,
„Höhengaststätte Stumpenhof GmbH",
Plochingen

Weinempfehlung:
Grauburgunder
Spätlese trocken

Johann Peter Hebel, Drei Wünsche, S. 121–122, in: Schatzkästlein des rheinischen Hausfreunds, Essen: Magnus o. J., S. 120–123

Des anderen Abends, während die Kartoffeln zum Nachtessen in der Pfanne prasselten, standen beide, Mann und Frau, vergnügt an dem Feuer beisammen, sahen zu, wie die kleinen Feuerfünklein an der rußigen Pfanne hin und her züngelten, bald angingen, bald auslöschten, und waren, ohne ein Wort zu reden, vertieft in ihrem künftigen Glück. Als die Frau aber die gerösteten Kartoffeln aus der Pfanne auf das Plättlein anrichtete und ihr der Geruch lieblich in die Nase stieg: „Wenn wir jetzt nur ein gebratenes Würstlein dazu hätten", sagte sie in aller Unschuld, und ohne an etwas anderes zu denken, und – o weh, da war der erste Wunsch getan. – Schnell, wie ein Blitz kommt und vergeht, kam es wieder wie Morgenrot und Rosenduft untereinander durch den Kamin herab, und auf den Kartoffeln lag die schönste Bratwurst. – Wie gewünscht, so geschehen. – Wer sollte sich über einen solchen Wunsch und seine Erfüllung nicht ärgern? Welcher Mann über solche Unvorsichtigkeit seiner Frau nicht unwillig werden?

„Wenn dir doch nur die Wurst an der Nase angewachsen wäre", sprach er in der ersten Überraschung, auch in aller Unschuld und ohne an etwas anderes zu denken – und wie gewünscht, so geschehen.

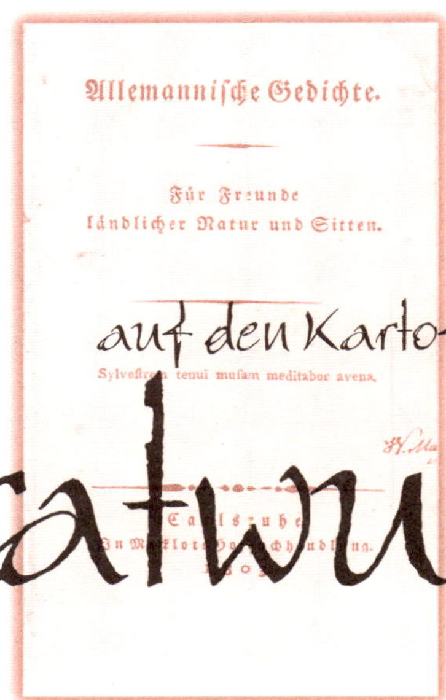
Allemannische Gedichte.

Für Freunde ländlicher Natur und Sitten.

Sylvestrem tenui musam meditabor avena.

Carlsruhe

auf den Kartoffeln lag die schönste Bratwurst

Johann Peter Hebel
1760 Basel – 1826 Schwetzingen

Nicht nur bei Johann Wolfgang von Goethe fand der alemannische Mundartdichter und Erzähler volkstümlicher Geschichten, Johann Peter Hebel, Bewunderung und Beachtung. Mit seinen idyllischen, schlichten Schilderungen des bäuerlichen Lebens, der Familie und der Natur seiner südbadischen Heimat vor allem in den „Alemannischen Gedichten", die in erster Auflage 1803 erschienen, erreichte er in kurzer Zeit auch bei der einfachen Bevölkerung große Popularität und galt für viele Mundartdichter des 19. Jahrhunderts als Vorbild. Durch die Veröffentlichung seines „Rheinländischen Hausfreunds" (1808–1811) und des „Rheinischen Hausfreunds" (1813–1815) sowie seines „Schatzkästleins des rheinischen Hausfreunds" (1811) mit den meisterlichen, im Ton humorvollen und doch tiefsinnigen, die einfachen Menschen ansprechenden und so oft unmerklich erzieherisch wirkenden Anekdoten und Kalendergeschichten wurde er über die Grenzen des Landes hinaus bekannt.

Grüne* Bratwürste auf rohen, gerösteten Kartoffeln

Zutaten:
4 Paar rohe oder gebrühte Kalbsbratwürste
600 g gebürstete, gewaschene Kartoffeln (mit der Schale)
Butterfett zum Braten
Salz und Pfeffer aus der Mühle
Etwas Speck- und Zwiebelwürfele
½ l fertige Rotweinsauce
1 Bd. frisch geschnittener Schnittlauch

**Grün bedeutet in diesem Fall: mild, wenig gesalzen, roh und ungeraucht.*

Zubereitung:
Die Bratwürste mit etwas Butterfett rundum langsam hellbraun braten (kleine Hitze ist ratsam, um die Würste nicht aufplatzen zu lassen).
Derweil in einer anderen großflächigen Pfanne mit reichlich Fett die in 3 mm dicke Scheiben geschnittenen Kartoffelrädle rösten (viel Fett ist wichtig, damit die rohen Kartoffelscheiben nicht aneinanderkleben). Sind die Kartoffelscheiben schön hellbraun und rösch gebraten, den kleingewürfelten Speck und die Zwiebeln hinzugeben, mit etwas Salz und Pfeffer aus der Mühle würzen und alles gut durchmischen. Das Restfett etwas aus der Pfanne abschütten, Kartoffeln auf den Tellern anrichten, Bratwürste auflegen und mit der heißen Rotweinsauce angießen. Mit dem frischen Schnittlauch bestreuen und servieren.

Burkhard Schork,
„Restaurant Zum Schiller",
Bietigheim/Enz

Weinempfehlung:
Schwarzriesling Spätlese trocken

Günter Herburger, Die Messe, Neuwied, Berlin: Luchterhand 1969, S. 337

„Heute ist Empfang beim deutschen Botschafter", sagt Viktor, „ich habe keine Einladung, aber ich komme trotzdem hinein. Wo kriege ich den Ehering los? Mayonnaise esse ich nicht, sonst gibt meine Galle wieder Dauerfeuer. Vielleicht Lachsbrötchen? Nein, auch nicht. Eier, einen trockenen Hühnerschlegel, keinen Rollschinken, Schwein ist auch verboten. Fisch vertrage ich jede Menge, zum Beispiel eingelegte Heringe. Vielleicht gibt es getrockneten Heilbutt? Zu Empfängen in der deutschen Botschaft in Madrid wurden ganze Barockbrunnen aus Salatschüsseln auf die Büfetts gebaut. Die Soßen tropften von Schale zu Schale. Für Salate könnte ich sterben. ... Mein Gott, endlich einmal wieder Gurkensalat mit einer sanften Senfsoße essen oder Rettichsalat in Sauermilch, Fenchelstücke mit Öltröpfchen, darauf geriebene Möhren, Tomatenscheiben, frische Endivienlocken oder von mir aus auch einen Schlag Kartoffelsalat, der ehrlich stundenlang im Magen liegt. Ich muß sofort in die Botschaft."

von mir aus auch einen Schlag Kartoffelsalat

Günter Herburger
1932 Isny/Allgäu

Im schwäbischen Allgäu in einer von Tradition, Kirche und Konservatismus geprägten Umgebung aufgewachsen und im Internat Urspring sowie im französischen Gymnasium in Ravensburg zur Schule gegangen, studierte Günter Herburger nach dem Abitur 1950 in München Literaturwissenschaft, Philosophie, Soziologie, Theaterwissenschaft und Sanskrit. Reiser nach Spanien, Nordafrika und Frankreich – er lebte unter anderem im Armenviertel von Paris und verdiente sein Geld als Straßenarbeiter in Oran – unterbrachen das Studium. Zurück in Deutschland, nahm er 1956 in München eine Stelle als Portier an und begann, sich journalistisch zu betätigen. Es folgte 1961 die Beschäftigung als Fernsehredakteur in Stuttgart. Er schrieb Drehbücher, gestaltete Live-Sendungen und wurde später als Hörspiel- und Fernsehspiel- wie auch Filmautor bekannt. Für den Fernsehfilm „Der Beginn" erhielt er 1966 den Adolf-Grimme-Preis. Ein Jahr später zog der freie Schriftsteller nach Berlin, 1973 nach München. Günter Herburger, der vor allem durch seinen Prosaband „Eine gleichmäßige Landschaft" (1964) bekannt wurde, bekam 1991 für seinen Gedichtband „Das brennende Haus" (1990) den Peter-Huchel-Preis des Südwestfunks und des Landes Baden-Württemberg.

Schwäbischer Kartoffelsalat

Zutaten:
1 kg Kartoffeln (möglichst Sieglinde)
1 Zwiebel (geschält und in
Würfel geschnitten oder gerieben)
Salz
Pfeffer aus der Mühle
Weinessig
Öl
Heiße Fleischbrühe

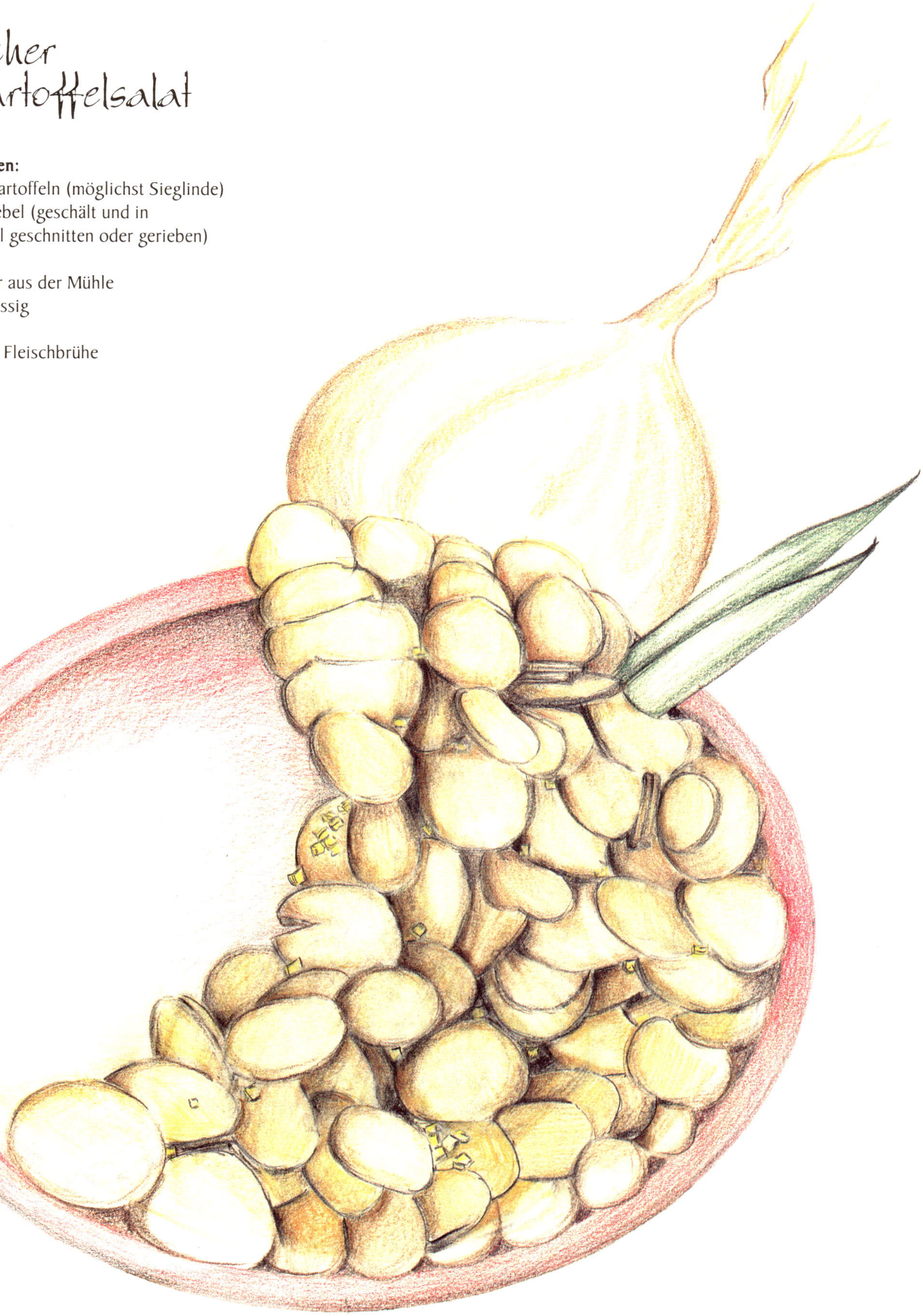

Zubereitung:
Die Kartoffeln waschen und in der Schale weich kochen, dann schälen und noch warm in feine „Rädle" schneiden. Die Zwiebeln dazugeben, mit den Gewürzen abschmecken und so viel von der Fleischbrühe hinzufügen, daß der Salat eine fast breiige Konsistenz hat.

Kartoffelsalat paßt als Beilage zu Maultaschen und gefüllter Kalbsbrust oder zu einem gebackenen Kalbskopf.
Er sollte bei Zimmertemperatur serviert werden.

Karl-Heinz Manske,
„Landhotel Rosengarten",
Bad Rippoldsau

Weinempfehlung:
Trollinger trocken

Günter Herburger, Die Messe, Neuwied, Berlin: Luchterhand 1969, S. 79

Als er die Tür aufriß, spielte der Wirt Ziehharmonika vor dem Tisch, an dem Onkel Simon und Gudrun saßen. Die Gäste sangen mit. Ein paar hoben die Biergläser, ließen den Chef, der rote Backen hatte und auch trank, hochleben. Wer die Pisser gewesen waren, konnte Hermann nicht unterscheiden. Gudrun stopfte den schwarzen Wurstsalat in sich hinein. Als der Wirt sich Hermann zuwandte, auffordernd die Harmonika schwenkte und Durgriffe rauschen ließ, so daß die Gäste zu johlen begannen, Hermann zuwinkten, er solle sich setzen, da ist er losgerannt, zurück in den Gang, die enge Treppe hinunter, dann an den Kastanienbäumen vorbei, und jetzt läuft er noch, in weitem Bogen durch die Vorstadtsiedlung, wird schneller, die Schrittbetonung teilt die Kraft ein, und Druck steigt auf, als würden sich die Lungen aus den Ohren stülpen. In der gekiesten Hauseinfahrt springt er auf die Betonplatte der Senkgrube, dann hinüber zum Zaun, wo Gras wächst. In Großmutters Zimmer brennt Licht, in der Küche ebenfalls.

Günter Herburger
1932 Isny/Allgäu

Mit seinen zeitkritischen Erzählungen und Romanen setzt sich Günter Herburger mit dem modernen Alltagsleben in der bundesdeutschen Gegenwart auseinander. Er schildert dabei die sozialen Verhältnisse seiner Heimat, das einfache Leben und die nüchterne Arbeitswelt und beschreibt das konforme Verhalten der darin lebenden Menschen, die ihre Träume, ihre Leidenschaften und Ambitionen unterdrücken oder kaschieren. Seine Texte sind jedoch keineswegs in ironischer oder satirischer Absicht geschrieben. Dies gilt auch für seine Hör- und Fernsehspiele, die in realistischen Darstellungen und einer milieugerechten Sprache die Gesellschaft widerspiegeln. Schon 1961 machte Herburger durch das Hörspiel „Gespräch am Nachmittag" auf sich aufmerksam. Es folgten „Der Reklameverteiler" (1963), „Die Ordentlichen", „Wohnungen" und „Der Topf" (1965) und die Fernsehspiele „Der Beginn" (1966), „Das Bild" (1967) und „Die Söhne" (1968) – um nur einige aufzuzählen. Von seinen Erzählungen und Romanen sind vor allem „Die Messe" (1969), „Jesus in Osaka" (1971), „Die Eroberung der Zitadelle" (1972) und „Flug ins Herz" (1977) zu nennen. Aber auch als Dramatiker und Lyriker sowie als Kinderbuchautor – „Birne kann alles" und „Birne kann noch mehr" (1971) sowie „Birne brennt durch" (1975) wurden schnell bekannt – erlangte Herburger Bedeutung.

Schwarzwurstsalat

Zutaten:
800 g Schwarzwurst (fest, im Ring)
1 große Zwiebel
Salz, Pfeffer aus der Mühle, Essig, Öl
1 Bd. gemischte Kräuter
(Petersilie, Schnittlauch, Liebstöckel)
1 saure Gurke
1 Bd. Radieschen
1 hartgekochtes Ei

Zubereitung:
Die Wurst in feine Streifen schneiden, ebenso die geschälte Zwiebel. Aus Essig, Öl, Salz und Pfeffer eine Salatsauce bereiten und über die Wurst- und Zwiebelstreifen gießen. Gut vermengen und im Kühlschrank durchziehen lassen. Die Radieschen sauber waschen, das Grüne entfernen und die Radieschen in dünne Scheiben schneiden.

Den Wurstsalat auf einem Teller anrichten und mit Scheiben von Gurken, Radieschen und Eiern garnieren.
Nach dem Anrichten mit den gehackten Kräutern bestreuen und mit frischem Bauernbrot servieren.

Karl-Heinz Manske,
„Landhotel Rosengarten",
Bad Rippoldsau

Weinempfehlung:
Weißburgunder trocken

Hermann Hesse,
Der Steppenwolf,
Frankfurt/M.: Suhrkamp 1976,
S. 39–40

Das Beste war der Elsässer. Ich habe die wilden heftigen Weine nicht gern, wenigstens nicht für den Alltag, die mit starken Reizen um sich werfen und berühmte Spezialgeschmäcke haben. Ich liebe am meisten ganz reine, leichte, bescheidene Landweine ohne besondere Namen, man kann viel davon vertragen, und sie schmecken so gut und freundlich nach Land und Erde und Himmel und Gehölz. Ein Becher Elsässer und ein Stück gutes Brot, das ist die beste aller Mahlzeiten. Nun aber hatte ich schon eine Portion Leber in mir, aparter Genuß für mich, der selten Fleisch ißt, und hatte den zweiten Becher vor mir stehen. Auch das war wunderlich, daß da irgendwo in grünen Tälern von gesunden braven Menschen Reben gebaut wurden und Wein gekeltert wurde, damit hier und dort in der Welt, weit von ihnen entfernt, einige enttäuschte, still schöppelnde Bürger und ratlose Steppenwölfe sich ein wenig Mut und Laune aus ihren Bechern saugen konnten.

Nun aber hatte ich … eine Portion Leber in mir, aparter Genuß für mich

Hermann Hesse
1877 Calw – 1962 Montagnola

Als Sohn eines Missionspredigers war die berufliche Laufbahn Hermann Hesses vorbestimmt: Der in streng pietistischen Verhältnissen Aufgewachsene sollte Theologe werden. Doch bereits nach einem halben Jahr im evangelisch-theologischen Seminar in Maulbronn floh er im Frühjahr 1892 von dort. Er besuchte danach für kurze Zeit in Cannstatt das Gymnasium. Nach verschiedenen beruflichen Versuchen – unter anderem als Mechanikerlehrling in einer Calwer Uhrenwerkstatt – begann er schließlich 1895 in Tübingen eine Buchhandelslehre und ließ sich 1899 als Buchhändler und Antiquar in Basel nieder. Erste große literarische Erfolge schon kurz nach der Jahrhundertwende waren der Grund für die baldige Geschäftsaufgabe. Hesse lebte von 1904 an als freier Schriftsteller in Gaienhofen am Bodensee und befreundete sich unter anderem mit Ludwig Finckh und Freiherr Emanuel von und zu Bodman; in jenen Jahren verbrachte er auch einige Zeit auf Reisen durch Europa, 1911 besuchte er Indien. Im Ersten Weltkrieg – er wohnte damals in Ostermundigen bei Bern – war Hesse Helfer beim Roten Kreuz und später auch für die deutsche Kriegsgefangenenfürsorge in Bern tätig. 1919 zog Hermann Hesse ins Tessin, nach Montagnola am Luganer See. Er wohnte dort zuerst in der Casa Camuzzi, von 1931 dann in seiner Casa Hesse. Der als einer der bedeutendsten deutschsprachigen Erzähler des 20. Jahrhunderts geltende Dichter, der 1923 Schweizer Staatsbürger geworden war, erhielt 1946 den Nobelpreis für Literatur und 1955 den Friedenspreis des Deutschen Buchhandels.

Kalbsleber mit Trollingerschalotten, gratiniert, und Kartoffelpüree

Zutaten:
600 g Kalbsleber (in Scheiben zu je 75 g geschnitten)
Etwas Mehl
200 g Schalotten
100 ml Trollinger
2 Scheiben Weißbrot
2 TL gemischte Kräuter
1 Knoblauchzehe
800 g mehlige Kartoffeln
40 g Butter
300 ml Milch
Salz, Muskat, Thymian

Zubereitung:
Schalotten schälen und in Streifen schneiden, in etwas heißer Butter und einem Zweig Thymian glasig angehen lassen, mit Trollinger aufgießen und einkochen.
Weißbrot entrinden, in Würfel schneiden und in der Küchenmaschine mit den Kräutern und der Knoblauchzehe mixen, bis alles eine grüne Masse ergibt.
Nun Kalbsleber in Mehl wenden und in ausgelassener Butter von beiden Seiten rosa anbraten. Danach Schalotten auf der Leber verteilen und mit der Kräuter-Weißbrot-Mischung bestreichen. Das Ganze im Backofen bei 230 °C Oberhitze überbacken.
Die Kalbsleber auf den Teller legen, etwas Rotweinsauce rundherum angießen. Etwas Kerbel als Garnitur obendrauf legen. Als Beilage servieren wir Kartoffelpüree.

Hans-Georg Otto,
„Pavillon Restaurant,
Stadthalle Nellingen",
Ostfildern

Weinempfehlung:
Trollinger

Hermann Hesse,
Knulp,
Frankfurt/M.: Suhrkamp 1977,
S. 43–44

Es war bald Mittagszeit, und als Knulp die Treppe im Rothfußschen Hause erstieg, schlug ihm von der Küche her ein angenehm kräftiger Geruch entgegen. Er blieb stehen und sog in knabenhafter Lust und Neugierde mit spürenden Nüstern das Labsal ein. Aber so still er gekommen war, man hatte ihn schon gehört. Die Meistersfrau tat die Küchentüre auf und stand freundlich in der lichten Öffnung, vom Dampf der Speisen umwölkt.

„Grüß Gott, Herr Knulp", sagte sie liebevoll, „das ist recht, daß Sie so zeitig kommen. Nämlich wir kriegen heut Leberspatzen, wissen Sie, und da hab ich mir gedacht, vielleicht könnte ich ein Stück Leber für Sie extra braten, wenn Sie es so lieber haben. Was meinen Sie?"

Knulp strich sich den Bart und machte eine Kavaliersbewegung.

„Ja, warum soll ich denn was Besonderes haben, ich bin froh, wenn's eine Suppe gibt."

„Ach was, wenn einer krank gewesen ist, gehört er ordentlich gepflegt, wo soll sonst die Kraft herkommen? Aber vielleicht mögen Sie gar keine Leber? Es gibt solche."

Er lachte bescheiden.

„Oh, von denen bin ich nicht, ein Teller voll Leberspatzen, das ist ein Sonntagsessen, und wenn ich's mein Lebtag jeden Sonntag essen könnte, wär ich schon zufrieden."

ein Teller voll Leberspatzen, das ist ein Sonntagsessen

Hermann Hesse
1877 Calw – 1962 Montagnola

Hermann Hesse gehört zu den schon früh anerkannten und bekannt gewordenen Vertretern der traditionellen Erzählkunst des 20. Jahrhunderts. Seit dem Erfolg seines 1904 erschienenen, autobiographisch geprägten Romans „Peter Camenzind" – er erreichte schon 1906 das 33. Tausend – besaß Hesse eine große Leserschaft, die sich immer wieder erneuerte. Dem Roman „Unterm Rad" (1906) folgten später unter anderem die Werke „Demian" (1919), „Siddharta" (1922) und „Der Steppenwolf" (1927), die mit ihrer weltumspannenden Wirkung nicht nur die Heimkehrer aus dem Ersten Weltkrieg und die Jugend der zwanziger Jahre faszinierten, sondern – Jahre nach dem Tode des Dichters – in den sechziger und siebziger Jahren eine beachtliche Renaissance erlebten. Hesse, der auch als Lyriker große Bedeutung gewann und jahrzehntelang unermüdlich als Herausgeber und Rezensent tätig war, erreichte mit seiner Altersdichtung „Das Glasperlenspiel" (1943), in dem er östliche und westliche Weisheit zu einer geistigen Einheit verknüpft, den Höhepunkt seines Schaffens.

Leberspätzle

Zutaten:
250 g Rinderleber oder Kalbsleber
250 g Mehl
4 Eier
1 Zweig Majoran
Salz, Pfeffer, Muskatnuß
5 Schalotten (etwa 200 g)
50 g Butter
1 Bd. Schnittlauch

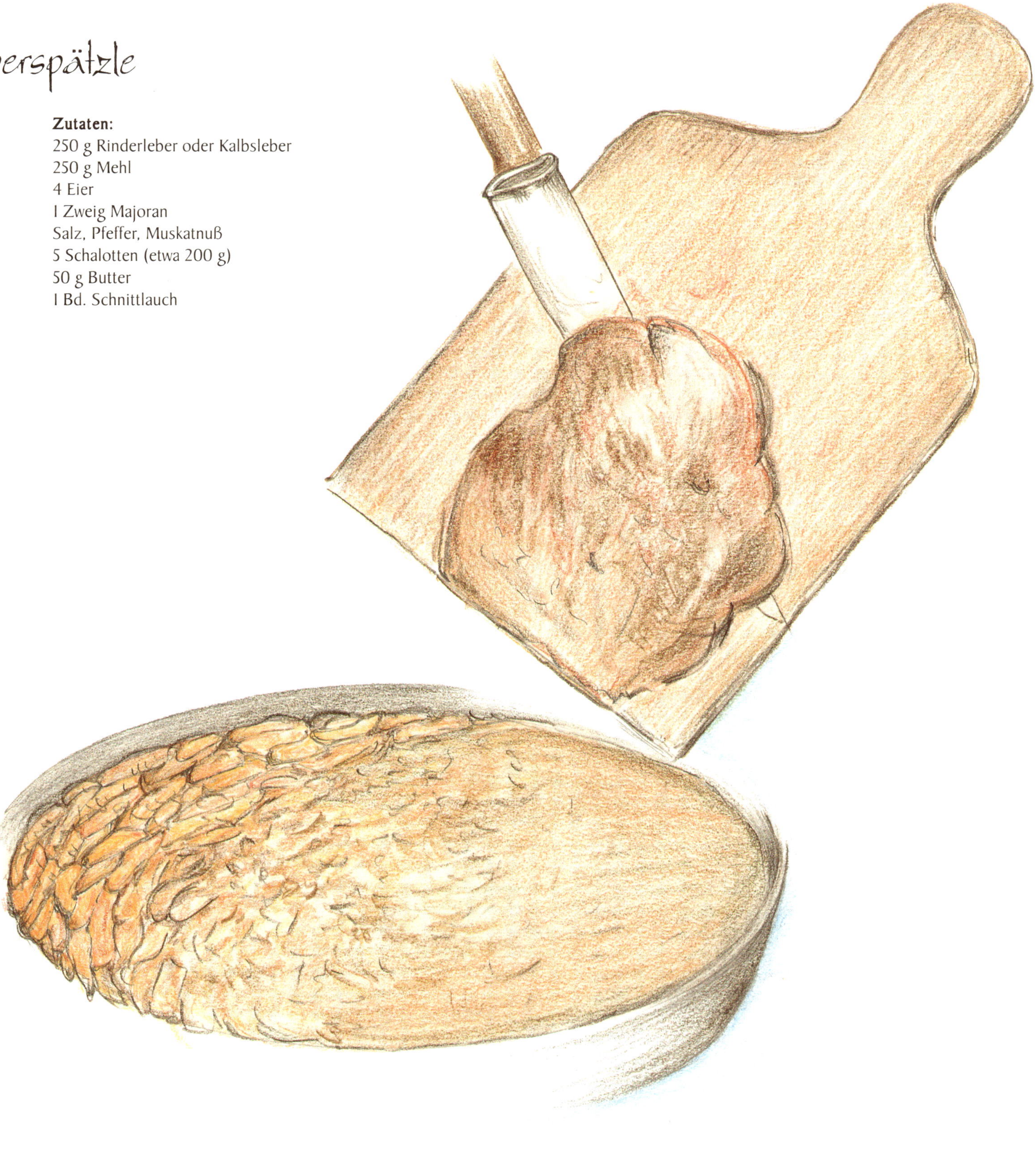

Zubereitung:
Die Leber im Mixer zerkleinern oder fein pürieren und durch ein Sieb streichen. Das Mehl, die Eier und den feingehackten Majoran zugeben. Mit Salz, Pfeffer und geriebener Muskatnuß würzen und das Ganze wie einen Spätzlesteig schlagen. Den Teig durch eine Spätzlespresse in kochendes, gesalzenes Wasser drücken oder vom Brett schaben.
Die Leberspätzle in Eiswasser geben, erkalten lassen und anschließend auf einem Sieb abtropfen lassen. 1 geschälte Schalotte in Würfel schneiden und in Butter anschwitzen, die Leberspätzle dazugeben und anschwenken. Mit Salz und Pfeffer würzen.
Die restlichen 4 Schalotten in Scheiben schneiden und mit Butter anrösten. Die Leberspätzle auf einem Teller anrichten und mit den Röstschalotten und etwas geschnittenem Schnittlauch garnieren.
Mein Tip: Veredeln Sie diese Spezialität, und reichen Sie dazu in der Saison z. B. frisch gebratene Steinpilze oder eine Balsamessigsauce.

Karl Schempf,
„Hotel Birkenhof mit Restaurant Klosterkeller",
Maulbronn

Weinempfehlung:
Trollinger mit Lemberger oder Trollinger

Theodor Heuss, Allerlei. Schwäbische Küche, in: Schwaben. Farben zu einem Portrait, Tübingen: Wunderlich 1967, S. 193

Weniger ausgesprochen sind die Fleischspezialitäten. Zwar lobt und ißt der Schwabe gerne seine Schinken-, seine Schützenwurst, er vespert, mit viel Senf, seine Ripple und Knöchle vom Schwein, er macht seine Wallfahrten, wenn eine Metzelsuppe angezeigt wird, und weiß, wo die Zubereitung am sorgfältigsten ist – aber mit einiger Abwandlung gibt es das auch anderwärts. Bei den Braten spielt die „Soß" eine besondere Rolle, und außerhalb des Landes wird man wohl selten dem milden Gericht begegnen, das man „eingemachtes Kalbfleisch" nennt, gekochtes Fleisch mit einer weißen, mehligen Soße. Ein sehr großes Kapitel bilden die Kuchen, auch die kuchenähnlichen Unternehmungen wie der „Ofenschlupfer", der aus gebähten Weckschnitten gemacht wird, überbacken, warm und kalt zu gekochtem Obst gegessen. „Hefenkranz" und „Gugelhupf" (anderwärts „Bund" oder „Napfkuchen") sind die Angelegenheiten der Kaffeetafeln; große Obstkuchen, Äpfel, Pflaumen, Zwetschgen, vor allem auch „Träuble" (Johannisbeeren) dienen einem festen oder einem mürben Teig als Belag und werden, nach der Jahreszeit, in bürgerlichen Familien auch als Hauptmahlzeit, nicht bloß als Nachtisch genommen.

„Hefenkranz"

und „Gugelhupf" … sind die Angelegenheiten der Kaffeetafeln

Theodor Heuss
1884 Brackenheim – 1963 Stuttgart

Als erster deutscher Bundespräsident ist der Politiker Theodor Heuss allgemein bekannt; doch vor und neben seinen politischen Aufgaben und Ämtern (1924 bis 1928 und 1930 bis 1933 war er Mitglied des Reichstags, 1945 bis 1946 Kultusminister in Württemberg-Baden und 1946 bis 1949 Mitglied des Landtags, 1949 bis 1959 Bundespräsident) hat er auch als Autor, als Journalist, Publizist und Historiker von sich reden gemacht. Nach dem Studium der Nationalökonomie, der Geschichte und Kunstgeschichte arbeitete Heuss bis 1936 – verantwortlich für Theater, Literatur, Wissenschaft und Kunst – in der Redaktion der Zeitschrift „Die Hilfe", aber auch für viele andere Zeitungen und Zeitschriften. 1920 übernahm er außerdem eine Stelle als Dozent an der Hochschule für Politik in Berlin, die er bis 1933 innehatte. Von seinen zahlreichen Veröffentlichungen sind vor allem die Biographien Friedrich Naumanns (1937) und Robert Boschs (1946), die Publikationen „Schattenbeschwörung" (1947) und „Werk und Erbe" (1948) sowie die Jugenderinnerungen „Vorspiele des Lebens" (1953) zu nennen. Heuss, der als Meister des historisch-biographischen Essays gilt, wurde 1959 der Friedenspreis des Deutschen Buchhandels verliehen.

Hefekranz

Zutaten:
500 g Weizenmehl (Type 405)
90 g Butter
60 g Zucker
30 g Hefe
5 g Salz
1 Ei
200 ml Milch (etwa)
Zitronenaroma, Vanille, Mazisblüte

Zubereitung:
Aus allen Zutaten mit Hilfe einer Küchenmaschine oder mit der Hand einen glatten Hefeteig kneten, den Teig etwa 15 Minuten ruhen lassen. Danach in der Schüssel noch einmal kurz kneten. Den Teig dann nochmals weitere 15 Minuten ruhen lassen.
Ein rundes Kuchenblech mit flüssiger Butter auspinseln. Nach der Teigreife den Teig in 3 gleich große Teile teilen und rundrollen. Jetzt die Teigstücke mit etwas Mehl in gleich lange und gleich dicke Stränge rollen. Die Teigstränge nebeneinander legen und, in der Mitte beginnend, einen Zopf flechten. Danach den Teig umdrehen und die andere Seite flechten. Den Zopf nun auf das runde Kuchenblech legen und die Enden des Zopfes zusammenlegen.
Mit Ei den Hefekranz einstreichen und zum Gären an einen warmen Ort stellen. Nach der Gärzeit den Kranz noch einmal mit Ei bestreichen und eventuell Mandeln oder Hagelzucker aufstreuen.
In einem vorgeheizten Backofen bei 180 °C und einer Backzeit von etwa 35 Minuten backen.

Bäckerei Sailer,
Stuttgart

Weinempfehlung:
Kerner Auslese halbtrocken

Eduard Hiller,
Feld und Wald,
in: Gedichte, 2. Aufl.,
Stuttgart: Quack 1863,
S. 106

Du magst nur fröhlich wandern
Im vollen Sonnenschein,
Dich jauchzend mit den Andern
Des hellen Mittags freun.

Doch ich, ich will im Walde
Im Schatten stille gehn,
Und durch die Blätterspalte
Die Sonne funkeln sehn.

Du sollst durch Feld und Wiesen
Durch schmucke Gärten ziehn,
Wo reiche Früchte sprießen
Und volle Farben glühn;

Ich mag den Sturzbach hören,
Waldvögleins süßes Lied,
Ich liebe wilde Beeren
Und zarte Waldesblüt.

Ich liebe wilde Beeren

Eduard Hiller
1818 Berg am Neckar – 1902 Buoch

Da bald nach seiner Geburt sein Vater für die Stadtgemeinde Bietigheim tätig wurde, besuchte Eduard Hiller dort die Lateinschule und kam später auf das Gymnasium in Heilbronn. Anschließend studierte er Staatswissenschaften in Tübingen, mußte jedoch bereits nach zweieinhalb Jahren wegen eines Nervenleidens das Studium aufgeben. Nach mehrjähriger landwirtschaftlicher Arbeit begann er, seine im Praktischen gewonnenen Erfahrungen durch eine Hochschulausbildung an der Akademie Hohenheim zu ergänzen. Er schloß dieses zweite Studium erfolgreich ab und bewirtschaftete als Gutsverwalter verschiedene große Güter; von 1848 an wurde ihm die Administration eines großen Dominialkomplexes bei Assumstadt übertragen. Ein zweites Mal nervenkrank geworden, konnte er fünf Jahre lang keiner Arbeit nachgehen und erst 1860 wieder eine Stelle als Hilfslehrer und Repetent an der Hohenheimer Akademie annehmen. In jenen Tagen veröffentlichte er seine ersten Gedichte, die in der Zeit seiner Rekonvaleszenz entstanden waren. Wenige Jahre später ernannte man Hiller zum Professor und zweiten Hauptlehrer der Akademie. Als gegen Ende dieses Jahrzehnts ein weiterer Rückfall in sein Nervenleiden auftrat, zog er sich nach einigen vergeblichen Heilungsversuchen 1869 endgültig in den Ruhestand zurück.

Beerenteller mit Sauerrahmeis

Zutaten:
½ l Sauerrahm
150 g Puderzucker
2 cl Zitronensaft
125 g Waldhimbeeren
125 g rote und schwarze Johannisbeeren
125 g Waldheidelbeeren
150 g Walderdbeeren
70 g Puderzucker (für die Sauce)

Zubereitung:
Den Sauerrahm zusammen mit dem Puderzucker und dem Zitronensaft verrühren. Wenn keine Eismaschine vorhanden ist, die Masse in das Gefrierfach des Kühlschranks stellen und alle 5 Minuten umrühren.

Beeren waschen, abtropfen lassen, schön anrichten. Die Hälfte der Erdbeeren mit dem Puderzucker mischen, an die Seite der Beeren geben und mit etwas Sauerrahm verzieren. Das Eis neben den Beeren dekorieren.

Rainer Gaiselmann
„Gasthof Linde",
Villingendorf

Weinempfehlung:
Riesling oder Beerenauslese

Eduard Hiller,
Schwäbische Weihnachte,
S. 170–171,
in: Naive Welt.
Schwäbische Lieder und Idyllen,
2., verm. Aufl.,
Stuttgart: Lutz 1893,
S. 168–172

Wachse thuet der Mensch, s ist wohr,
Zteuerst z Buech, mit seine Ziele,
Bei der Amei triffts ufs Hoor,
s Datsche wurd re grad zum Spiele:
„Wammer doch emol heu't bacht,
Sait se, jetz wernt Sprengerle gmacht!"

Manch schö's Herz wurd offebor,
Kirche baut se, Schlösser, Bronne,
Löwe formt se, Storch und Stoor,
Kapeziner geits und Nonne -
Des goht wie der Blitz so schnell,
s ist re grad e Bagedell.

Jo se hot iern leichte Tag:
„Was leit mir an etlich Marke!"
Denkt se, – grad beim Zehneschlag
Thuet ihr Seel ufs nui verstarke:
„D Gucke, sait se, wert net leer,
Pfeffernüßle müeßt no' her!"

„Äller guete Ding sind drei,
Brummt se, schau seit Olims Zeite,
Und i moi' derzue: des sei
s güetst vo älle Süeßigkeite,
Und beim Schenka geant se aus,
Narr, die macht mer net so graoß."

D Gucke, sait se, wert net leer,

Pfeffernüßle

müeßt no' her!

Eduard Hiller
1818 Berg am Neckar – 1902 Buoch

Hillers vor allem mundartliche Gedichte entsprachen dem Zeitgeschmack der zweiten Hälfte des 19. Jahrhunderts: Hauptsächlich für die gebildeten Städter war die Mundart der lebendige Bezug zum ländlichen Raum und zum bäuerlichen Leben. Man sehnte sich nach der Idylle in der Natur. Deshalb hatten die 1891 unter dem Titel „Naive Welt" veröffentlichten Gedichte des damals schon im Ruhestand lebenden Professors der Hohenheimer Landwirtschaftsakademie große Aufmerksamkeit erregt und waren auch schon bald nach ihrem Erscheinen vergriffen und wurden neu aufgelegt. Auch sein Erstlingswerk „Stimmen vom Krankenlager" (1861) erreichte weitere Auflagen: Sie kamen unter den Titeln „Gedichte" (1863) und „Wintergrün" (1886) auf den Markt.

Pfeffernüßle

Zutaten:
Teig:
2 Eier
200 g Puderzucker
5 g Zimt
2 g Nelken
2 g Kardamom
1 g Hirschhornsalz (Ammonium)
1 cl Rum
225 g Weizenmehl (Type 405)
25 g Zitronat (gemahlen)
25 g Orangeat (gemahlen)
5 g Kakaopulver

Fadenglasur:
120 g Zucker
5 cl Wasser
1 halbes Blatt Gelatine
5 g Stärke

Zubereitung:
Eier, Puderzucker, Hirschhornsalz, Rum und Gewürze in der Küchenmaschine mit dem Rührbesen 12 Minuten rühren. Danach die anderen Zutaten unterheben. Die Masse etwa 30 Minuten ruhen lassen. Auf etwa 12 mm mit einem Rollholz die Masse ausrollen und mit einem runden Ausstecher von 2 cm Durchmesser Plätzchen ausstechen. Diese auf ein gefettetes Backblech legen und an einem warmen Ort so lange trocknen, bis sich die Plätzchen auf dem Blech bewegen lassen, ohne daß sie zerbrechen. Jetzt die Plätzchen umdrehen, so daß die untere weiche Seite nach oben kommt. In einem vorgeheizten Backofen die Pfeffernüsse bei 190 °C etwa 20 Minuten backen.
Nach einer kurzen Abkühlzeit die noch warmen Gebäcke in der Fadenglasur wälzen. Die Pfeffernüsse aus der Schüssel nehmen und auf ein Backpapier zum Trocknen legen.
Zur Herstellung der Fadenglasur Zucker und Wasser auf 108 °C kochen. Danach die Gelatine und die Stärke einrühren.

Bäckerei Schaal,
Remshalden

Weinempfehlung:
gereifter Lemberger halbtrocken
oder Spätburgunder halbtrocken

Friedrich Hölderlin,
Brief an seine Mutter,
Waltershausen 1794, S. 24–25,
in: Ausgewählte Briefe, Jena:
Diederichs 1910,
S. 22–25

Nächste Woche schreibe ich auch an Herrn Schwager. Ich würde Sie bedauern, liebste Mutter, wenn Sie auf Ostern die Gesellschaft des Herrn Schwagers und der lieben Rike entbehren müßten. Mein Karl soll mir doch auch schreiben. Ich denke tausendmal an ihn. Ich hoffe nicht, daß er sein Versprechen, als Freiwilliger die Flinte zu tragen, soll halten müssen. Ich habe auch hier schon von ihm gesprochen, von seinem Fleiß, und allen seinen Anlagen zum brauchbaren Manne. Ich gehe immer mit dem Gedanken um, ihm ein angenehmeres und seiner Bildung günstigeres Plätzchen zu verschaffen. Was hat er jetzt für Pläne? Wird er wohl nach Markgröningen kommen? Jetzt noch eine Kommission! Sie mag Ihnen wohl nicht ganz angenehm sein, aber ich konnte sie nicht wohl ablehnen. Die Frau Majorin wünschte sechs Maß Kirschengeist aus Schwaben zu haben. Sie will Ihnen das Geld für den Kirschengeist sowohl als für den Transport zustellen, der Kirschengeist müßte aber freilich von einer guten Sorte sein. Hier kann man keinen haben. Die Frau Majorin will Ihnen nächstens selbst schreiben, wie sie sagte. Ich bedaure, daß das Papier schon voll ist. Leben Sie wohl,
liebste Mutter!

Ewig Ihr
Fritz

der Kirschengeist

müßte aber freilich von einer guten Sorte sein

Friedrich Hölderlin
1770 Lauffen – 1843 Tübingen

Nach dem frühen Tod von Hölderlins Vater 1772 zog die Familie 1774 nach Nürtingen, wo sich die Mutter zum zweiten Mal verheiratete. Hölderlin ging dort in die Lateinschule, später zur Vorbereitung des Theologiestudiums in die Denkendorfer Klosterschule und von 1786 an ins Maulbronner Seminar. Die dann folgenden Jahre im Tübinger Stift von 1788 bis 1793 waren für den von einem wachsenden Gefühl der Enge bedrängten Hölderlin eine Zeit innerer Uneinigkeit. Bekanntschaften, unter anderem mit Schubart, Stäudlin, Hegel und Schelling, bestärkten ihn, statt des einzwängenden Vikariatslebens nach dem Studium ein freieres und materiell unabhängigeres Hofmeisterleben anzustreben. So vermittelte ihm Schiller 1794 eine Hauslehrerstelle bei Char otte von Kalb in Waltershausen nahe des Thüringer Waldes, aus der er ein Jahr später ausschied und als freier Schriftsteller nach Jena zog. Da er trotz des Umgangs mit Schiller und seinen Bekanntschaften mit Goethe und Herder keinen Fuß faßte, nahm er im Sommer 1795 wieder eine Hauslehrerstelle an, diesmal bei der Familie Gontard in Frankfurt; das Bild von Susette Gontard, der von ihm geliebten Frau des Hauses, ist in seinem „Hyperion"-Roman für immer festgehalten. 1798 mußte Hölderlin die Gontards verlassen. Nach einem zweijährigen Aufenthalt in Homburg kehrte er schließlich 1800 in die Heimat zurück. Unstete Jahre in Hauptwil, Bordeaux und Homburg, mit Zwischenstationen in Nürtingen, folgten; sein Gemütszustand verschlechterte sich zusehends. Tübingen wurde dann 1806 zum letzten, jahrzehntelangen Aufenthaltsort des geisteskrank gewordenen Dichters.

Vesperteller mit Schwarzwälder Kirsch

Zutaten:
150 g Rauchfleisch oder roher Schinken
150 g luftgetrockneter Schinken
150 g Schäufele (gekocht)
150 g geräucherter Schweinebauch oder Rauchspeck
100 g grobe Leberwurst (leicht angeraucht)
100 g Frischkäse (oder Quark, Magerstufe)
5 cl flüssiger Rahm
Salz, Pfeffer aus der Mühle, gemahlener Paprika
4 cl Schwarzwälder Kirsch
1 kleines Bd. Schnittlauch
150 g eingelegte Senfgurken
150 g süß-sauer eingelegter Kürbis
100 g Cornichons
60 g Butter

Zubereitung:
Im Schwarzwald wird der Schinken in zentimeterdicke Scheiben auf einem Vesperbrett serviert und dann mit einem scharfen Schinkenmesser in feine Streifen geschnitten. Der Geschmack ist so intensiver, und der Schinken trocknet nicht so schnell aus.
Den Frischkäse oder Quark (Magerstufe) mit dem Rahm, Kirschwasser und geschnittenem Schnittlauch sowie den Gewürzen gut verrühren und in einer kleinen Schüssel anrichten. Er wird zusammen mit der Butter als Brotaufstrich gereicht.
Den Schinken, Speck und die Wurst auf einer großen Holzplatte, Beilagen in einer kleinen Schüssel extra anrichten. Nach Geschmack können noch Preiselbeerkompott oder schwarzes Johannisbeergelee dazu gereicht werden.
Ganz wichtig ist natürlich ein herzhaftes Holzofenbrot oder Sechskornbrot dazu.

Frank Beutler,
„Gasthof Schwanen-Post",
Alpirsbach

Weinempfehlung:
Spätburgunder Qualitätswein
und Schwarzwälder Kirschwasser

Friedrich Hölderlin, Stutgard, S. 86–87, in: Sämtliche Werke, Bd. 2, hrsg. v. Friedrich Beißner, Stuttgart: Kchlhammer 1951, S. 86–89

Aber meinest du nun, es haben die Thore
vergebens
Aufgethan und den Weg freudig die Götter
gemacht?
Und es schenken umsonst zu des Gastmahls
Fülle die Guten
Nebst dem Weine noch auch Beeren und
Honig und Obst?
Schenken das purpurne Licht zu Festgesängen
und kühl und
Ruhig zu tieferem Freundesgespräche die
Nacht?
Hält ein Ernsteres dich, so spars dem Winter
und willst du
Freien, habe Gedult, Freier beglüket der Mai.
Jezt ist Andere Noth, jezt komm' und feire
des Herbstes
Alte Sitte, Noch jezt blühet die Edle mit uns.
Eins nur gilt für den Tag, das Vaterland
und des Opfers
Festlicher Flamme wirft jeder sein Eigenes zu.

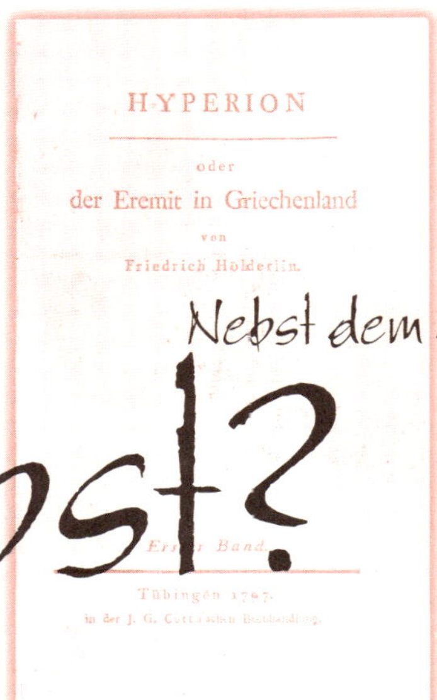

Nebst dem Weine noch auch …

Obst?

Friedrich Hölderlin
1770 Lauffen – 1843 Tübingen

Das Griechentum, die antike Mythologie und das klassische Ideal prägten die Dichtung Hölderlins in hohem Maße. Zwischen Klassik und Romantik stehend, ist er ein Vertreter des deutschen Idealismus ganz eigenständiger Art. Seine Lyrik – er schrieb über Natur, Freundschaft und Liebe – zeichnet sich durch höchste Sprachkraft, Gedankentiefe und tiefen, bildhaften Symbolgehalt aus. Mit der Veröffentlichung des lyrischen Briefromans „Hyperion oder der Eremit in Griechenland" (Bd. 1, 1797, und Bd. 2, 1799) und den in dieser Zeit entstandenen Gedichten gelang ihm ein bedeutender dichterischer Aufschwung. Auch an dem Drama „Der Tod des Empedokles" (1798 f.) und an seinen Sophokles-Dramen arbeitete er bereits. Doch vieles blieb wegen des sich verschlechternden Gemütszustandes unpubliziert. 1826 gaben Ludwig Uhland und Gustav Schwab dann seine „Gedichte" heraus. Die meisten Dichtungen Hölderlins wurden jedoch erst nach seinem Tod bekannt, etwa in den Werkausgaben Christoph Theodor Schwabs (1846) und Norbert von Hellingraths (1913–1923) oder in der historisch-kritischen Ausgabe von Friedrich Beißner (1944–1959).

Stuttgarter Obstsalat mit Holderküchle oder Honigwaffeln

Zutaten:
Obstsalat:
600 g frisches Obst (je nach Jahreszeit: Äpfel, Birnen, Zwetschgen, Himbeeren, Brombeeren, Heidelbeeren)
400 ml Apfelsaft

Holderküchle:
100 g Mehl
3 cl Milch
3 cl Weißwein
1 Ei
1 TL Zucker
1 Prise Salz
4 Holunderblütendolden

Honigwaffeln:
125 g Mehl
10 g Hefe
30 g Honig
125 ml Milch
2 kleine Eier
1 Prise Salz

Zubereitung:
Obst waschen, putzen, kleinschneiden und in Apfelsaft einlegen.
Holunderblütendolden kurz waschen und auf ein Saugpapier legen. Aus den übrigen Zutaten einen Backteig herstellen. Die Blütendolden kurz in Mehl wenden, abklopfen, in den Backteig eintauchen und im heißen Fett ausbacken. Wenn die Holderküchle schön braun sind, aus dem Fett nehmen und gut abtropfen lassen. Nach Geschmack mit Staubzucker besieben und zum Obstsalat reichen.
Für die Honigwaffeln aus den Zutaten einen Hefeteig herstellen. In einem Waffeleisen Waffeln ausbacken, nach Geschmack mit Staubzucker besieben und zum Obstsalat reichen.

Hansjoachim Mackes,
„Wohnstift Augustinum",
Stuttgart

Weinempfehlung:
Silvaner Spätlese

Ernst Jünger,
Auf den Marmorklippen,
17. Aufl.,
Stuttgart: Klett-Cotta 1995,
S. 6–7

Im Herbste zechten wir als Weise und taten den köstlichen Weinen, die an den Südhängen der großen Marina gedeihen, Ehre an. Wenn wir in den Gärten zwischen dem roten Laube und den dunklen Trauben die scherzenden Rufe der Winzer vernahmen, wenn in den kleinen Städten und Dörfern die Torkel zu knarren begannen und der Geruch der frischen Trester um die Höfe seine gärenden Schleier zog, stiegen wir zu den Wirten, den Küfern und Weinbauern hinab und tranken mit ihnen aus dem bauchigen Krug. Dort trafen wir immer heitere Genossen an, denn das Land ist reich und schön, so daß unbekümmerte Muße in ihm gedeiht, und Witz und Laune gelten als bare Münze in ihm.
So saßen wir Abend für Abend beim fröhlichen Mahl. In diesen Wochen ziehen vermummte Wingerts-Wächter vom Morgengrauen bis zur Nacht mit Knarren und Flinten in den Gärten umher und halten die lüsternen Vögel in Schach. Spät kehren sie mit Kränzen von Wachteln, von gesprenkelten Drosseln und Feigenfressern zurück, und bald erscheint dann ihre Beute auf Weinlaub gebettet in großen Schüsseln auf dem Tisch.

Spät kehren sie mit Kränzen von Wachteln … zurück

Ernst Jünger
1895 – 1998 Wilflingen

Ernst Jünger, der Sohn eines Apothekenbesitzers sowie Handels- und Gerichtschemikers, wurde zwar 1901 in Hannover eingeschult, besuchte aber nach Übernahme der Adlerapotheke in Schwarzenberg/Erzgebirge durch seinen Vater zunächst die dortige Volksschule. Später kam er aufs Gymnasium in Hannover, von 1905 bis 1907 war er in Internaten in Hannover und Braunschweig. Nach dem Umzug der Familie nach Rehburg wurde Ernst Jünger in die Scharnhorstrealschule aufgenommen, von 1912 an war er im Gymnasium Hameln. Nach einem „Ausbruchversuch“ in die Fremdenlegion 1913 kehrte er ein Jahr später zurück und bestand das Abitur. Den gesamten Ersten Weltkrieg diente Jünger als Soldat und Offizier; er wurde sechsmal verwundet. Erst 1923 schied er aus der Reichswehr aus. In den folgenden drei Jahren, in denen er sich schon intensiv schriftstellerisch betätigte, studierte Jünger in Leipzig und Neapel. Dann brach er das Studium ab und siedelte 1927 zunächst nach Berlin, 1933 nach Goslar über. Während dieser Zeit reiste er unter anderem nach Sizilien, Dalmatien, Norwegen, Brasilien und Rhodos. 1939 zog Jünger nach Kirchhorst um, wurde aber kurz darauf einberufen und diente auch im Zweiten Weltkrieg als Offizier. Wegen seiner Veröffentlichungen für den Frieden und Kontakte zu Widerstandsgruppen gegen Hitler erhielt er 1942 praktisch Publikationsverbot und wurde 1944 aus dem Heer entlassen. Dem Umzug nach Ravensburg 1949 folgte schon ein Jahr später die Übersiedelung nach Wilflingen, wo der Autor, der weitere Reisen nach Italien, in die USA und in den Vorderen Orient unternahm und der 1959 das Große Bundesverdienstkreuz erhielt, im Alter von 102 Jahren verstorben ist.

Eingemachtes von Wachteln mit Tomaten-Basilikum-Kräutersauce auf Blattsalaten

Zutaten:
4 Wachteln, Salz, Pfeffer
Fett zum Ausbacken
4 EL gewürfelte Shiitakepilze
2 Schalotten (in Würfeln)
1 Knoblauchzehe
1 EL gehackte Petersilie
100 ml Weißweinessig
300 ml Olivenöl
1 EL Honig
4 vollreife Tomaten
Blätter von einem Zweig Basilikum (in Streifen)
200 g Blattsalatmischung (nach Belieben)

Zubereitung:
Für die Kräutersauce Essig, Honig, Salz und Pfeffer verrühren, Öl zugeben, in eine größere Flasche füllen. Die Wachtelbrüstchen auslösen.
Die Oberschenkelknochen von den Keulchen entfernen und diese mit dem Handballen etwas breit drücken, wodurch sie besonders zart werden.
Pilze, Schalotten, Petersilie und Knoblauch in Butter dünsten, auskühlen, in die Keulchen füllen und einrollen, in Alufolie bonbonartig einwickeln, fest verschließen. Im Fettbad (140 °C heiß) 10 Minuten ausbacken und warm halten.
Tomaten häuten, kernfreies Fleisch würfeln, mit Basilikumstreifen, Schalotten- und Knoblauchwürfeln in etwas Kräutersauce ziehen lassen.
Die Brüstchen auf der Haut kroß braten. Sie sollen innen noch etwas rosa sein (geben auf Fingerdruck leicht nach).

Tip:
Salatsauce, in Flaschen gefüllt, verteilt sich durch kräftiges Schütteln. Auf diese Weise kann man sie gezielt auf angerichtete Salate träufeln. Salate in Tellermitte adrett anrichten, mit Kräutersauce überträufeln. Die Tomaten-Basilikum-Kräutersauce mit einem Eßlöffel außenherum arrangieren. Die Keulen auspacken und quer aufschneiden. Keulen und kurzgebratene Brüstchen auf dem Salat über Kreuz anrichten. Mit Basilikumblättchen und eventuell einem Tomatenröschen garnieren.

Helmut Hilse,
„Sonnenhof",
Waldstetten

Weinempfehlung:
Traminer Auslese

Ernst Jünger, Auf den Marmorklippen, 17. Aufl., Stuttgart: Klett-Cotta 1995, S. 6–7

Auch aßen wir gern geröstete Kastanien und junge Nüsse zum neuen Weine, und vor allem die herrlichen Pilze, nach denen man dort mit Hunden in den Wäldern spürt – die weiße Trüffel, die zierliche Werpel und den roten Kaiserschwamm.
Solange der Wein noch süß und honigfarben war, saßen wir einträchtig am Tisch, bei friedlichen Gesprächen und oft den Arm auf die Schulter des Nachbarn gelegt. Sobald er jedoch zu arbeiten und die erdigen Teile abzustoßen begann, wachten die Lebensgeister mächtig auf. Es gab dann glänzende Zweikämpfe, bei denen die Waffe des Gelächters entschied und bei denen sich Fechter begegneten, die sich durch die leichte, freie Führung des Gedankens auszeichneten, wie man sie nur in einem langen, müßigen Leben gewinnt.

und vor allem die herrlichen

Pilze

… die weiße Trüffel, die zierliche Werpel

Ernst Jünger
1895 – 1998 Wilflingen

Erste Gedichte von Ernst Jünger wurden schon 1911 in einem regionalen Rehburger Blatt veröffentlicht. Bekannt wurde er jedoch als Erzähler und Essayist, in dessen Werk sich die geistige und politische Wandlung der Gesellschaft Deutschlands in diesem Jahrhundert spiegelt: In den Publikationen „In Stahlgewittern" (1920), „Der Kampf als inneres Erlebnis" (1922) oder „Das Wäldchen 125" (1925), die von seinen Erlebnissen im Ersten Weltkrieg bestimmt sind, vertritt er eine nationalistische, von der Unterordnung des einzelnen gegenüber einer totalitären Macht geprägte heroische, vaterländische Haltung. In seinen späteren Werken wandte er sich vor allem aus ethischen und humanitären Gründen gegen Staatsgewalt, Macht und Krieg. Als weitere Hauptwerke sind zu nennen: die Essays „Das abenteuerliche Herz" (1929), die Erzählung „Afrikanische Spiele" (1936), der Roman „Auf den Marmorklippen" (1939), die Tagebücher „Gärten und Straßen" (1942), der Roman „Heliopolis" (1949), das Tagebuch „Strahlungen" (1949), die Erzählung „Gläserne Bienen" (1957) und die Essays „Subtile Jagden" (1967).

Überbackenes Pilzragout nach Art der Großmutter

Zutaten:
Insgesamt 800 g Steinpilze, Pfifferlinge, Maronen oder Champignons
2 EL Olivenöl
2 Schalotten
Etwas Knoblauch
2 mittelgroße Tomaten
Saft von ½ Zitrone
⅛ l Kalbsbrühe
2 EL Crème fraîche
30 g Butter
Salz, Pfeffer aus der Mühle
Frisch gehackte Petersilie
Frisches geriebenes Weißbrot

Zubereitung:
Die Tomaten abziehen, Kerne entnehmen und Fleisch in Würfel schneiden. Die verschiedenen Pilze putzen, vorsichtig waschen, damit sie nicht zu viel Feuchtigkeit aufnehmen, in Scheiben schneiden, mit Salz und Pfeffer aus der Mühle würzen, in Olivenöl beidseitig anbraten, herausnehmen und beiseite stellen.
Die feingehackten Schalotten und den Knoblauch in Butter dünsten, mit der Kalbsbrühe ablöschen, die Pilze beifügen und kurz kochen lassen. Nun die Tomatenwürfel und die gehackte Petersilie beigeben, die Crème fraîche unterrühren, gut durchkochen, mit Salz, Pfeffer und dem Zitronensaft abschmecken. In eine feuerfeste Form füllen, mit den geriebenen Weißbrotkrumen bestreuen und einige Butterflöckchen darübergeben, im heißen Ofen etwa 10 Minuten überbacken. Dazu eignen sich Semmelknödel, hausgemachte Nudeln oder Kräuterflädle.

Wolfgang Walter,
„Hausrestaurant Energie-Versorgung-Schwaben AG“,
Hauptverwaltung, Stuttgart

Weinempfehlung:
trockener Weißburgunder, Silvaner oder Riesling

Marie Luise Kaschnitz,
Silberne Mandeln, S. 26,
in: Ein Lesebuch. 1964–1974,
Frankfurt/M.: Insel 1975,
S. 26–32

Das Programm des feierlichen Tages stand schon seit Wochen in allen Einzelheiten fest. Messe und besonderer Segen für die Silberbrautleute, danach zu Hause die Gratulationen, großes Betrachten der Geschenke, Anbieten von Wermut und Gebäck, wenn alle beisammen sind, Abfahrt in die Campagna auf das Gebirge zu. Mittagessen in Albano, Leute, die jung geheiratet haben, sind auch bei der Silberhochzeit noch nicht alt, haben keine grauen Haare, keine Kreislaufstörungen, die ihnen das gute Essen und Trinken verbieten. Also wird man jetzt Spaghetti alla Bolognese essen, aber vorher noch Antipasto, scharfe rote Wurstscheibchen, Oliven, gesalzenen Lachs.

Also wird man jetzt Spaghetti alla Bolognese essen

Marie Luise Freifrau von Kaschnitz
1901 Karlsruhe – 1974 Rom

Die aus dem elsässischen Adelsgeschlecht von Holzing-Berstett stammende badische Offizierstochter wuchs nicht in ihrer Geburtsstadt, sondern in Potsdam und Berlin auf. Nach ihrem Schulabschluß 1922 begann sie eine Buchhandelslehre in Weimar und arbeitete dann in München. Von 1924 an lebte sie in Rom, war in einem Buchantiquariat angestellt und heiratete schon ein Jahr später den Archäologieprofessor Guido Freiherr von Kaschnitz-Weinberg (später Direktor des Deutschen Archäologischen Instituts in Rom). Es folgten zahlreiche Reisen. Der berufliche Weg ihres Mannes führte Marie Luise Freifrau von Kaschnitz-Weinberg, so ihr eigentlicher Name, 1932 nach Königsberg in Preußen und 1937 nach Marburg an der Lahn. In diesen Jahren veröffentlichte sie ihre ersten Romane. Die nächste Station war 1941 Frankfurt am Main. Seit 1948 als Mitherausgeberin der Zeitschrift „Die Wandlung" tätig, nahm die Dichterin 1960 ein Angebot der dortigen Universität an, als Gastdozentin für Poetik zu lehren.

Bunte Gemüsenudeln mit Hackfleischsauce

Zutaten:
Hackfleischsauce:
1 rote und 1 grüne Paprika
2 Zwiebeln
20 g Margarine
400 g gemischtes Hackfleisch
Salz
Pfeffer
Paprika (edelsüß)
Oregano
2 EL Tomatenmark
1/4 l Brühe

Gemüsenudeln:
20 g Butter
280 g Nudeln (rot, gelb, grün – bißfest kochen)
1 EL Schlagsahne
300 g gelbe Rüben
300 g Lauch
1 Frühlingszwiebel
(alles in feine Streifen schneiden)

Zubereitung:
Hackfleischsauce:
Zwiebeln würfeln, Paprikaschoten waschen, entkernen und ebenfalls würfeln. Margarine erhitzen, Zwiebelwürfel darin glasig werden lassen. Paprikawürfel dazugeben, unter Rühren garen, Hackfleisch hinzufügen. 10 Minuten braten sowie mit Salz, Pfeffer und Oregano würzen, mit Tomatenmark vervollständigen und mit Brühe auffüllen. Deckel auf die Pfanne geben und 20 Minuten schmoren lassen.

Gemüsenudeln:
Die Butter leicht erhitzen, Gelbe-Rüben-Streifen dazugeben, 3 Minuten dünsten, danach den Lauch und die Frühlingszwiebel dazugeben und nochmals 2 Minuten dünsten. Die gekochten Nudeln daruntergeben und mit Schlagsahne verfeinern.
Gemüsenudeln als Nest anordnen, in die Mitte die Hackfleischsauce geben.

Hans Käfer,
„Krone",
Winnenden-Hanweiler

Weinempfehlung:
Müller-Thurgau trocken oder
Weißburgunder QbA trocken

Marie Luise Kaschnitz, Silberne Mandeln, S. 26, in: Ein Lesebuch. 1964–1974, Frankfurt/M.: Insel 1975, S. 26–32

Danach Pollo alla Cacciatore, zerhackte Hühner mit viel scharfem rotem Paprika, Kalbfleisch in Kapernsoße, schließlich Zuppe inglese, diesen Biskuitkuchen, der mit Rum durchtränkt ist wie ein nasser Schwamm, Kaffee und dazu Silbermandeln, nicht zu vergessen den Wein, verschiedene goldgelbe Castelliweine und Süßweine und Astispumante und mit dem Kaffee wird man den Wein unschädlich machen, und mit dem Wein den Kaffee. Nach dem Essen, das gewiß einige Stunden in Anspruch nehmen wird, wird man auf der neuen Touristenstraße um den See fahren, auch irgendwo aussteigen und zu Fuß gehen, wenn das Wetter gut ist, aber warum sollte es nicht gut sein im Monat Mai. Einige Schritte auf einem Waldweg, mit den Kindern Ball spielen, ein Kofferradio wird auch mitgenommen, und der Vetter Mauro hat dazu noch ein ganz kleines japanisches, das trägt er in der Hosentasche, und erschreckt damit die Leute, ein Bauchsänger, eine wandelnde Musik.

zerhackte

Hühner

mit viel scharfem rotem Paprika

Marie Luise Freifrau von Kaschnitz
1901 Karlsruhe – 1974 Rom

Als langjährige Bewohnerin Roms hat Marie Luise Kaschnitz wie viele deutsche Dichter durch die Begegnung mit dem antiken, dem griechischen und römischen Erbe sowie mit den christlichen Traditionen Anregung für die eigene schöpferische Tätigkeit erfahren. Dementsprechend ist ihr Werk nach traditionellen Formen ausgerichtet; sie verbindet darin ihre humanitäre Einstellung mit modernen Problemen. Marie Luise Kaschnitz hat damit als Lyrikerin mit klassischem Formgefühl und als Erzählerin mit einer Vorliebe für Zwischentöne anspruchsvolle Literatur geschaffen. Schon 1933 erschien ihr erster Roman „Liebe beginnt"; mit „Elissa" (1937) folgte der zweite nur wenige Jahre später. Ihre „Gedichte" veröffentlichte sie 1947, weitere Lyrikbände wurden unter anderem 1950 („Zukunftsmusik"), 1952 („Ewige Stadt"), 1962 („Dein Schweigen – meine Stimme") und 1965 („Ein Wort weiter") publiziert. Daneben gehören jedoch auch die Erzählungen „Das dicke Kind" (1952), „Lange Schatten" (1960) und „Ferngespräche" (1966) sowie die autobiographischen Schriften – wie etwa die römischen Essays unter dem Titel „Engelsbrücke" (1955) oder „Das Haus der Kindheit" (1956) – zu ihren Hauptwerken.

Gebratenes Hähnchen auf zweierlei Paprikasaucen

Zutaten:
1 Hähnchen (etwa 1 kg)
Paprikapulver (edelsüß)
1 rote und 1 gelbe Paprika
2 EL Öl
2 kleine Schalotten
200 ml Gemüsebrühe
200 ml Sahne
1 Zucchino
1 Aubergine
Salz, Pfeffer, Tabasco

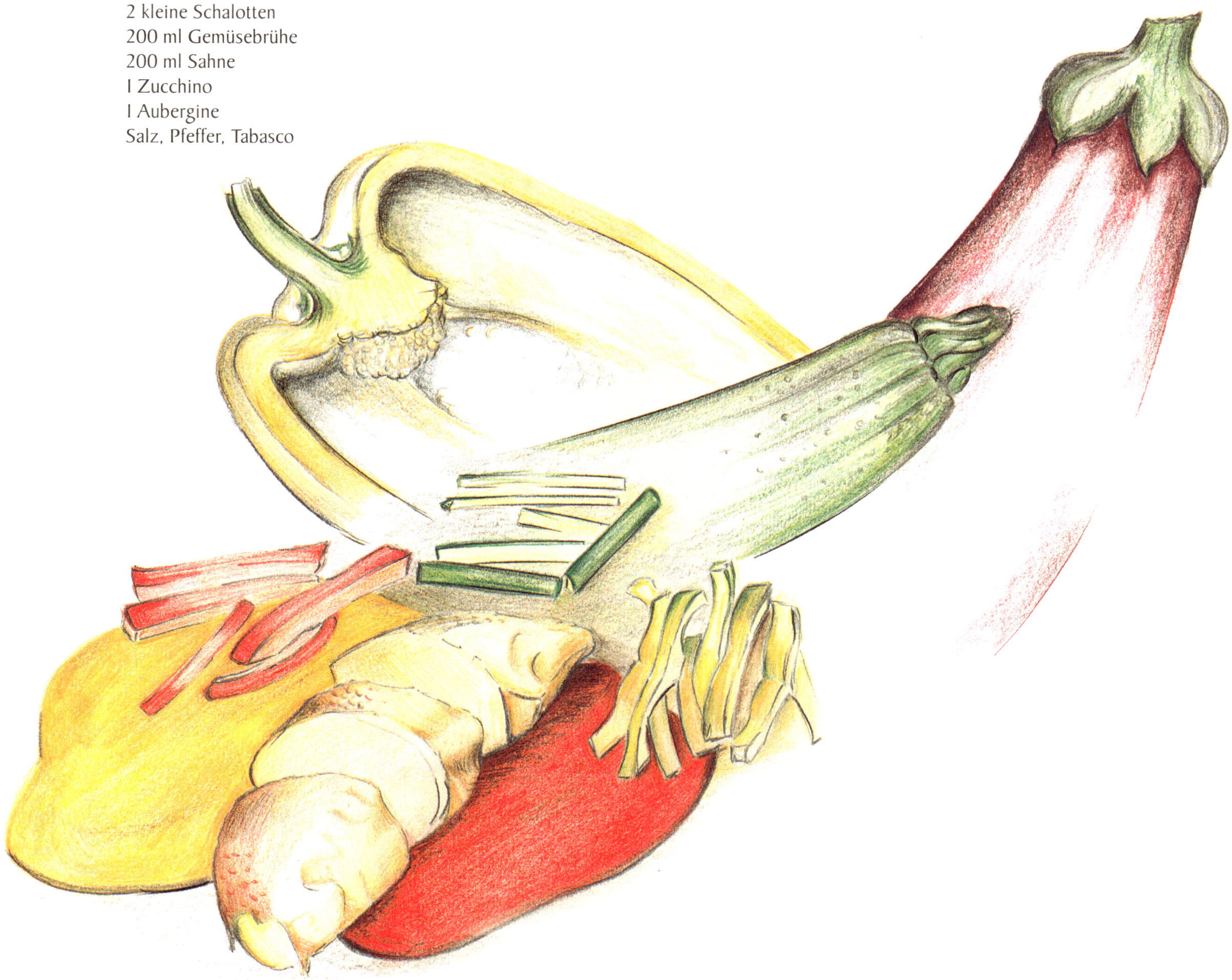

Zubereitung:
Das Hähnchen ausnehmen, mit Paprikapulver einreiben, salzen und pfeffern. Bei 200 °C im Backofen etwa 35 Minuten braten, in 8 gleichmäßige Teile zerlegen (4 Brust- und 4 Keulenteile) und warm stellen.
Paprikaschoten halbieren, die Kerne entfernen und im Öl weich dünsten, farblich getrennt im Mixer pürieren und durch ein Sieb streichen. Das Püree mit Paprikapulver und Tabasco würzen.
Schalottenwürfel und Geflügelbrühe um die Hälfte einkochen. Sahne dazugeben und noch etwas einkochen lassen. Die eingekochte Flüssigkeit mit dem jeweiligen Paprikapüree aufmischen.
Zucchino, Aubergine und Paprikaschoten in Stifte schneiden, in Butter 3 Minuten dünsten und als Garnitur zu den gleichmäßig verteilten Hähnchen auf der roten und gelben Paprikasauce anrichten.
Dazu passen Sesamplätzchen.

Hans Käfer,
„Krone",
Winnenden-Hanweiler

Weinempfehlung:
Spätburgunder Weißherbst

Justinus Kerner,
Die Reiseschatten,
hrsg. v. W. P. H. Scheffler,
Stuttgart: Steinkopf 1964,
S. 130

„Herr Pfarrer! nehmen Sie den Deckel keck herab!" Der Pfarrer lächelte konvulsivisch.
„Da sehen Sie in der gewürzreichsten Sauce zwei wohl appretierte Hähne, die krähen vor Entzücken, daß sie so wohlschmecken, und schlagen mit den Flügeln an den Magen, der mit gebratenen Kastanien gefüllt ist." – Der Bronnenmacher strich sich mit der Hand über den Bauch. – „Ich muß selbst gestehen", sprach der Koch weiter, „sie schmecken auch ganz vortrefflich! Greifen Sie doch zu! Hier dies Pfaffenschnitzchen, das muß ganz exzellent sein, so appetitlich weiß, mit einem braunen Rande, wie Butter. Mein! drücken Sie doch einige Tropfen von dieser saftigen Zitrone darauf!" – „Nun kann ich's nicht mehr aushalten", schrie der Pfarrer und biß dem Bronnenmacher in die fette Backe.

zwei wohl appretierte

Hähne

... mit gebratenen Kastanien

Justinius Kerner
1786 Ludwigsburg – 1862 Weinsberg

Nur kurze Zeit verbrachte der Sohn des Ludwigsburger Oberamtmanns Kerner in seiner Geburtsstadt: 1795 zog die Familie nach Maulbronn. Nach dem Tod des Vaters kehrte man 1799 aber zurück; es folgten der Besuch der Lateinschule und Lehrjahre in verschiedenen Berufen, so etwa als Tuchmacher. Im Herbst 1804 begann Justinus Kerner als Stipendiat in Tübingen Medizin zu studieren. Vor allem um ihn, Ludwig Uhland und Karl Mayer scharte sich in diesen Jahren ein gegen den Klassizismus opponierender Kreis junger Studenten, die „Tübinger Romantiker". Nach dem Examen und der Promotion zum Doktor der Medizin 1808 sowie einer anschließenden Bildungsreise mit den Stationen Hamburg, Berlin und Wien und trotz weiterer literarischer Arbeiten rückte der Arztberuf jedoch ganz in den Vordergrund von Kerners Leben. Er praktizierte unter anderem in Wildbad, Welzheim und Gaildorf, bevor er sich 1819 als Oberamtsarzt in Weinsberg niederließ. 1922 zog er unterhalb der Weibertreu ins eigene Haus ein, das später von vielen bedeutenden Persönlichkeiten aus aller Welt besucht wurde. Das „Kernerhaus" stand nicht nur seinen Literatenfreunden offen, sondern auch den Patienten des überzeugten Arztes, der sich vor allem für den Okkultismus interessierte. Über seine berühmteste Patientin, Friederike Hauffe, die „Seherin von Prevorst", veröffentlichte er 1829 eine Schrift.

Hähnchen mit gebratenen Kastanien

Zutaten:
4 Hähnchenbrüste mit Haut (ohne Knochen)
2 EL Zwiebelwürfel
600 g Eßkastanien (Maroni)
10 g Butterschmalz, 20 g Butter,
½ TL Zucker
200 ml brauner Geflügelsaft
1 Knoblauchzehe (geschält)
1 Zweig Rosmarin
4 Zweige Blattpetersilie
Salz, weißer Pfeffer aus der Mühle

Zubereitung:
Mit einem spitzen Messer die braunen Schalen der Eßkastanien entfernen. Dann die Kastanien mit kochendem Wasser überbrühen und die Haut abziehen.
Die Hähnchenbrüste waschen, trockentupfen, mit weißem Pfeffer aus der Mühle und Salz würzen und in einem feuerfesten Schmortopf in heißem Butterschmalz von beiden Seiten goldbraun anbraten. Die angebratenen Brüste zur Seite legen und im Schmortopf Butter und Zucker mit den Zwiebelwürfeln erhitzen, bis eine hellbraune, glasige Masse entsteht. Jetzt die abgezogenen Eßkastanien, die Knoblauchzehe und den Rosmarinzweig zugeben und die Kastanien etwas Farbe nehmen lassen. Mit dem braunen Geflügelsaft ablöschen. Die zur Seite gelegten Hähnchenbrüste mit der Hautseite nach oben auf die Kastanien geben und im Ofen bei 160 °C 10 bis 15 Minuten fertiggaren. Vor dem Anrichten die gezupften, gewaschenen Petersilienblätter hacken und unter die Kastanien geben.
Als Beilage zur Hähnchenbrust mit gebratenen Kastanien empfehlen wir gedünstete gelbe Rüben.

Gerd Reiner,
„Restaurant Reiners Rebstock",
Böckingen

Weinempfehlung:
Samtrot oder
Riesling Spätlese

Justinus Kerner, Die Reiseschatten, hrsg. v. W. P. H. Scheffler, Stuttgart: Steinkopf 1964, S. 130

„Ja! wenn ich jetzt eine Tafel zu besorgen hätte, so würde ich gewiß mit einer Krebssuppe den Anfang machen, und die müßte dann eine solche saft- und kraftvolle Brühe haben, daß die Krebse, von ihr gestärkt, wieder lebendig würden und vor Entzücken mit den Schwänzen wedelten, auch allerlei humoristische Stellungen machten, welches gewiß wunderlich anzusehen wäre. Auf diese Krebssuppe müßte dann notwendig Rindszunge mit Sardellensauce folgen."
„Hm!" – schmunzelte der Pfarrer. „O! das ist vortrefflich! meine Herren! greifen Sie nur keck zu; hier ist auch eine Zitrone zum Ausdrücken darauf!" Der Bronnenmacher und der Pfarrer streckten die dürren Zungen bei diesen Worten heraus und ließen sie so hängen.

müßte dann notwendig
Rindszunge
mit Sardellensauce folgen

Justinus Kerner
1786 Ludwigsburg – 1862 Weinsberg

Volkslieder, Sagen, Minnelieder und alte Legenden begeisterten Justinus Kerner, der der eigentliche Mittelpunkt des Tübinger Romantikerkreises war und als deren bedeutendster Vertreter gilt, und regten ihn zum Nachdichten alter deutscher Poesie an. Sein lyrisches Werk, das er zunächst mit dem „Poetischen Almanach auf das Jahr 1812" und dem „Deutschen Dichterwald" (1813) im Geist der Romantik zusammen mit den Gedichten seiner Freunde der Öffentlichkeit vorstellte, ist durch den romantisch-stimmungsvollen, volksliedhaften Ton gekennzeichnet. Seine erste selbständige Gedichtausgabe erschien 1826 bei Cotta; weitere Auflagen folgten unter den Titeln „Die Dichtungen" (1834 und 1841) und „Winterblüthen" (1859). Von ihm stammt auch das einzig bedeutende Prosawerk der Tübinger Romantik, sein satirischer Roman „Die Reiseschatten" (1811). Mit dem „Bilderbuch aus meiner Knabenzeit" (1849) veröffentlichte Kerner, der in seinen letzten Lebensjahren zunehmend unter dem Verlust seiner Sehkraft litt, Erinnerungen aus den Jahren 1786 bis 1804.

Rinderzunge in Sardellen-Kapern-Sauce

Zutaten:
1 kleine gepökelte Rinderzunge
(etwa 1,2 bis 1,5 kg; beim Metzger vorbestellen)
oder 800 g fertig gekochte Rinderzunge
1 geschälte Zwiebel
1 Lorbeerblatt, 2 Gewürznelken,
2 Wacholderbeeren (zerdrückt)
Salz, Pfeffer aus der Mühle
10 Sardellenfilets
2 EL Kapern
200 ml Olivenöl extra vergine
300 ml Sauerrahm
1 EL Weißweinessig
1 Zitrone, Basilikumblättchen zur Garnitur

Zubereitung:
Die Rinderzunge unter fließendem Wasser waschen und mit 5 bis 6 l Wasser aufsetzen, das Wasser nur leicht salzen. Die geschälte Zwiebel vierteln, mit dem Lorbeerblatt, Nelken und Wacholderbeeren zu der Zunge geben. Die Zunge in etwa $1\frac{1}{2}$ bis 2 Stunden gar kochen. Sie ist durch, wenn man die Spitze mit dem Daumen leicht eindrücken kann. Aus der Brühe heben, unter kaltem Wasser abschrecken und die grobe Haut abziehen. Ein wenig abkühlen lassen und in feine Scheiben schneiden. Die Zungenscheiben fein säuberlich auf 4 Teller anordnen.

Die Sardellenfilets wässern und 1 EL Kapern abtropfen lassen, in eine Schüssel geben, mit dem Sauerrahm, Olivenöl und dem Essig vermengen und mit dem Stabmixer zu einer gleichmäßigen Sauce aufmischen. Mit Salz und Pfeffer aus der Mühle und etwas Zitronensaft abschmecken.
Die Sauce auf die Zungenscheiben geben und im Kühlschrank 1 Stunde durchziehen lassen. Vor dem Servieren mit Zitronenscheiben, den restlichen Kapern und Basilikumblättchen ausgarnieren.
Als Beilage eignet sich frisches Weißbrot.

Alexander Heitz,
„Restaurant Goldener Käfer",
Ittlingen

Weinempfehlung:
Spätburgunder Weißherbst

Theobald Kerner,
Das Akazienmännlein, S. 165,
in: Gedichte,
Stuttgart: Hallberger 1852,
S. 165–167

So 'was Seltsames erlebt man im Traume kaum,
Was wir heute erlebt. – Den Akazienbaum,
Den mein Vater vor zwanzig Jahren etwa
Vor das Haus gepflanzt, und der geworden so groß,
Daß er mit den Zweigen in's Fenster fast sah,
Den ließ er heut' umsägen erbarmungslos,
Weil er allzu sehr Aussicht versperrte und Licht.
Nun das wär' eben so sonderbar nicht;
Aber denkt nur, als wir darauf zu Mittag
Gemüthlich speisten und man das Rindfleisch eben
Wollte zerschneiden, da – nein in meinem Leben
Erschrack ich so nie! – da trat ein Männlein herein,
Das war am ganzen Leib wie ein Laubfrosch grün
Und mochte etwa vier Schuh hoch seyn.
„Guten Appetit, Herr Doktor!" sprach's und trat hin
Vor den Vater, dabei sich verneigend gar zierlich,
„Guten Appetit! ich scheine wohl unmanierlich,
Daß ich komme gerade zur Essenszeit,
Aber da ich die Gegend verlasse noch heut',
Wollt' ich mich noch vorher bedanken bei Ihnen."

und man das Rindfleisch eben wollte zerschneiden

Theobald Kerner
1817 Weinsberg – 1907 Weinsberg

Wie sein Vater Justinus studierte auch der in Weinsberg aufgewachsene Theobald Kerner in Tübingen Medizin. Nach weiteren Ausbildungszeiten in Wien, München, Breslau und Würzburg kehrte er in seine Heimatstadt zurück und unterstützte zunächst seinen Vater; danach war er als praktischer Arzt in Löwenstein tätig. Seine Beziehung zu Marie Freifrau von Hügel geb. Freiin von Uxkull-Gyllenband, die sich 1844 scheiden ließ und ihn heiratete, brachte ihn in große persönliche Schwierigkeiten. Durch seine Beteiligung an revolutionären Umtrieben mußte er 1848 ins Ausland fliehen und verbüßte nach seiner Rückkehr auf dem Hohenasperg eine Festungsstrafe. 1852 gründete Theobald Kerner dann in Stuttgart eine galvanomagnetische Heilanstalt, kehrte jedoch 1863 – ein Jahr nach dem Tod seines Vaters – nach Weinsberg zurück und praktizierte im elterlichen Haus. Theobald Kerner veröffentlichte 1845 zunächst ein Lyrikbändchen, dessen spätromantische Gedichte in der Nachfolge der Werke seines Vaters standen. Neben dem Kinderbuch „Prinzessin Klatschrose" (1851) und weiteren Ausgaben seiner „Dichtungen" (1879 und 1902) wurden vor allem seine herausgegebenen Werke bekannt: „Das Kernerhaus und seine Gäste" erschien 1894 und 1897 „Justinus Kerners Briefwechsel mit seinen Freunden".

Rinderschmorbraten aus dem Ofen

Zutaten:
800 g Rinderhochrippe oder Bugblatt
2 Tomaten (abgezogen, in feinen Würfeln)
1 Zwiebel (geschält, in feinen Würfeln)
200 g gelbe Rüben, Sellerie, Lauch
(in feinen Würfeln)
1 Knoblauchzehe (angedrückt)
½ l Rotwein (Lemberger)
½ l Rinderbrühe
40 g Butterschmalz
1 Zweig Thymian
Salz, Pfeffer
20 g Butter (zerlassen)
30 g Mehl

Zubereitung:
Fleisch würzen, in einem heißen Bratentopf kräftig rundum anbraten und dann aus dem Topf nehmen. Nun das Gemüse darin anrösten, mit etwas Brühe ablöschen, bei großer Hitze die Flüssigkeit einkochen lassen. Diesen Vorgang zweimal wiederholen, darauf mit dem Rotwein und der restlichen Brühe auffüllen, Knoblauch und Thymianzweig dazugeben, Rindfleisch in die Schmorflüssigkeit einlegen und zugedeckt 1½ Stunden im vorgewärmten Backofen bei 180 °C schmoren.
Das Fleisch aus dem Topf nehmen, Sauce durch ein Sieb abseihen, abschmecken und mit Mehlbutter etwas sämig machen.
Als Beilage passen Butternudeln, Spätzle, Gemüse wie Brokkoli, Kohlrabi und gelbe Rüben.

Vincent Klink,
„Restaurant Wielandshöhe",
Stuttgart

Weinempfehlung:
Lemberger Spätlese halbtrocken

Hermann Kurz,
Der Sonnenwirt, 3. Aufl.,
Gütersloh: Bertelsmann 1948,
S. 398

„Gesegnete Mahlzeit beieinander! Das ist ja schön, daß man die Ahne und die Kinder bei der Gottesgabe findet, die Leib und Seel zusammenhält." Mit diesen Worten trat der Geächtete durch die Türe ein, deren Schwelle er so manchmal in Glück und Leid überschritten hatte. „Was speist man denn?" fragte er heiter. „Rübelessupp und Grundbirn!" antwortete der Knabe, der mit der Großmutter und seinem kleinen Schwesterlein zu Tische saß und mit seinem Löffel der gemeinsamen Schüssel wacker zusprach.
„Will Er's nicht mithalten?" fragte die Hirschbäuerin, ohne sich in ihrer eifrigen Beschäftigung stören zu lassen.
„Danke! was für drei gekocht ist, ist nicht für vier; man muß keine Deichsel an die Suppenschüssel machen. Im Gegenteil bring ich hier ein paar Brätlein. Wenn Ihr's nicht essen wollt, so könnt Ihr's unter der Hand zu Geld machen." Er hielt ihr ein paar Hasen hin. Bei diesem Anblick legte sie schnell den Löffel auf den Tisch, ergriff das Geschenk und trug es in eine Ecke der Stube, wo sie einen leeren Korb darüber deckte.

„Was speist man denn?" fragte er heiter.

„Rübelessupp und Grundbirn!"

Hermann Kurz
1813 Reutlingen – 1873 Tübingen

Der aus einer Kaufmannsfamilie stammende Hermann Kurz (er schrieb sich bis in die 1840er Jahre mit tz) sollte nach dem Willen der Familie Pfarrer werden. So wurde er nach seiner Schulausbildung 1827 zunächst ins Niedere evangelisch-theologische Seminar Maulbronn geschickt und kam vier Jahre später zum Theologiestudium ans Tübinger Stift. Als Schüler von Strauß und mit ihm wie auch mit Uhland befreundet, veröffentlichte er schon damals Kritisches und Satirisches; infolgedessen und wegen Verstoßes gegen die Stiftsregeln wurde er 1835 von dort verwiesen und beendete sein Studium in Stuttgart. Nach kurzer Zeit als Vikar in Ehningen bei Böblingen wandte er sich von der Theologie ab und begann als freier Schriftsteller und Journalist in Stuttgart, zeitweilig aber auch in anderen Orten Württembergs, zu leben. In diesen Jahren hatte er Umgang mit Mörike, Schwab, Kerner und Lenau. Im Herbst 1844 übernahm er mit anderen in Karlsruhe die Redaktion des „Deutschen Familienbuchs", kehrte jedoch 1848 nach Stuttgart zurück, um für die Redaktion des liberalen „Beobachters" zu arbeiten (bis 1854). In der Folgezeit wurde er wegen seiner kämpferisch-demokratischen Haltung in mehrere Gerichtsverfahren verwickelt. Wieder als freier Schriftsteller tätig, wohnte er von 1858 bis 1862 in Oberesslingen und 1862 in Kirchheim/Teck. Von 1863 an war er schließlich als Bibliothekar an der Universitätsbibliothek Tübingen angestellt.

Suppe von Mairübchen (Navetten) mit Kalbsbries

Zutaten:
1 Zwiebel (gewürfelt)
320 g Mairübchen (gewürfelt)
Gewürzbeutel mit zerstoßenen Pfefferkörnern, Thymianzweig, Lorbeerblatt
Salz, Pfeffer
100 g Butter
½ l Sahne
½ l Brühe
200 g Kalbsbries (in kleine Stückchen gezupft)
1 Teller mit Mehl zum Mehlieren
Petersilie (gehackt)
Weißbrot (gewürfelt)

Zubereitung:
Zwiebeln in Butter anschwitzen, Rübchen zugeben, mit Brühe angießen, Gewürzbeutel ebenfalls hinzugeben und alles auf die Hälfte einkochen. Mit Sahne auffüllen, aufkochen lassen, mit Stabmixer pürieren, durch ein Sieb passieren. Kalbsbries mit Küchenkrepp trocknen, salzen, pfeffern, in Mehl wenden (mehlieren) und in Butter kroß braten. Kalbsbries in heiße Suppenteller verteilen, Suppe nochmals mit Stabmixer aufschäumen, dabei abschmecken und schöpfen. Mit in Butter gerösteten Weißbrotwürfeln und gehackter Petersilie bestreuen.

Helmut Hilse,
„Sonnenhof", Waldstetten

Weinempfehlung:
Kerner Kabinett

Hermann Kurz, Liebeszauber, S. 17, in: Familiengeschichten, Pforzheim: Dennig, Finck & Co. 1839, S. 3–30

Margrethe mußte heimlich lachen, als sie den Mantel des Fremden, der ihr so schauderlich vorgekommen war, für einen gewöhnlichen grauen Reitermantel erkannte, aus welchem sich ein hübscher, schlanker Mensch, mit Wangen wie Aepfel, herauswickelte.
Er setzte sich auf ihres Vaters Einladung zu ihnen an den Tisch; der Senator, welcher ein großer Liebhaber von Schnecken war und wußte, daß dieselben von der Wirthin dieses Hauses vorzüglich gebraten würden, hieß sie sogleich seine Leibspeise zubereiten. Bald kamen auch die Schnecken dampfend auf den Tisch, und er machte sich mit großem Behagen drüber her, Margrethe aber, der er davon anbot, wies ihn mit einem Schrei des Abscheus zurück. Auch Urban schien keinen Geschmack an dem häßlichen Gewürme zu finden und bestellte sich Strauben, eine sehr wohlschmeckende Art von Pfannkuchen.

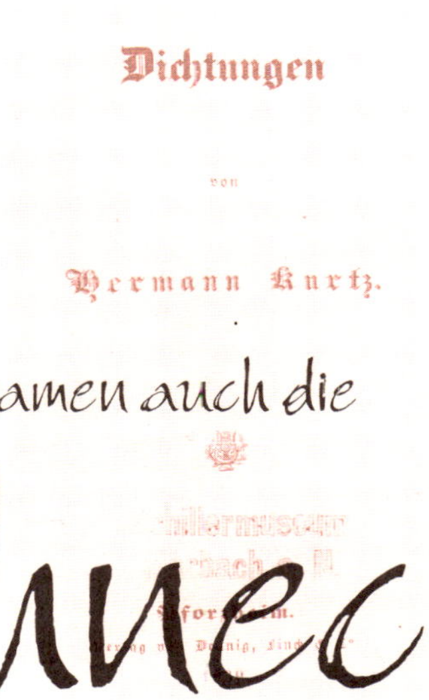
Dichtungen

von

Hermann Kurtz.

Bald kamen auch die Schnecken dampfend auf den Tisch

Hermann Kurz
1813 Reutlingen – 1873 Tübingen

Seine schriftstellerische Laufbahn begann Hermann Kurz noch während des Tübinger Theologiestudiums als Übersetzer: 1832 erschienen seine „Ausgewählten Poesien von Lord Byron, Thomas Moore, Walter Scott und anderen in teutschen Übertragungen". Unter dem Einfluß der Schwäbischen Schule und vor allem Mörikes entstanden auch früh schon die ersten eigenen lyrischen Werke („Gedichte", 1836 und „Dichtungen", 1839). Als politischer Publizist, besonders jedoch als realistischer Erzähler von hoher Begabung und Qualität fand er seine größte Anerkennung. Nach seinem 1837 veröffentlichten Novellenstrauß „Gezianen" schrieb er – in Nachfolge von Walter Scott und Wilhelm Hauff – mit „Schillers Heimatjahre" (1843) und „Der Sonnenwirt" (1854) zwei der kulturhistorisch wichtigsten Romane seiner Zeit, die auf einem genauen Quellenstudium beruhten. Und als Herausgeber – mit Paul Heyse etwa stellte er den vierundzwanzigbändigen „Deutschen Novellenschatz" (1870–1876) zusammen – erlangte der auch heute noch nicht genügend anerkannte Schriftsteller ebenfalls Bedeutung.

Kräuterflädle, gefüllt mit Schneckenragout

Zutaten:
Flädlesteig:
100 g Mehl
$^1/_4$ l Milch
3 Eier
1 Prise Salz
1 Prise Muskat
Schnittlauch oder Zwiebelröhrle

Schneckenragout:
24 Weinbergschnecken (Dose)
1 große gelbe Rübe
$^1/_4$ Sellerieknolle
1 kleine Zwiebel
1 kleine Knoblauchzehe
Provencekräuterpaste (Feinkosthandel)
40 g Butter
100 g Brühe (Instant)
Etwas Weißwein
200 ml Sahne
Salz
Weißer Pfeffer

Zubereitung:
Flädle:
Mehl und Milch glattrühren, Eier dazugeben, würzen, nochmals rühren und den Schnittlauch bzw. die Zwiebelröhrle daruntermischen; Flädle ausbacken. (Übrigbleibende Flädle für Flädlesuppe verwenden.)
Schneckenragout:
Gelbe Rübe und Sellerie in gleichmäßige Streifen schneiden, in Salzwasser kurz überbrühen. Zwiebel fein würfeln und in Butter glasig dünsten, mit Weißwein ablöschen, mit Brühe auffüllen und auf $^2/_3$ einkochen. Danach die abgespülten Schnecken und die Gemüsestreifen dazugeben. Sahne dazugießen, abschmecken mit durchgepreßter Knoblauchzehe, Provencekräuterpaste, Salz und evtl. frisch gemahlenem weißem Pfeffer. Das Ragout dabei nicht mehr kochen lassen. Auf einen vorgewärmten Teller jeweils 1 Flädle legen, eine Hälfte mit Ragout bedecken und die andere Hälfte darüberklappen.

Uli Stengel,
„Bistro im Theaterhaus Wangen",
Stuttgart

Weinempfehlung:
Riesling Kabinett trocken

Isolde Kurz,
Eine Räubergeschichte, S. 88,
in: Frutti di Mare,
Zwei Erzählungen,
Stuttgart, Berlin:
Cotta Nachfolger o. J.,
S. 35–100

Der Maler, der uns von weitem entgegengekommen war, führte uns unter einem Nebenspalier durch, das schon große Beeren zeigte; dahinter waren Stakete angebracht, an denen sich prächtige rote Tomaten unten am Boden hinrankten. Wir traten in einen kühlen, gepflasterten Hof, wo unter einem mächtigen Feigenbaum ein paar Stühle aufgestellt waren. Der Maler zog einen der schwerbehangenen Aeste nieder, daß wir die appetitlichen Früchte brechen konnten. „Das ist meine Küche, mein Speiseschrank und Eßtisch," sagte er, während wir uns mit Wonne an dem triefenden roten Fleisch labten.

während wir uns ... an dem triefenden

roten Fleisch

labten

Isolde Kurz
1853 Stuttgart – 1944 Tübingen

Ihre Kindheit verbrachte die Tochter des Dichters Hermann Kurz in Oberesslingen. Das hochbegabte Mädchen, das schon mit drei Jahren lesen und mit sechs Jahren Gedichte Uhlands und Schillers aufsagen konnte, durfte im Gegensatz zu ihren Brüdern weder die Elementarschule noch das Gymnasium besuchen. Durch die Unterrichtsstunden bei der Mutter eignete sie sich jedoch bald ein breites Wissen und vor allem die Kenntnis der französischen und italienischen Sprache an. Nach dem Tode des Vaters 1873 lebte die unkonventionelle junge Frau zunächst als Übersetzerin in München, von 1877 bis 1914 dann mit der Mutter und den Brüdern in Florenz, das ihr zur zweiten Heimat wurde. Beeinflußt von Paul Heyse und Conrad Ferdinand Meyer, gewannen sowohl ihre lyrischen Dichtungen als auch ihre zahlreichen Romane, Novellen und Erzählungen große Bedeutung. Die erzählerischen Hauptwerke von Isolde Kurz, darunter die „Florentiner Novellen" (1890), „Italienische Erzählungen" (1895), „Lebensfluten" (1907), „Vom Strande" (1925) und vor allem der Roman „Vanadis" (1931), verdeutlichen ihre Liebe zur italienischen Renaissance und zeigen ihre Fähigkeit zu genauer Beobachtung und psychologisch ausgereifter Darstellung.

Frische Feigen in Lembergersauce mit süßen Pfannkuchen

Zutaten:
Feigen in Lembergersauce:
8 frische Feigen (möglichst reif)
20 g Butter
100 g Zucker
200 ml Lemberger
1 Msp. Zimt
1/4 Zitrone

Pfannkuchenteig:
125 ml Milch
2 Eier
60 g Mehl
1 Msp. Salz
20 g flüssige Butter
Butterschmalz
Puderzucker zum Bestreuen der Pfannkuchen

Zubereitung:
Beim Kauf der Feigen darauf achten, daß nur reife Früchte in Frage kommen, da sich erst bei diesen der volle Geschmack entfaltet.
Die Feigen schälen, indem man die Feige in die Hand nimmt und mit einem scharfen Messer vom Stielansatz her nach unten abzieht. Danach der Länge nach vierteln.
Zur Herstellung der Sauce einen flachen Topf auf den Herd stellen, etwas Butter hineingeben, diese schmelzen lassen und den Zucker dazugeben. Unter ständigem Rühren den Zucker etwas Farbe nehmen lassen, bis ein heller Karamel entsteht. Diesen dann sofort mit dem Lemberger ablöschen. Nun den Zimt zugeben und alles auf die Hälfte einkochen lassen.
In der Zwischenzeit aus dem Mehl, der Milch, den Eiern und Salz einen Pfannkuchenteig herstellen. Zum Schluß die flüssige Butter unterziehen. Wenn die Lembergerflüssigkeit eingekocht ist, die vorbereiteten Feigenviertel in den Saft geben. Danach den Topf vom Herd nehmen, nicht mehr kochen lassen, da sonst die Früchte zu weich werden. Den Saft von 1/4 Zitrone dazugießen. In einer kleinen Pfanne 8 goldgelbe Pfannkuchen in etwas Butterschmalz ausbacken, diese zusammenfalten und mit Puderzucker bestreuen.
Auf leicht vorgewärmten Tellern 2 Pfannkuchen mit den Feigen und der Sauce anrichten. Nach Belieben Walnuß- oder Vanilleeis dazugeben.

Franz Bolz jun.,
„Seegasthof Espachweiler",
Ellwangen-Espachweiler

Weinempfehlung:
Lemberger,
passend zur Sauce

Gustav Landauer,
Arnold Himmelheber,
S. 22–23, in:
Macht und Mächte. Novellen,
Berlin: Fleischel 1903,
S. 1–134

Sie steckte den Kopf zur Türe herein.
„Vater, willst du nicht zu uns herüberkommen? Es ist so mollig bei mir. Prinz ist gekommen."
„So? Ist er da? Drum läßt du mich warten, böser Mensch. Na ja, so muß ich eben auswandern."
Und er warf einen Blick voll Erbarmen auf seinen Schaukelstuhl. Dann legte er leicht seinen Arm in den ihren, und sie gingen hinüber.
Prinz saß auf dem Sofa und aß ein Stück Apfelkuchen. Auf einem kleinen Tischchen vor ihm stand eine geleerte, zierliche Kaffeetasse.
„Natürlich, wir kommen ins Weibliche," lachte Arnold, indem er Ludwig die Hand drückte.
„Die reine Konditorei. Komm, meine Lysa, gib mir auch so ein Stück Kuchen."
Im ersten Moment wurde sie glühend rot. Dann lachte sie verlegen.
„Ach, Väterchen, Herr Prinz hat ihn aufgegessen."
Arnold lachte laut auf.
„Macht nichts, Kind. Aber beichten, Junge: wie viel Stück?"
„Viere, Alter!"
„Brav, mein Sohn!"

Prinz saß auf dem Sofa und aß ein Stück Apfelkuchen

Gustav Landauer
1870 Karlsruhe – 1919 München

Der Kaufmannssohn Gustav Landauer begann nach der klassisch-humanistischen Schulausbildung in Heidelberg Germanistik, Philosophie und Kunstgeschichte zu studieren. Er wechselte danach an die Universitäten Straßburg und Berlin. In der Reichshauptstadt begann er erstmals politisch aktiv zu werden. 1892 brach er das Studium aus finanziellen Gründen ab. Der später als sozialistischer Journalist und Herausgeber radikaler Zeitschriften tätige Landauer – er mußte wegen Aufforderung zum Ungehorsam gegen die Staatsgewalt bereits 1893 für ein Jahr in Haft – wandte sich gegen die deutsche Sozialdemokratie. Von einer Reise 1901 nach England, wo er unter anderem Peter Kropotkin kennenlernte, kehrte er erst im Juni 1902 nach Berlin zurück. Er arbeitete zunächst als Übersetzer, von 1904 bis 1906 auch als Verkäufer in einer Berliner Buchhandlung. Als konsequenter Antimilitarist und Pazifist engagierte Landauer sich während des Ersten Weltkriegs für einen Verständigungsfrieden. 1918 nahm er zwar das Angebot einer hauptamtlichen Dramaturgenstelle am Düsseldorfer Schauspielhaus an, wegen der Revolutionsereignisse zog er jedoch nicht an den Rhein. Der als treibende politische Kraft der bayerischen Revolution tätige Landauer schloß sich 1919 der USPD an. Als Mitglied und Verfechter der Räterepublik wurde er nach Ausrufung der ersten, anarchistischen Räterepublik am 7. April 1919 deren Kultusminister, am 1. Mai jedoch von gegenrevolutionären Kräften verhaftet und am Tag darauf ermordet.

Apfelkuchen

Zutaten:
Mürbeteig:
70 g Butter
200 g Puderzucker
1 Ei
160 g Weizenmehl (Type 405)
3 g Backpulver
1 Prise Salz, Vanille, Zitrone

Apfelfüllung:
1 kg Äpfel (geschält, gehackt)
50 g Sultaninen
1 Prise Zimt

Rahmguß:
60 g Butter (weich)
60 g Zucker
2 g Zitronenaroma
2 Eier
30 g Mehl
150 ml saure Sahne

Dekor:
30 g Haselnüsse (geröstet, gehackt)

Zubereitung:
Einen Tag vor dem Backen sollte der Mürbeteig zubereitet werden. Zunächst die geschmeidige Butter mit dem Puderzucker, dem Salz und den Gewürzen glattarbeiten (nicht schaumig), am besten mit einem Teigschaber. Anschließend die Eier unterziehen und ganz zum Schluß das mit dem Backpulver versiebte Mehl ganz kurz unterkneten. Den Mürbeteig zugedeckt über Nacht im Kühlschrank aufbewahren. Eine konische Kuchenform mit weicher Butter ausstreichen. $^2/_3$ des gut verarbeitungsfähigen Mürbeteiges mit dem Rollholz ausrollen und in die Form einlegen. Die gehackten Äpfel und danach die Sultaninen in die Form auf den Mürbeteig geben.

Zur Herstellung des Gusses Butter, Zucker und Zitronenaroma in der Küchenmaschine schaumig rühren. Ei, Mehl und saure Sahne nach und nach hinzufügen. Diesen Guß auf die Äpfel aufstreichen. Den Rest des Mürbeteiges ausrollen, in Streifen schneiden, auf den Kuchen legen und mit den Dekor-Haselnüssen bestreuen.
Den Kuchen in den vorgeheizten Ofen schieben und bei einer Backtemperatur von 180 °C backen. Backzeit etwa 45 Minuten.

Bäckerei Baier,
Herrenberg

Weinempfehlung:
Kerner oder
Silvaner
Qualitätswein
oder Kabinett halbtrocken

Gustav Landauer,
Lebendig tot, S. 230,
in: Macht und Mächte. Novellen,
Berlin: Fleischel 1903,
S. 135–228

Er ging rasch hinaus und setzte Kartoffel auf, dann ging er in den Stall und melkte seine Ziegen und kam dann mit einem großen Napf Milch und einigen Eiern und allerlei Zutaten wieder herein.
„Lassen Sie sich nur nicht stören", rief er dem glücklichen Paare zu und lachte, als die junge Frau ihm helfen sollte. „Heut' sind Sie meine Gäste."
Und er rührte seine Speise zurecht und ließ sich nicht irre machen.
Dann brachte er Butter und Brot und Schinken und die gesottenen Kartoffel,
und zuletzt kam die süße Speise, die er zu Ehren seiner Gäste bereitet hatte, eine Art Milchcreme,
und endlich leerten sie noch eine Flasche Veltliner zusammen.
„Sie sehen", schmunzelte er, „es geht an mit dem – na, Sie wissen schon; wir wollen der jungen Frau das Herz nicht schwer machen. Die bewußten Pülverchen können sich noch gedulden, ich schlafe ohne sie, und sehr gut. Gelt, Wilder?"

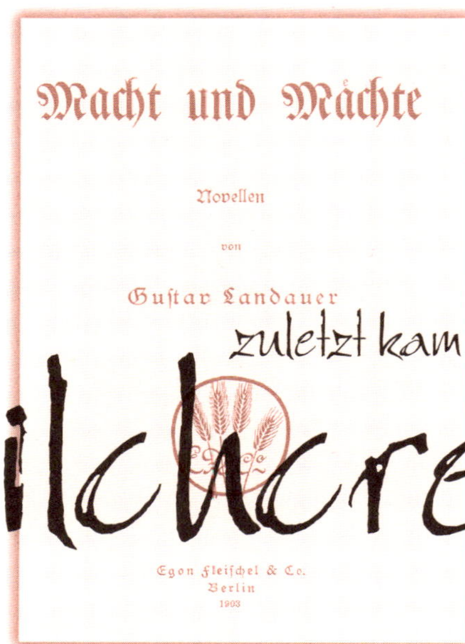

zuletzt kam die süße Speise … eine Art

Milchcreme

Gustav Landauer
1870 Karlsruhe – 1919 München

Neben seinen politischen Schriften und literaturwissenschaftlichen Abhandlungen hatte der Erzähler und Kulturschriftsteller 1893 mit seinem Roman „Der Todesprediger" und auch mit seiner Novelle „Arnold Himmelheber" Aufmerksamkeit erregt. Als er 1897 seine Redaktionstätigkeit für die Zeitschrift „Der Sozialist" niederlegte, wandte sich Landauer verstärkt literarischen und philosophischen Themen zu und hielt von März 1898 an zahlreiche Vorträge über deutsche Literaturgeschichte. 1899 entstand, während einer Haftzeit, die Novelle „Lebendig tot". Die Publikation der Novellensammlung „Macht und Mächte" folgte 1903. Mit dem „Aufruf zum Sozialismus" erschien dann 1911 sein politisches Hauptwerk.

Joghurt-Erdbeer-Dessert

Zutaten:
120 g Erdbeeren
2 cl Orangensaft
60 g Zucker
4 Blatt Gelatine
175 g Naturjoghurt
2 cl Rum
1/8 l Schlagsahne
4 Erdbeeren

Hans Käfer,
„Krone",
Winnenden-Hanweiler

Zubereitung:
Die Erdbeeren pürieren, mit Orangensaft und Zucker aufkochen. Gelatine einweichen, ausdrücken, zu den Erdbeeren geben, abkühlen lassen. Joghurt und Rum unterrühren und die Schlagsahne unterziehen. In Förmchen füllen und kühl stellen. Nach etwa 3 Stunden stürzen und mit Sahne und Erdbeeren dekorieren.

Weinempfehlung:
Sekt von Kerner oder
halbtrockener Riesling Spätlese

Hermann Lenz,
Die Augen eines Dieners,
Frankfurt/M.: Suhrkamp 1976
(suhrkamp taschenbuch 348),
S. 89–90

Wasik stellte einen dritten Kerzenleuchter auf den Tisch, ging aus der Stube und in die Küche, um den Hirschbraten zu tranchieren. Das Schiebefenster war hochgeschoben.
Wasik rieb die Gläser aus, die staubig waren. Hinter ihm sagte der Herr, er vermisse seinen Diener, wenn er auch nur für kurze Zeit verschwunden sei, und die Frau sagte, jeder Mensch brauche einen Schatten, in dem er seine Dunkelheit verstecke, obwohl sie Wasik nicht für dunkel halte, trotz seines schwarzen Haars. Wasik machte das Schiebefenster zu. Dann tranchierte er den Braten und legte ihn in die Schüsseln. Wieder ging er hinaus in die Stube. Die Köchin schob die Schüsseln auf die Theke, und Wasik trug sie zum Tisch. Wildgeruch war in der Stube. Engelsleben erzählte von einem roten Eber, den er gesehen habe, aber der Arzt sagte, dabei könne es sich nur um „die scheidende Sonne" gehandelt haben. Die Frau wiederholte: „Die scheidende Sonne" und lachte leise.

Wasik ... ging aus der Stube und in die Küche, um den

Hirschbraten

zu tranchieren

Hermann Lenz
1913 Stuttgart

Hermann Lenz, Sohn eines Zeichenlehrers und späteren Studienrats, kam schon als Kind ins hohenlohe-fränkische Künzelsau; dort besuchte er später die Realschule. Nach dem Abitur studierte er in München Kunstgeschichte, Archäologie und Germanistik. 1938 erhielt Lenz eine Infanterie-Ausbildung, im Krieg mußte er als Soldat in Frankreich, Rußland und Polen dienen; 1945 kam er in Gefangenschaft in die Vereinigten Staaten (nach Arizona). Zurück in Deutschland, lebte er wieder im elterlichen Haus in Stuttgart. Neben seiner schriftstellerischen Tätigkeit arbeitete er als Sekretär für den Kulturbund Stuttgart, von 1951 bis 1971 in der gleichen Position für den Schriftstellerverband Baden-Württemberg. Vier Jahre später zog Hermann Lenz nach München. Als er 1978 den Büchnerpreis erhielt, sagte er in seiner Dankrede über sich als Schriftsteller: „Für mich ist Literatur eine Möglichkeit, zu mir selbst zu kommen. Trotzdem trete ich in meinen Büchern nicht als einer auf, der den anderen einen Weg weist, denn dazu bin ich nicht befugt. Wenn sie aber dem Leser helfen zu erfahren, wer er ist, und sich seiner Zu- und Abneigungen bewußt zu werden, dann haben sie ihren Zweck erfüllt." Inzwischen hat der Autor auch den bayerischen Verdienstorden (1980), den Wilhelm-Raabe-Preis (1981) und den Gottfried-Keller-Preis (1983) erhalten und ist Mitglied der Bayerischen Akademie der Künste sowie der Deutschen Akademie für Sprache und Dichtung.

Hirschkalbsbraten aus der Beize mit Spindele

Zutaten:
Hirschkalbsbraten:
1½ kg Hirschkalbskeule
500 g Wildknochen
60 g Tomatenmark
Bratfett, Salz und Pfeffer
80 g Preiselbeeren
Saft von 1 Orange
⅛ l Sahne
Salz, Pfeffer aus der Mühle

Beize:
½ l Lemberger
1 Lorbeerblatt, 1 Thymianzweig
20 g Piment
Je 10 g gestoßene Pfefferkörner
und Wacholderbeeren
1 gelbe Rübe
¼ Sellerie
1 Zwiebel

Spindele:
500 g Kartoffeln (am Vortag gekocht)
125 g Mehl
1 Ei, Salz
Muskat (zum Abschmecken der Kartoffeln)
1 kleine Zwiebel
30 g Bauchspeck
1 EL feingehackte Petersilie
50 g grüne Prinzeßbohnen, 60 g Butter

Zubereitung:
Hirschkalbsbraten:
Die Hirschkalbskeule abwaschen, Sehnen und Knorpel entfernen, dann zerteilen. Die Keule in die obige Beize legen, wozu gelbe Rübe, Sellerie und Zwiebel in Würfel geschnitten werden. Nach 48 Stunden aus der Beize nehmen, mit Papiertüchern abtrocknen, salzen, pfeffern und von allen Seiten in Bratfett gut anbraten.
Knochen und Fleischabschnitte ebenfalls in Bratfett anbraten, das abgetropfte Wurzelgemüse aus der Beize beigeben und mitrösten. Tomatenmark zugeben und immer wieder mit der Beize ablöschen, bis eine schöne braune Farbe entsteht. Die Hirschkalbskeule zugeben und etwa 2 Stunden mit etwas Wasser schmoren, dann herausnehmen und warm halten. Die Sauce passieren, mit den ebenfalls passierten Preiselbeeren, Orangensaft und Sahne verfeinern. Mit Salz und Pfeffer abschmecken.
Spindele:
Die Kartoffeln reiben, mit Mehl und Ei zu einem Teig kneten. Zwiebel und Speck in feine Würfel schneiden, anschwitzen, dann mit der feingehackten Petersilie unter die Kartoffelmasse mengen.
Die Bohnen in kochendem Wasser kurz aufbrühen, so daß sie noch knackig sind. Mit der Kartoffelmasse um die Bohnen jeweils Spindele (Spitzle) formen. Etwa 2 Minuten in Salzwasser kochen, auf Küchenkrepp kurz abtrocknen lassen und dann in Butter anbraten.

Dieter Wägerle,
„Höhengaststätte
Stumpenhof GmbH",
Plochingen

Weinempfehlung:
trockener Lemberger
Spätburgunder
Qualitätswein oder Spätlese

Hermann Lenz,
Die Augen eines Dieners,
Frankfurt/M.: Suhrkamp 1976
(suhrkamp taschenbuch 348),
S. 209–210

Sah ihn dieser Eduard Engelsleben so, wie er wirklich war? Wahrscheinlich glaubte der, Wasik hätte mit seinem schmalen Gesicht und dem goldenen Ring, in dem der Doppeladler nur verwischt zu sehen war, einer von denen sein können, die sich auch heute noch im Café Schwarzenberg einen Tisch mit grünem Filz für die Bridgepartie unter die Kugellampen in den Garten herausbringen ließen; dabei war er nur ein pensionierter Kanzleibeamter, der in seiner Jugend Diener auf Schloß Schoeneben und nach dem Russeneinmarsch eine Zeitlang Wirt gewesen war. Jetzt trank er Kaffee und nahm einen Bissen von der Sachertorte. Maria sagte zu Eduard: „Du, den Kemmler möchte ich wiedersehen, damit er mir erzählt, was früher mit dir losgewesen ist. Du selber sagst einem ja nichts." – „Ach was, das Frühere ... Das ist doch tief versunken. Es stört mich halt, wenn ich im Dienst bin. Ein Trambahnschaffner, der einmal Graf gewesen ist, der ist doch eine komische Figur."

und nahm einen Bissen von der

Sachertorte

Hermann Lenz
1913 Stuttgart

Die erste und vor dem Zweiten Weltkrieg auch einzige selbständige Veröffentlichung von Hermann Lenz, der in seiner Jugend für Mörike schwärmte (er erwarb als Sechzehnjähriger dessen Gedichte, die ihn ein Leben lang begleiteten), war ein bei Ellermann in Hamburg 1936 gedrucktes Gedichtheftchen. Die nach 1945 dann hauptsächlich erschienenen Erzählungen und Romane haben häufig als Hintergrund familiäre Erlebnisse sowie seine Lebensgeschichte; so etwa die Romane „Verlassene Zimmer" (1966), „Andere Tage" (1968), „Neue Zeit" (1975) oder „Tagebuch von Überleben und Leben" (1978). Lenz steht damit für einen neuen Werktypus, der das Autobiographische in den Vordergrund stellt. Seine Geschichten spielen in der Realität, sie lassen die Literatur Wirklichkeit werden. Weitere wichtige Veröffentlichungen des Schriftstellers sind: „Das doppelte Gesicht" (1949), „Die Abenteurerin" (1952), „Der russische Regenbogen" (1959), „Spiegelhütte" (1962), „Die Augen eines Dieners" (1964), „Im inneren Bezirk" (1970), „Stuttgart deine Straßen" (1975) und „Der Tintenfisch in der Garage" (1977).

Sachertorte

Zutaten:
Sachermasse:
220 g Butter (weich)
150 g Zucker
10 Eigelb
3 g Zimt
150 g dunkle Schokoladenüberzugsmasse
5 cl Milch
10 Eiweiß
100 g Zucker
170 g Weizenmehl (Type 405)
80 g Stärke
50 g Haselnüsse (geröstet, gemahlen)
150 g Aprikosenkonfitüre

Kochschokolade:
200 g Zucker
8 cl Wasser
50 g dunkle Schokoladenüberzugsmasse

Zubereitung:
Sachermasse:
Butter, Zucker, Eigelbe und Zimt schaumig rühren. Die flüssig gemachte Schokoladenüberzugsmasse mit Milch glattrühren und noch lauwarm, etwa 35 °C, der Masse hinzufügen. Eiweiß und Zucker zu einem Schnee schlagen und nun etwa ⅓ Eischnee in die Buttermasse geben. Die übrigen Zutaten mit dem restlichen Eischnee gut unterheben. In einen Tortenring mit 26 cm Durchmesser einfüllen. Backtemperatur 180 °C; Backzeit etwa 40 Minuten. Nach dem Backen und Auskühlen den Sacherboden einmal durchschneiden und mit Aprikosenkonfitüre füllen. Dann die restliche Aprikosenkonfitüre aufkochen und noch heiß auf die Torte streichen.
Kochschokolade:
Wasser, Zucker und Schokoladenüberzugsmasse auf 106 °C kochen, danach vom Feuer nehmen und ab etwa 60 °C tablieren. Das heißt, mit einem Messer und einem Teigschaber wird die Kochschokolade auf einem Tisch ständig bewegt. Mit dem so entstandenen noch warmen Kochschokoladenfondant wird die Torte überzogen.

„Krieg's Backhäusle", Schwaigern

Weinempfehlung:
gereifter, halbtrockener Samtrot oder Lemberger

Karl Mayer,
Die Kartoffeln,
in: Gedichte,
3., verb. u. verm. Aufl.,
Stuttgart: Cotta 1864,
S. 278

Kartoffeln stehen auf dem Tisch;
Ihr Kinder wählt und schälet frisch!
Es fordert des Genusses Kürze,
Da´man zuerst durch Wahl ihn würze
Und daß man habe, nächst dem Wählen,
Ein Hinderniß hinwegzuschälen.

Kartoffeln

stehen auf dem Tisch

Karl Mayer
1786 Neckarbischofsheim – 1870 Tübingen

Der aus einer altwürttembergischen Beamtenfamilie stammende Karl Mayer begann kurz nach der Jahrhundertwende in Tübingen Jura zu studieren. Wie Uhland und Kerner – mit beiden verband ihn später eine lebenslange Freundschaft – wurde auch er Mitglied des Romantikerkreises, der in Opposition zu dem in Südwestdeutschland immer noch herrschenden Klassizismus stand. Nach Abschluß seines Studiums arbeitete er von 1809 bis 1817 als Advokat in Heilbronn und bereiste anschließend Deutschland und Österreich. Im Anschluß an eine Assessorenzeit in Ulm und Esslingen erhielt Mayer dann 1824 die Ernennung zum Oberamtsrichter in Waiblingen. Durch sein politisches Eintreten für die liberale Sache wurde er 1833 als Abgeordneter in den Landtag gewählt. Zum Oberjustizrat befördert, lebte er von 1843 an in Tübingen, wo er 1857 auch seine Berufslaufbahn beendete. Als Mitglied der Schwäbischen Dichterschule mußte sich der Naturlyriker – der von Mörike geschätzt und auch literarisch beraten wurde – ironische, herabsetzende Bemerkungen Heines und auch Gutzkows gefallen lassen. Seine Gedichtausgaben erschienen nur in drei Auflagen (1833, 1840 und 1863); bekannt geworden ist er vor allem durch die Biographie „Ludwig Uhland, seine Freunde und Zeitgenossen" (1867).

Pellkartoffeln mit Kräuterquark

Zutaten:
800 g mittelgroße mehlige Kartoffeln
600 g Speisequark (40 %)
Etwa ½ l Milch
1 EL gehackte Schalotten
1 EL Schnittlauchröllchen
1 TL gehackter Dill
1 EL gehackte Petersilie
1 TL gehackter Kerbel
1 TL gehackter Sauerampfer
1 TL gehackter Bärlauch
Salz, Pfeffer aus der Mühle, Kümmel

Zubereitung:
Kartoffeln gut waschen und bürsten. Im Dampfkochtopf mit 1 Prise Salz und Kümmel dämpfen. In der Schale auf den Tisch stellen. Dies eignet sich natürlich auch sehr gut für kleine neue Kartoffeln.

Den Quark mit der Milch glattrühren, die Kräuter dazugeben und mit Salz und Pfeffer abschmecken.
Mit den frischen Pellkartoffeln servieren.

Karl-Heinz Manske,
„Landhotel Rosengarten"
Bad Rippoldsau

Weinempfehlung:
Silvaner halbtrocken

Eduard Mörike,
Scherz, in: Sämtliche Werke, Bd. 2,
München: Winkler 1980,
S. 385

Ganz richtig hört ich sagen,
Daß, wer in Zwiebeln schlief,
Hinunter ward getragen
In Träume schwer und tief;
Dem Wachen selbst geblieben
Sei irren Wahnes Spur,
Die Nahen und die Lieben
Halt er für Zwiebeln nur.

Und gegen dieses Übel,
Das sehr unangenehm,
Hilft selber nur die Zwiebel,
Nach Hahnemanns System.
Dies laßt uns gleich versuchen –
Gott gebe, daß es glückt –
Und schafft mir Zwiebelkuchen,
Sonst werd ich noch verrückt!

Und schafft mir Zwiebelkuchen, Sonst werd ich noch verrückt!

Eduard Mörike
1804 Ludwigsburg – 1875 Stuttgart

Nach dem Besuch der Lateinschule in Ludwigsburg und des Stuttgarter „Gymnasiums Illustre" kam Mörike 1818 ins evangelisch-theologische Seminar nach Urach und 1822 zum Studium ans Tübinger Stift. Freundschaften mit W. Hartlaub, W. Waiblinger und L. Bauer entstanden. Dem Pfarrexamen 1826 folgten – unterbrochen durch einen Versuch, eine literarische Tätigkeit aufzunehmen – acht Jahre als Vikar und Pfarrverweser, unter anderem in Möhringen, Pflummern, Plattenhardt, Owen, Ochsenwang und Weilheim/Teck. Einzelne Gedichte Mörikes waren bis dahin bereits veröffentlicht. Jedoch erst während seiner Amtszeit als Pfarrer in Cleversulzbach (1834–1843) erschien seine erste Gedichtausgabe (1838). Mit 39 Jahren aus Krankheitsgründen in den Ruhestand versetzt, lebte Mörike zunächst in Wermutshausen und Schwäbisch Hall, von 1844 an dann in Bad Mergentheim. 1851 bekam er durch Vermittlung seines Freundes Karl Wolff eine Anstellung als Literaturlehrer am Stuttgarter Katharinenstift für Mädchen; 1856 zum Professor ernannt, unterrichtete er dort bis 1866. Die Familie – er hatte 1851 M. Speeth geheiratet, 1854 bzw. 1857 wurden ihm zwei Töchter geboren, außerdem lebte noch seine Schwester Klara mit im Haushalt – wohnte danach, ohne zunächst die Stuttgarter Wohnung aufzugeben, in Lorch, später dann in Nürtingen. 1871 kehrte Mörike nach Stuttgart zurück. Zwei Jahre vor seinem Tod führten Schwierigkeiten der beiden Frauen untereinander zu einer Trennung von seiner Ehefrau.

Schwäbischer Zwiebelkuchen

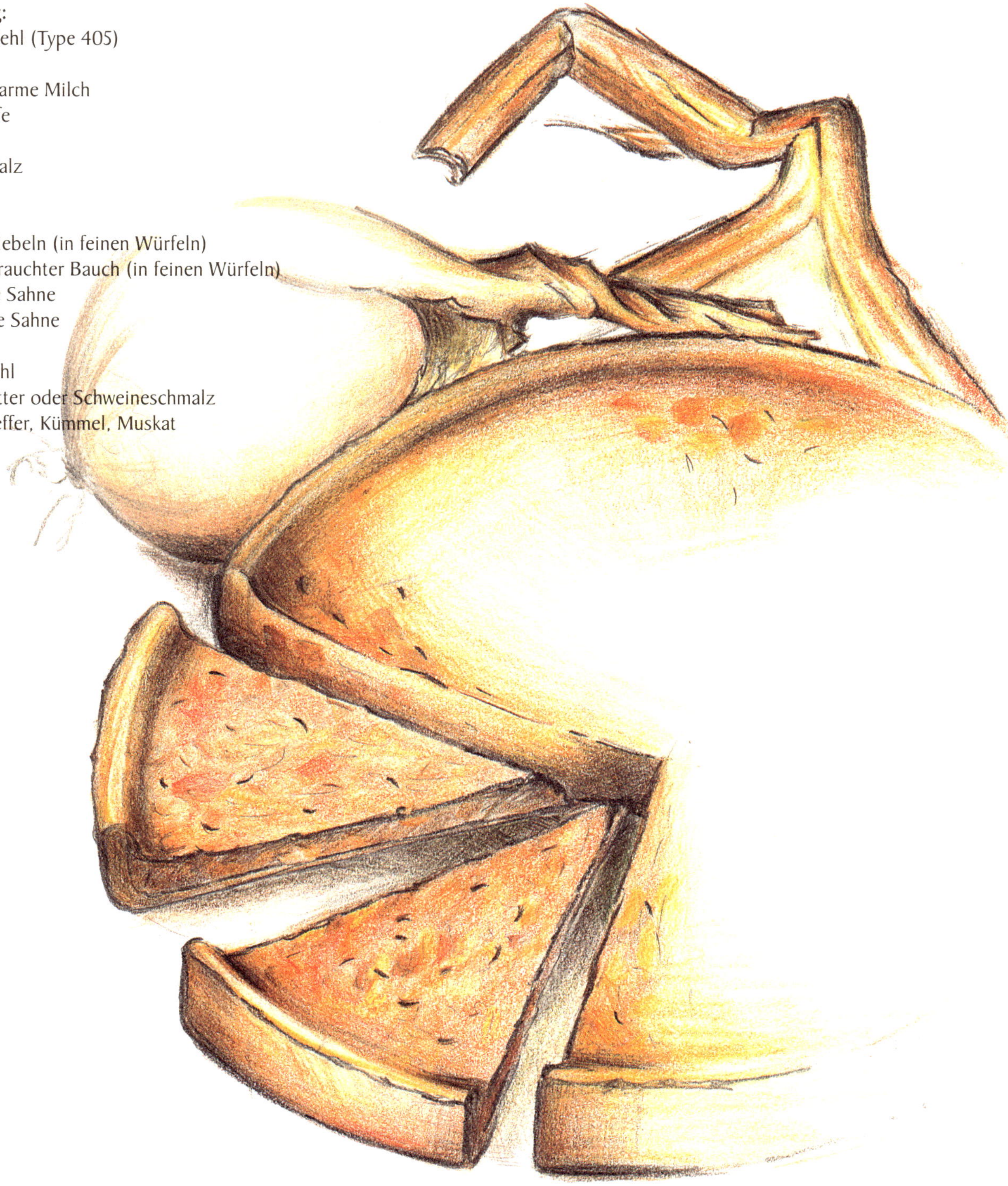

Zutaten:
Hefeteig:
500 g Mehl (Type 405)
2 Eier
1/8 l lauwarme Milch
30 g Hefe
2 EL Öl
1 Prise Salz

Belag:
2 kg Zwiebeln (in feinen Würfeln)
150 g geräuchter Bauch (in feinen Würfeln)
1/4 l süße Sahne
1/4 l saure Sahne
5 Eier
40 g Mehl
80 g Butter oder Schweineschmalz
Salz, Pfeffer, Kümmel, Muskat

Zubereitung:
Hefe mit Milch verrühren, mit den restlichen Zutaten vermengen und zugedeckt etwa 1 Stunde an einem warmen Ort gehen lassen.
Zwiebeln in Butter glasig dünsten, Speck knusprig in der Pfanne anbraten, mit den restlichen Zutaten gut vermengen und würzen.
Ausgewellten Hefeteig auf gebuttertes Blech (35 cm Durchmesser) legen, Zwiebelmasse einfüllen, restlichen Teig vom Rand abschneiden, Belag mit Kümmel bestreuen, etwa 1 Stunde bei 200 °C im Backofen hellbraun ausbacken. Heiß servieren.

Tip:
Als Abwandlung kann an Stelle der Zwiebeln auch junges Weißkraut verwendet werden.

Walter Hofmann,
„Gasthof Lamm",
Strümpfelbach

Weinempfehlung:
neuer Wein oder Federweißer

Eduard Mörike,
Das Stuttgarter Hutzelmännlein,
S. 477–478,
in: Sämtliche Werke, Bd. I,
München: Winkler 1985,
S. 477–565

„Gott grüß dich, Seppe!
Kennst mich nit?
Ich bin der Pechschwitzer,
das Hutzelmännlein, der
Tröster.
Ich weiß, du bist ein braves
Burgerskind, sorgst immer-
dar für anderer Leute
Fußwerk und gehst doch
selbst nicht auf dem besten
Zeug. Da du nun morgen
reisen willt, so hab ich dir
statt einem Wanderpfennig
etwas mitgebracht von
meiner eignen Arbeit: sind
Glücksschuh, zwei Paar,
schau her. Die einen legst
du an, gleich morgen;
sie ziehen sich nach dem
Fuß und reißen nicht dein
Leben lang; die andern aber
nimm und stell sie unter-
wegs an eine Straße,
versteh mich, unbeschrien,
wo niemand zusieht.
Vielleicht daß dir dein
Glück nach Jahr und Tag
einmal auf Füßen begegnet.
Auch hast du hier noch
obendrein etwas zum
Naschen, ein Laiblein
Hutzelbrot.
So viel du davon schneidst,
so viel wachst immer
wieder nach im Ranzen
oder Kasten, wenn du
auch nur ein Ränftlein
fingersbreit übrigbehältst.
Ganz sollt du's nie auf-
zehren, sonst ist es gar.
Behüt dich Gott, und tu in
allem wie ich sagte.
Noch eins: kommst du etwa
ins Oberland, Ulm zu und
gen Blaubeuren, und findst
von ungefähr ein Klötzlein
Blei, nimm es zuhanden
und bring's mir."

etwas zum Naschen, ein Laiblein

Hutzelbrot

Eduard Mörike
1804 Ludwigsburg – 1875 Stuttgart

Schon während seiner Studentenzeit hatte Eduard Mörike auf Grund seiner dichterischen Ambitionen Vorbehalte gegen die vorgezeichnete theologische Laufbahn. Erst 1832 erschien mit seinem Roman „Maler Nolten" ein Mörikesches Werk, das wie seine 1838 veröffentlichte erste Gedichtausgabe zwar von Kennern hoch geschätzt wurde, aber beim Publikum wenig Beachtung fand. Der heute als einer der bedeutendsten deutschsprachigen Lyriker des 19. Jahrhunderts geltende Mörike, dessen oft in klassischen Versmaßen und hohem Formbewußtsein geschriebenen, bildhaften, musikalischen und humorvoll-gefühlsbetonten Gedichte, Balladen und Idyllen noch romantische, aber zuweilen schon realistische Töne aufweisen, blieb auch nach weiteren Gedichtauflagen (1847, 1856, 1867, 1873) zu Lebzeiten nur einem begrenzten Leserkreis bekannt. Dies galt ebenso für seine meisterhaften Erzählungen und Märchen, wie etwa das „Stuttgarter Hutzelmännlein" (1853), und die Künstlernovelle „Mozart auf der Reise nach Prag" (1856).

Schnitzbrot/Hutzelbrot

Zutaten:
1 kg Weizenmehl (Type 812 oder 1050)
450 ml Schnitzbrühe
200 g Hefe
2 kg Feigen
Je 1,3 kg Dörrpflaumen, Dörrbirnen
1 kg Sultaninen
Je 100 g Orangeat, Zitronat (gewürfelt)
600 g Nüsse (geröstet, grob gehackt)
Je 15 g Zimt, Anis, Fenchel
Je 10 g Nelken, Lebkuchengewürz

Zubereitung:
Pflaumen und Birnen mit etwa 800 ml Wasser weich kochen (etwa 15 bis 20 Minuten im Dampfkochtopf). Schnitzbrühe in ein Gefäß abgießen. Dörrpflaumen und Dörrbirnen in Streifen schneiden, ebenso die Feigen. Mit 500 g Mehl, der Hefe und 450 ml Schnitzbrühe einen Vorteig herstellen und etwa 2 Stunden stehen lassen. Zum reifen Vorteig die restliche Mehlmenge sowie die anderen Zutaten hinzufügen und vorsichtig einen bindigen Teig kneten (Früchte dürfen nicht zermatscht werden). Den Teig 30 Minuten ruhen lassen, mit nassen Händen längliche Brote formen, Teiggewicht etwa 850 g. Auf ein Backblech legen und abgedeckt etwa 1 Stunde an einem warmen Ort gehen lassen. Mit Wasser abstreichen und backen.
Ofen auf etwa 210 °C vorheizen und dann auf 180 °C reduzieren. Backzeit ca. 60 Minuten.

Bäckerei Petershans,
Ludwigsburg

Weinempfehlung:
Gewürztraminer Auslese oder
Muskat-Trollinger Spätlese

Ludwig Pfau,
Der Untergang der Stadt Is,
S. 174–175, in: Gedichte,
4., durchges. u. verm. Aufl.,
Stuttgart: Bonz & Comp. 1889,
S. 174–176

Zürnt nicht, Herr Bischof, und kommt zu Tische,
Dort stehen Hasen, Schnepfen und Fische,
Hier perlt im Glase der Wein, der frische.

Den Trank, den sollt Ihr uns nicht verachten,
Nach dem wir so lange schmachten und trachten,
Er ward erkämpft in heißen Schlachten.

Ein Zaubertrank! heilt alle Schmerzen,
Setzt noch ein Herz uns in die Herzen,
Brennt uns die Seelen an wie Kerzen.

Wie Feuer läuft er durch Nerven und Adern
Und macht uns trotzig wie Felsenquadern –
Hei! wollen wir mit den Franken hadern!

und kommt zu Tische, dort stehen Hasen,

Schnepfen

und Fische

Ludwig Pfau
1821 Heilbronn – 1894 Stuttgart

Sein sich schon in jungen Jahren zeigendes künstlerisches und wissenschaftliches Interesse an der Natur wurde von seinem Vater, einem Kunstgärtner und Blumenzüchter, geweckt. Deshalb schlug Ludwig Pfau 1839 nach Abschluß des Heilbronner Gymnasiums die Theologenausbildung am Tübinger Stift aus, arbeitete zunächst in der elterlichen Gärtnerei und ging dann als Volontär in eine Handelsgärtnerei nahe Paris. Dort versuchte er sich wenig später als Maler und begann Sprache, Literatur, Kunst und Zeichnen zu studieren. 1841 jedoch kehrte er in den väterlichen Betrieb zurück. In dieser Zeit entstand die erste Sammlung seiner Gedichte. 1844 schrieb er sich in Tübingen im Fach Philosophie ein, brach das Studium aber kurz darauf wieder ab. Angeborene Unrast und Kontakte mit badischen Demokraten ließen ihn die Laufbahn eines Politikers, Journalisten und Schriftstellers einschlagen. Als Mitglied des „Württembergischen Landesausschusses" der Volksvereine vertrat er den radikalen Flügel der Demokraten. Nach dem Zersprengen des Frankfurter Rumpfparlaments 1849 entging Pfau der drohenden Verhaftung (in Abwesenheit wurde er zu 21 Jahren Festung verurteilt) durch Flucht ins Ausland. Die Stationen der folgenden 14 Jahre sind die Schweiz, Belgien und Frankreich. 1863 kehrte er, nachdem eine Generalamnestie erfolgt war, nach Stuttgart zurück, arbeitete als Journalist und Schriftsteller, betätigte sich aber auch wieder politisch für die schwäbische demokratische „Volkspartei".

Wildentenbrust* und -keule in Orangensauce

Zutaten:
2 Wildenten
100 g Röstgemüse bestehend aus:
$^{1}/_{3}$ Zwiebel (geschält, kleingeschnitten)
$^{2}/_{3}$ gelbe Rüben, Lauch und Sellerie (gewaschen, geputzt, geschält)
Etwas Mehl
3 unbehandelte Orangen
4 Äpfel, etwas Beifuß
Je 200 g Zucchini und gelbe Rüben
$^{1}/_{2}$ l Wildsaft und braune Sauce
Etwas Grand Marnier (franz. Orangenlikör)
50 g Zucker
50 g Butter
Salz und Pfeffer aus der Mühle

**Wildenten als Ersatz für Schnepfen, die artenschutzrechtlich nicht bejagt bzw. in Küchen verarbeitet werden dürfen.*

Zubereitung:
Fleisch:
Die küchenfertigen Wildenten waschen und trockentupfen. Mit den zerkleinerten Äpfeln und dem Beifuß füllen, in Form bringen und mit Faden binden. Mit Salz und Pfeffer würzen und in einen Bratentopf geben, der mit dem Röstgemüse ausgelegt wurde. Die Enten in den vorgeheizten Backofen geben und bei etwa 170 °C ungefähr 25 Minuten braten. Dabei öfters mit dem eigenen Fett übergießen. Anschließend die Enten zerlegen.
Sauce:
Das Gerippe der zerlegten Enten zerkleinern und mit dem Röstgemüse anschwitzen, leicht mit Mehl bestäuben und mit dem Wildsaft angießen. Dabei kann die Füllung der Enten mit in die Sauce gegeben werden. 30 Minuten köcheln lassen und anschließend durch ein feines Sieb abseihen. Von den Orangenschalen feine Streifen abreiben. Von den Orangen die Spalten auslösen (die Haut vorsichtig von den Spalten entfernen). Butter und Zucker erhitzen, bis eine hellbraune, glasige Masse entsteht (karamelisieren). Mit Grand Marnier ablöschen. Nun die Orangenstreifen zugeben, mit der passierten Sauce auffüllen und etwas köcheln lassen. Die ausgelösten Orangenspalten in die Sauce geben und erwärmen.
Garnitur:
Die gelben Rüben und Zucchini schön oval zurechtschneiden. Mit dem Zucker und der Butter überglänzen und mit Salz würzen. Als Beilage zu den Wildenten empfehle ich gedünsteten Chicorée und Maisküchlein.

Walter Bauhofer,
„Landesberufsschule für das Hotel- und Gaststättengewerbe",
Bad Überkingen

Weinempfehlung:
kräftiger Spätburgunder

Ludwig Pfau,
Allerlei Musen,
in: Gedichte, 4., durchges.
u. verm. Aufl.,
Stuttgart: Bonz & Comp. 1889,
S. 393–395

Die Dante, Milton und Klopstock verdarben
Dem Leser den Magen mit Mammutgedichten;
Nun komm' ich mit niedlich vergoldeten Pillen,
Den Gaum euch wieder einzurichten. ...
An meinem Realistentisch
Laßt euch nur baß bedienen –
Ihr liebt ja salzen Schweinefleisch
Und trotzet den Trichinen.

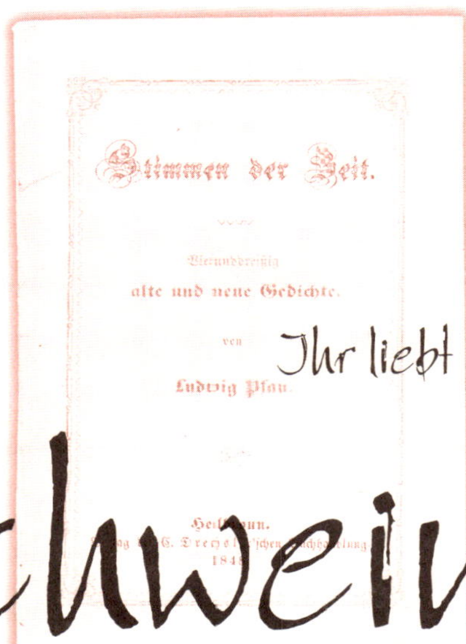

Ihr liebt ja salzen Schweinefleisch

Ludwig Pfau
1821 Heilbronn – 1894 Stuttgart

Die Beschäftigung mit Philosophie und Kunst sowie die Liebe zur Natur prägen die Jugendlyrik Ludwig Pfaus, in der der aufgegebene Berufswunsch, Kunstmaler zu werden, durch das Dichten als eine andere Form natürlichen Schauens seinen Niederschlag fand. Eine Sammlung dieser „Gedichte" veröffentlichte er 1842 im Heilbronner Verlag Schell, eine weitere 1847 bei Sauerländer in Frankfurt am Main. Nachdem er sich in diesen Jahren von den großen politischen und sozialen Fragen seiner Zeit ergriffen fühlte, schrieb er neue Gedichte; jetzt aber war es politische Lyrik, die Pfau 1848 unter dem Titel „Stimmen der Zeit" vorstellte. Als politischer Schriftsteller verfaßte er außerdem Artikel für den „Beobachter" und andere demokratische Blätter; er gründete die satirische Wochenzeitschrift „Eulenspiegel" (1848), in der meist selbstgeschriebene Texte, Parodien, Glossen, ironische und aggressive Karikaturen erschienen. Nach seiner Flucht ins Ausland 1849 gab er seiner Enttäuschung und Verbitterung über das Scheitern der demokratischen Sache mit der Veröffentlichung „Sonette für das deutsche Volk auf das Jahr 1850" Ausdruck. In den Exiljahren und nach seiner Rückkehr ins Württembergische entstanden neben politischen Aufsätzen und weiteren Gedichtbänden – später mit vaterländischen Liedern und Hymnen mit patriotischem Pathos – auch Übersetzungen aus dem Französischen, wie etwa Claude Tilliers „Mein Onkel Benjamin" (1866).

Salzfleisch

Zutaten:
Etwa 1 kg von der Schweinekeule,
kleine oder große Nuß, Schäufele oder
gepökelter und geräuchter Schweinebug
(ohne Schwarten und Knochen, beim Metzger
pökeln oder spritzen lassen; vorbestellen)
1 Zwiebel (mit 3 Nelken und 1 Lorbeerblatt
gespickt)
4 zerdrückte Wacholderbeeren
10 zerdrückte Pfefferkörner
1 Bd. Suppengrün

Zubereitung:
Einen Topf, in den das Fleisch hineinpaßt, mit Wasser halb füllen und dieses aufkochen lassen. Die Keule hineingeben, nach ungefähr 5 Minuten das geronnene Eiweiß abschöpfen, dann die gespickte Zwiebel, Wacholderbeeren sowie Pfeffer dazugeben und ungefähr 30 Minuten leicht köcheln lassen. Dann das Gemüse dazugeben und bis zum Schluß der Garzeit leicht köcheln lassen (gesamte Kochzeit etwa 1 Stunde, je nach Größe der Schweinekeule). Dann die gegarte Keule in dünne Scheiben aufschneiden und auf einen Teller mit Kraut anrichten.
Dazu passen hervorragend Sauerkraut und Kartoffelpüree oder frisch geriebener Meerrettich, Senf und Bauernbrot.
Zum Schäufele empfehlen wir Kartoffelsalat mit knusprigen Speckwürfeln und reichlich Schnittlauch oder lauwarmen Krautsalat mit Speckseelen.

Hans Peter Kotheder,
„Fischerstüble",
Großbottwar

Weinempfehlung:
Riesling trocken oder Chardonnay

Jacob Picard,
Der Fisch, S. 98–99,
in: Die alte Lehre. Geschichten und Anekdoten, Stuttgart: Deutsche Verlagsanstalt 1963, S. 94–102

Was sollten sie mit einem Fisch anfangen, der vier Pfund schwer war, mit einer Forelle gar, die, das Schlimmste, volle drei Mark gekostet hatte? Eine Verschwendung wäre das, nicht zu verantworten in alle Zeit. Es mußte vermieden werden. Sie berieten; und der Erfolg der Beratung war, daß Jaune nach einer Weile und nachdem er aus dem Fenster geschaut hatte, um festzustellen, daß er nicht beobachtet werde, das Haus verließ, sein kleines Henkelkörbchen am Arm, und eilends nach dem Vorderdorf schritt. In dem Körbchen lag der Fisch zwischen einigen kargen Grasbüscheln und eingeschlagen in ein nicht sehr reines Tuch. Jaune wollte versuchen, ihn bei einer der besseren Familien an der anderen Seite des Dorfes zu verkaufen. Doch verhehlte er sich nicht, daß es schwer sein werde; und darin hatte er sich nicht getäuscht.

In dem Körbchen lag der Fisch

Jacob Picard
1883 Wangen/Allgäu – 1967 Konstanz

Nach dem Studium der Rechtswissenschaften und der anschließenden Promotion praktizierte Jacob Picard als Rechtsanwalt in Konstanz. Wegen seiner jüdischen Abstammung mußte er 1940 das Land verlassen. Erste Station seiner Emigration war Asien, von dort aus gelangte er in die Vereinigten Staaten von Amerika. Jacob Picard lebte dort viele Jahre in New York, kehrte aber nach Ende des Zweiten Weltkriegs nach Europa zurück. Hier hielt er sich zunächst in Den Haag auf, ließ sich dann jedoch wieder am Bodensee nieder.

Forellen mit Brunnenkressesauce und neuen Kartoffeln

Zutaten:
Forellen:
4 Lachsforellenfilets zu je 160 g (ohne Haut und Gräten)
200 g Blattspinat
1 Dillzweig

Füllsel:
100 ml frische Sahne
100 ml geschlagene Sahne
2 Eiweiß
100 g Lauch, Zucchini, gelbe Rübe (in feinen Würfeln)
40 g Butter
Salz, Pfeffer
1 EL Zitronensaft

Brunnenkressesauce:
100 g Brunnenkresse (ohne Stiel, fein gehackt)
100 g Gartenkresse (fein gehackt)
20 g Butter
30 g Mehl
100 ml Weißwein
¼ l Fischbrühe
100 ml Sahne
2 cl trockener, weißer Vermouth
1 Schalotte (in feinen Würfeln)
50 g Wurzelgemüse (Zwiebeln, gelbe Rüben, Lauch, Sellerie)
Salz, Pfeffer, Lorbeerblatt

Nudelteig für die Maultaschen:
125 g Mehl
25 g Hartweizengrieß
2 Eier
1 EL Öl
2 EL Wasser

Zubereitung:
Forellen:
Blattspinat waschen, putzen, überbrühen, auf Küchenkrepp legen. Forellenfilets waschen, mit Küchenkrepp abtupfen. Von 2 Filets 4 Stücke zu je 40 g schneiden, mit Salz und Pfeffer würzen, dünn mit Fischfüllsel einstreichen und in Spinatblätter einwickeln, mit wenig Fischsud in feuerfester Form 20 Minuten zugedeckt garen lassen.
Fischfüllsel:
Restliches Forellenfleisch kleinschneiden, würzen, mit Zitonensaft beträufeln und im Gefrierfach gut kühlen. Gemüsewürfel in Butter andämpfen, auskühlen lassen. Fischfleisch in der Küchenmaschine mit Eiweiß und flüssiger Sahne zu einer luftigen Masse mixen, die Gemüsewürfel daruntermengen, zum Schluß die geschlagene Sahne zugeben, nochmals abschmecken.
Maultaschen:
Die Zutaten für den Nudelteig gut verarbeiten, abgedeckt 1 Stunde auskühlen. Danach ausrollen, mit Fischfüllsel bestreichen, einschlagen und 8 kleine Maultaschen ausschneiden. Fischbrühe erhitzen, Wurzelgemüse, Lorbeerblatt und Dillstengel dazugeben, die Maultaschen und 4 geformte Fischklößchen 10 Minuten ziehen lassen.
Brunnenkressesauce:
Schalotte in Butter anschwitzen, Mehl einrühren, mit Weißwein ablöschen, mit ¼ l Fischbrühe auffüllen, 10 Minuten kochen lassen. Sahne und gehackte Kresse mit Stabmixer durchrühren. Mit Vermouth, Salz und Pfeffer abschmecken. Sauce auf vorgewärmte Teller gießen, Maultaschen, Klößchen und Fischschnitte auflegen. Mit Dill ausgarnieren. Als Beilage: neue Kartoffeln oder Nudeln.

Karl Ernst Schmidt,
„Restaurant Rebblick",
Korb

Weinempfehlung:
Weißburgunder Kabinett trocken

Jacob Picard,
Der Gezeichnete,
S. 43–44,
in: Die alte Lehre.
Geschichten und Anekdoten,
Stuttgart:
Deutsche Verlagsanstalt 1963,
S. 19–51

Als Sender zur Schwester kam, die solchen Festen längst fern blieb, spürte sie unmittelbar aus seinem Wesen, daß etwas geschehen sei. Er setzte sich schweigend an den Küchentisch und stierte wortlos auf die zerwaschene und zerrillte Platte.
Rivke fragte: „Was host de scho wieder?"
Doch antwortete er nicht. Sie setzte ihm einen irdenen Teller, belegt mit einem großen, in vielem Fett dunkelbraun gebratenen Fladen, hin und sagte, als ob sie alles wisse:
„Ach, loß sie reden, Senderle, und eß. Scheene Purimküchle*!"
Er lächelte vor sich hin, legte seine Hand auf die ihre, die sich neben ihn auf den Tisch stützte, und aß.
„Warum gehst auch zu ihne?"
„Ich will's ihne zeige. Sie solle sehe! –"
Nein, nun blieb er hier, mußte er hier im Dorf bleiben. Wie durfte er Gela nun alleine lassen, die an ihm hing, so wie sie es ihm gezeigt hatte! Etwas mußte geschehen, um es ihm zu ermöglichen, sie zu heiraten.

*Gebäck, ähnlich den schwäbischen „Fasnetsküchle"

Ach, loß sie reden, Senderle, und eß.

Scheene Purimküchle!

Jacob Picard
1883 Wangen/Allgäu – 1967 Konstanz

Der anfangs als expressionistischer Lyriker geltende Jacob Picard, der auch unter dem Pseudonym J. P. Wangen publizierte, schrieb später jüdisch-traditionalistische religiöse Lyrik. Seine erste Publikation, der Gedichtband „Das Ufer", erschien 1913; es folgten mit „Erschütterung" (1920) und mit „Der Uhrenschlag" (1961) weitere Bände. Ebenfalls Bedeutung erlangte Picard als Essayist und Erzähler; in seinen Novellen schilderte er das Leben in den einstmaligen sogenannten süddeutschen „Judendörfern". Als Titel sind zu nennen: „Der Gezeichnete" (1936) und „Die alte Lehre" (1963).

Gezogene Fasnachtsküchle

Zutaten:
Vorteig:
250 g Weizenmehl (Type 550 oder 405)
30 g Hefe
125 ml Vollmilch

Fasnachtsküchleteig:
100 g Volleier (etwa 2 Stück)
75 g Zucker
Etwas Zimt und Puderzucker
7 g Salz
2 g Zitronenaroma (oder abgeriebene Zitrone)
1 g Vanillearoma
Etwa 15 ml Vollmilch
100 g Butter oder Erdnußfett
250 g Weizenmehl (Type 550 oder 405)
Vorteig (nach etwa 30 Minuten Gärzeit)

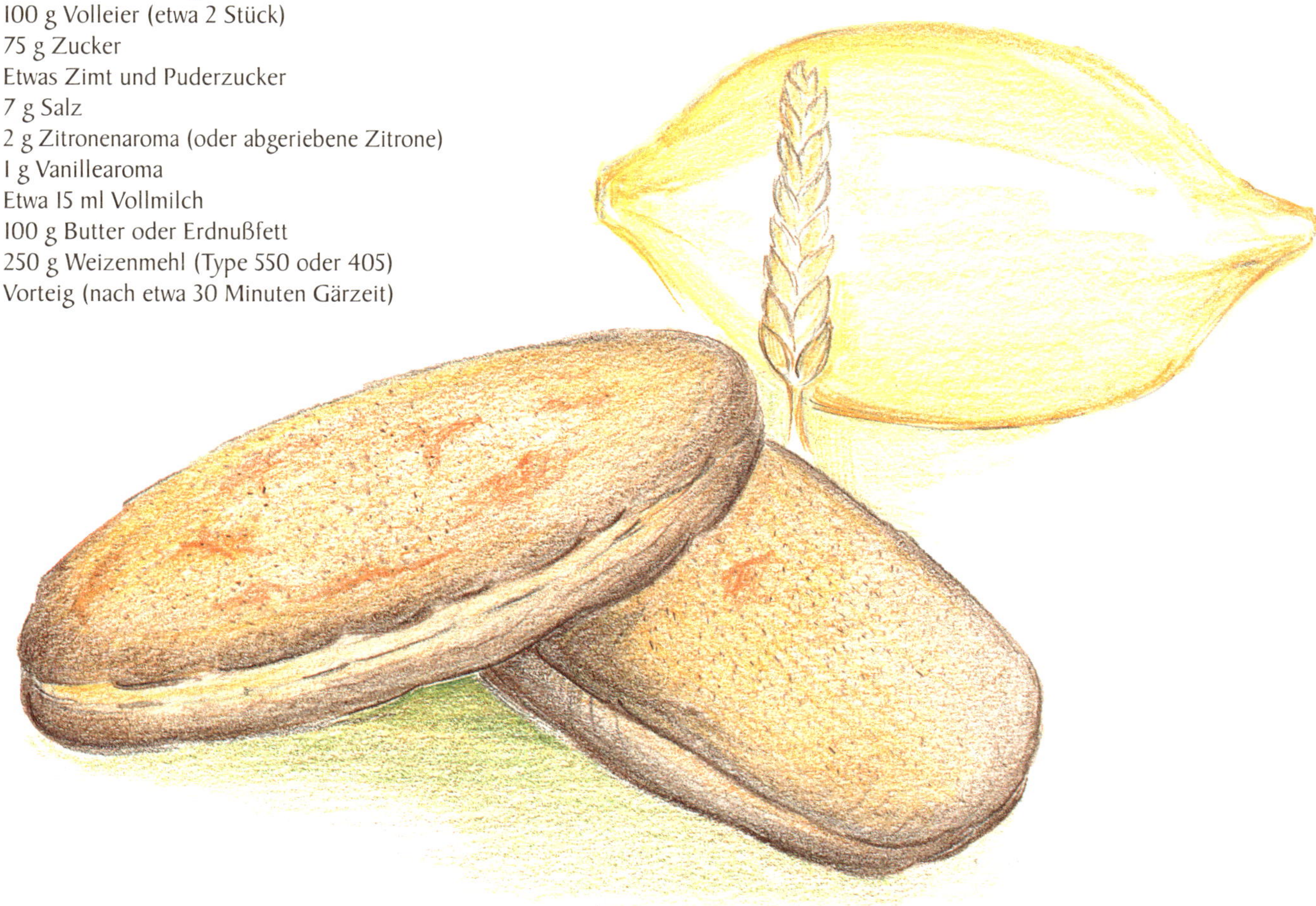

Zubereitung:
Für den Vorteig wird in der etwa 30 °C warmen Milch die Hefe aufgelöst, das Weizenmehl hinzugefügt und mit dem Knethaken des Handmixers in wenigen Minuten der Vorteig bereitet. Dieser wird mit einem feuchten Tuch oder einer Kunststoffolie zugedeckt und an einem warmen Ort etwa 30 Minuten zum Gären abgestellt.
In der Zwischenzeit werden die Zutaten mit Ausnahme der Butter und des restlichen Mehls in einer zweiten Schüssel gerührt.
Nun werden der Vorteig, die gerührten Zutaten, die geschmeidige Butter (Raumtemperatur) und das restliche Weizenmehl zu einem glatten Teig verknetet. Dieser wird, zugedeckt, nochmals etwa 15 Minuten an einem warmen Ort abgestellt. Danach wird der Teig auf dem Küchentisch mit dem Rollholz etwa 1 bis 2 cm dick ausgerollt und mit einem Messer oder Schneiderädchen Rechtecke oder Rauten mit etwa 5 bis 7 cm Kantenlänge herausgeschnitten. Diese auf ein mit Tüchern belegtes Backbrett mit etwa 2 bis 3 cm Abstand auflegen, mit einem weiteren Tuch oder einer Kunststoffolie abdecken und etwa 30 Minuten gären lassen. Zur Reifekontrolle drückt man mit dem Finger leicht in ein Fasnachtsküchle ein. Die entstandene Vertiefung sollte sich nun innerhalb von 3 bis 4 Sekunden wieder in die ursprüngliche Form begeben, dann ist der optimale Reifegrad erreicht. Falls der Fingereindruck zu schnell nach außen dringt, sollten noch einige Minuten Gärzeit abgewartet werden.
Die gegarten Teiglinge werden dann in der Mitte leicht breit gedrückt (früher wurden sie einfach über das Knie gezogen) und anschließend in heißem Butter- oder Erdnußfett bei etwa 175 °C schwimmend auf jeder Seite zweimal je nach Farbwunsch kürzer oder länger gebacken. Nachdem sie der Fritierpfanne entnommen sind, läßt man das überschüssige Fett noch einige Minuten abtropfen und wendet die noch warmen Küchle in Zimtzucker. Nach dem Abkühlen kann noch etwas Puderzucker aufgesiebt werden. Danach werden die frisch gebackenen, herrlich duftenden Fasnachtsküchle auf einer zweckmäßigen Gebäckplatte lecker dekoriert und möglichst frisch zum Verzehr angeboten.

Karl Müller,
„Stadt-Café Hölz GmbH",
Wangen

Weinempfehlung:
Riesling Spätlese halbtrocken
oder Grauburgunder

Max Picard,
Das alte Haus in Schopfheim,
S. 239–240,
in: Wie der letzte Teller eines Akrobaten,
hrsg. v. M. Bosch,
Sigmaringen: Thorbecke 1988,
S. 236–242.

Der Marktplatz und sein Vorplatz war voller Menschen, die ihr Vieh und ihre Schweine verhandelten, voller Wagen mit Obst und Gemüse, es waren Stände da, wie an den Jahrmärkten mit Zuckerwaren und Spielereien. So war alles wie ein Vorgesumm, sie warteten alle darauf, in unser Geschäft zu kommen, sie waren erst dann auf dem Markt gewesen, wenn sie bei uns eingekauft hatten. Wie eine Bestätigung, die sie sich selber gaben, und die sie sich geben mußten – so war es. Die Angestellten kamen an diesen Markttagen nicht dazu, zu Mittag zu essen. Es waren etwa zwanzig bis fünfundzwanzig Leute im Haus und alle aßen im Haus. Das Haus war sehr groß und die Verheirateten hatten im Hause eine kleine Wohnung für sich, mit einer Küche jede. Aber die Ledigen aßen mit uns. Für sie wurde an diesen Markttagen eine dicke Reissuppe gekocht und dazu noch eine dicke Erbsensuppe.

Für sie wurde ... eine dicke Reissuppe gekocht

Max Picard
1888 Schopfheim/Baden – 1965 Neggio b. Lugano

Der aus einer alteingesessenen Aargauer Familie stammende Max Picard ging von 1894 bis 1903 in die Schopfheimer Volks- und Realschule. Nach seinem Abitur am Humanistischen Gymnasium Lörrach studierte er zunächst in Freiburg im Breisgau, dann in Kiel, Berlin und München, zum Schluß wieder in Freiburg Medizin. Seiner Promotion 1911 zum Dr. med. folgte 1912 die Assistenzarzttätigkeit am Städtischen Krankenhaus Frankfurt, in Würzburg und an der Charité in Berlin. Später praktizierte er in München. Von 1918 an lebte Max Picard als freier Schriftsteller und Kulturphilosoph. Auf Grund der Erkrankung seiner Frau zog er 1919 ins Tessin, zuerst nach Brissago. 1930 siedelte er dann nach Sorengo, vier Jahre später nach Gentilino und schließlich nach Caslano über. Den Hebel-Preis erhielt Max Picard im Jahr 1952. Von 1955 an wohnte er schließlich in Neggio bei Lugano.

Reiseintopf

Zutaten:
1 große gelbe Rübe
1 dünne Lauchstange
1 Zwiebel
2 EL Butter
120 g Risottoreis (Vialone)
1½ l kräftige Fleischbrühe
1 Brötchen vom Vortag
½ Bd. Blattpetersilie (gehackt)
Salz, Pfeffer aus der Mühle
5 cl Sahne
1 Eigelb
30 g frisch geriebener Parmesan

Zubereitung:
Die gelbe Rübe putzen, schälen und in kleine Würfel schneiden. Die Lauchstange längs aufschneiden und waschen. Zuerst in feine Streifen schneiden, danach fein hacken. Die Zwiebel pellen, ebenfalls fein hacken.
In einem großen Topf 1½ EL Butter zerlassen, das Gemüse und den Reis darin unter Rühren anschwitzen. Mit Brühe aufgießen und zum Kochen bringen. Die Temperatur verringern und den Eintopf 15 Minuten sanft köcheln lassen. Ab und zu umrühren.
Das Brötchen erst in Scheiben, dann in kleine Würfel schneiden. Die restliche Butter in einer kleinen Pfanne zerlassen, die Brotwürfel rundum goldgelb rösten.
Die Petersilie waschen und fein hacken, in den Eintopf rühren. Mit Salz und Pfeffer aus der Mühle abschmecken. Sahne und Eigelb verquirlen und einrühren. Den geriebenen Parmesan dazugeben.
Den Reiseintopf mit Brotwürfeln bestreut servieren.

Ralph Schmid,
„Sudhäusle",
Schorndorf

Weinempfehlung:
trockener Riesling

Max Picard,
Das alte Haus in Schopfheim, S. 240,
in: Wie der letzte Teller
eines Akrobaten, hrsg. v. M. Bosch,
Sigmaringen: Thorbecke 1988,
S. 236–242.

In der Reissuppe war Rindfleisch und in der Erbsensuppe Geräuchertes und Würste. Es waren hohe Eisentöpfe und sie standen nicht etwa auf dem Herd, sondern (im Winter wenigstens) auf der Glut im Ofen, im großen Ofen im ersten Stock, der von einem Gang aus geheizt wurde. Ich sah oft, wie an einem solchen Markttag ein Angestellter schnell die Treppen hinaufsprang, durch den Gang hindurch bis an die Ofentüre; diese machte er rasch auf, beugte sich in die Knie und schürte die zwei Eisentöpfe an. Dann sprang er wieder fort. Es ging eine kurze Wendeltreppe vom Geschäft hinauf in den ersten Stock. Sie war durch einen Fall-Laden oben abgeschlossen; der Angestellte mußte, bevor er zu den Eisentöpfen kam, zuerst den Fall-Laden mit den Schultern hochrücken, es war wie ein Patrouillengang durch eine feindliche Festung hindurch.

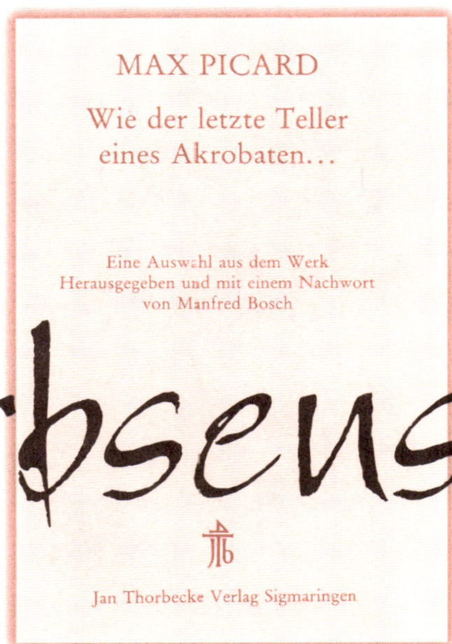

in der Erbsensuppe Geräuchertes und Würste

Max Picard
1888 Schopfheim/Baden – 1965 Neggio b. Lugano

Max Picards erstes Buch, „Der Bürger" (1914), ist noch ganz von seiner gesellschaftskritischen Haltung bestimmt. Seine nächsten Arbeiten aus den Jahren 1916 bis 1920 – wie zum Beispiel seine Betrachtungen über die Kunst in der Schrift „Das Ende des Impressionismus" (1916) – widmete Max Picard dem kulturphilosophischen und kunsttheoretischen Gebiet. In den in der Folgezeit erschienenen Dichtungen „Der letzte Mensch" (1921) und „Das Menschengesicht" (1930) reflektierte er über das Bild des modernen Menschen. Mit der Veröffentlichung „Flucht vor Gott" (1934) beschrieb er, indem er die Umkehrung der Flucht vor Gott verlangt, seinen Weg zur Rettung der Gesellschaft seiner Zeit.

Erbsenminestrone

Zutaten:
Erbsenbrühe:
150 g Tiefkühlerbsen
20 g Zwiebelwürfel
20 g Butter
700 ml Gemüse- oder Fleischbrühe
½ Knoblauchzehe
1 mehlige rohe Kartoffel (geschält)
8 cl Sahne
1 Eigelb
5 cl geschlagene Sahne
Salz, Pfeffer

Einlage:
1 Tomate (ohne Haut und Kernhaus, in Achtel geschnitten)
80 g Tiefkühlerbsen
12 Zuckerschoten
60 g Blumenkohlröschen
60 g Brokkoliröschen

Zubereitung:
Die Zwiebelwürfel in der Butter glasig schwitzen, Erbsen, kleingeschnittene Kartoffel und Knoblauch zugeben, mit der Brühe aufgießen und etwa 15 Minuten köcheln lassen. Mit dem Stabmixer pürieren, nochmals erhitzen, mit Salz und Pfeffer würzen. Die Sahne dazugeben und 5 Minuten köcheln lassen, mit dem Stabmixer schaumig schlagen. Das Eigelb-Sahne-Gemisch unter die gebundene Suppe heben (nicht mehr kochen). Die vorbereitete Einlage kurz überkochen und mit der Suppe anrichten.
Als Einlage eignet sich auch sehr gut frisches Fischfilet wie Forelle oder Zander (kurz angebraten).
Schnittlauch, Petersilie oder Zwiebellauch zum Verfeinern über die Suppe geben.

Hans-Peter Merk,
„Hotel Adelshof",
Schwäbisch Hall

Weinempfehlung:
Spätburgunder Rosé
oder Grauburgunder

Johannes Reuchlin, Henno, übers. u. hrsg. v. H. C. Schnur, Stuttgart: Reclam 1970 (Reclam, U 7923), S. 9–11

Henno
Sosehr wir beid auch schaffen, bleibet doch, mich dünkt, für keinen von uns beiden etwas übrig. Wenn ich mich abgeackert hab das ganze Jahr, reichts mir nach all dem kaum zum Ärmel aus.
Sonst lauf ich mit zerfetztem und geflicktem Kleid und ärgre mich dazu noch, wenn ich mir bedenk, daß täglich in die Stadt ich ziehen muß, zu Biedermännern, die sichs wohl sein lassen.
An diese liefr ich Käse, Nüsse, Milch, Gemüs, Äpfel und Birnen – kurz, was mir mein Acker trägt.
Jetzt hab ich vor, Danista dringlich drum zu bitten, der unsre Tochter gern hat, weißt du, wen ich mein?
Els
Ich weiß, es ist der geizige Kaufmann in der Stadt, der unsre Tochter sich als Hausmagd dingen möcht.
Henno
Ganz recht: den will ich bitten, daß er auf Kredit zehn Ellen Tuch, seis billiger Wollstoff auch, mir geb, daß einen Ärmelrock daraus ich fertigen laß.

An diese liefr ich Käse, Nüsse, Milch, Gemüs

Johannes Reuchlin
1455 Pforzheim – 1522 Stuttgart

Johannes Reuchlin studierte bis 1481 in Freiburg im Breisgau, Basel, Paris, Orléans und Poitiers vor allem Rechtswissenschaft. Er wurde in Tübingen Lizenziat des römischen Rechts und promovierte dort auch zum Doktor der Rechte. Im Dienste des württembergischen Grafen Eberhard im Bart begleitete er diesen 1482 und 1490 auf seinen Reisen nach Rom. Während dieser Zeit widmete sich Reuchlin dem Studium der hebräischen Sprache. Der Berater des Grafen und das Mitglied des württembergischen Hofgerichts wurde 1492 von Friedrich III. geadelt. Nachdem er 1496 zum Kurfürsten Philipp von der Pfalz nach Heidelberg gegangen war, in dessen Auftrag er zwei Jahre später eine weitere Italienreise unternahm, kehrte er 1499 wieder nach Stuttgart zurück. Der Rechtsanwalt und Richter des schwäbischen Bundes floh aus Anlaß des sogenannten „Reuchlinschen Streites" (er wandte sich gegen den Antrag des zur katholischen Kirche konvertierten Juden Johannes Pfefferkorn, das jüdische Schrifttum zu verbieten und zu vernichten) 1520 nach Ingolstadt, wo er eine Professur für Griechisch und Hebräisch annahm. Doch schon ein Jahr später lehrte der Reformationsgegner und neben Erasmus von Rotterdam wohl bedeutendste Humanist wieder in Tübingen.

Rustikale Käseplatte

Zutaten:
250 g Backsteinkäse
4 EL Essig
4 EL Tafelöl
100 g Kräuterkäse zum Reiben
50 g Butter
5 cl Sahne
200 g Camembert
150 g Emmentaler
100 g Quark (20 % Fettstufe)
1 Zwiebel
1 kleines Bd. Lauchzwiebeln
2 Knoblauchzehen
1 kleines Bd. Schnittlauch (geschnitten)
2 Fleischtomaten
2 rote Rettiche
Salz, Pfeffer aus der Mühle,
Kümmel, gemahlener Paprika
100 ml Sonnenblumenöl oder Traubenkernöl

Zubereitung:
Von dem Backsteinkäse mit einem Messer die Rotschmierrinde abschaben und in zentimeterdicke Scheiben schneiden. In einer kleinen Schüssel mit Essig, Öl, einer halben Zwiebel in Scheiben, Salz und Pfeffer einlegen.
Camembert mit dem in Scheiben geschnittenen Knoblauch, Öl und kräftig Pfeffer aus der Mühle einlegen.
Kräuterkäse reiben und mit Schnittlauch, Pfeffer aus der Mühle, einer halben feingeschnittenen Zwiebel, Butter und Sahne cremig anmachen. Quark mit Salz, Pfeffer aus der Mühle und feingeschnittenen Lauchzwiebeln anmachen. Emmentaler in dicke Streifen schneiden und mit Kümmel und Paprika würzen.
Kräuterkäse und Quark mit einem Löffel zu Nocken formen und auf einer Platte mit dem Emmentaler anrichten. Mit eingeschnittenem Rettich und Tomaten garnieren. Restlichen Käse in kleinen Schüsseln dazustellen.
Als Beilage passen mehlige Pellkartoffeln, verschiedene Brotsorten, Trauben und Walnüsse.

Dietmar Gulewitsch,
„Gestütsgasthof Offenhausen",
Offenhausen-Gomadingen

Weinempfehlung:
halbtrockener Trollinger
oder schwäbischer Most

Johannes Reuchlin, Henno, übers. u. hrsg. v. H. C. Schnur, Stuttgart: Reclam 1970 (Reclam, U 7923), S. 23–25

Henno
Ho, alles habe jetzt in Ordnung ich gebracht, was ihr mit mir zum Markt sollt tragen in die Stadt, so viel wie möglich zu verkaufen.
Els
Willst du nicht den Karren, voll beladen mit den Früchten, ziehn?
Henno
Nein, laufet nur, und auf den Köpfen traget Kraut, Gemüse, Knoblauch, Milch und Käse; stopf zum Teil die Kleider auch euch voll damit und schleppt, was ihr nur tragen könnt, zum Markt. Wir brauchen Geld wies liebe Leben.
Els
Ja, das mein ich auch.
Henno
Ich geh voraus, ihr folgt; du, Dromo, gehst mit mir, und trag zwei Bündel Heu, so schwer du kannst.
Dromo
Schon recht.
Henno
So komm doch!
Dromo
Ja, ich komm doch schon.

und auf den Köpfen traget

Kraut

Johannes Reuchlin
1455 Pforzheim – 1522 Stuttgart

Johannes Reuchlin gilt als wichtigster Vertreter des Neuplatonismus in Deutschland. Unter anderem mit der Veröffentlichung „De rudimentis hebraicis" 1506 wurde der auch schulmäßig tätige Latinist und Gräzist zum Begründer der hebräischen Sprachforschung und alttestamentarischen Bibelforschung. Seine wissenschaftlichen Hauptwerke, von der Beschäftigung mit der Kabbala beeinflußt, sind die Schriften „De verbo mirifico" (1494) und „De arte cabbalistica" (1517). Als Dichter führte er das von der Commedia dell'arte beeinflußte neulateinische Schuldrama in Deutschland ein. Bekannt wurde die dramatische Satire „Sergius" (1504) und die Komödie „Henno" (1497), die Hans Sachs 1531 als Fastnachtsspiel ins Deutsche übertrug.

Krautwickel

Zutaten:
1 Kopf Weißkraut
300 g frisches Lachsfilet
1/4 l trockener Weißwein
1/4 l kräftige Brühe
Je 1 gelbe Rübe, Schalotte und Knoblauchzehe
Je 1 Lorbeerblatt und Thymianzweig
1 Bd. Dill
100 ml Sahne
50 g Butter
Salz, Pfeffer aus der Mühle

Zubereitung:
Kochsud:
Wein, Brühe, in Scheiben geschnittene gelbe Rübe, Schalotte und Knoblauchzehe mit Lorbeerblatt und Thymianzweig aufkochen und 20 Minuten ziehen lassen. Vom Herd nehmen und abkühlen lassen.
Kraut:
Die harten, äußeren Blätter sowie den Strunk entfernen und das Kraut bis auf das Herz abpflücken. Blätter und Krautherz in kochendem, gesalzenem Wasser 4 Minuten überbrühen, abgießen, abschrecken und zum Trocknen ausbreiten. Den Lachs in dünne Scheiben schneiden und würzen. Ein eckiges Tuch ausbreiten. Die kleinsten Krautblätter in die Mitte legen und mit den kleinsten Lachsscheiben einwickeln. Mit größeren Krautblättern und immer größeren Lachsscheiben zu einem Krautkopf wickeln. Die Enden des Tuches nach oben schlagen, mit einem Bindfaden zusammenschnüren und im Kochsud etwa 15 Minuten ziehen lassen. In der Zwischenzeit die Dillsauce zubereiten.
Dillsauce:
Einen Teil des Kochsuds in einem kleinen Topf zum Kochen bringen. Die Sahne zugeben und 3 bis 4 Minuten durch Kochen eindicken lassen. Unter ständigem Rühren nach und nach mit der Butter schaumig schlagen. Mit Salz sowie Pfeffer würzen und kleingeschnittenen Dill zugeben.
Das Kraut aus dem Sud nehmen, auswickeln und in Scheiben schneiden. 4 vorgewärmte Teller mit etwas Sauce ausgießen, das Kraut verteilen und garnieren.

Walter Bauhofer,
„Landesberufsschule für das Hotel- und Gaststättengewerbe",
Bad Überkingen

Weinempfehlung:
halbtrockener Silvaner

Sebastian Sailer, Baurenhochzeit, S. 281, in: Schriften im schwäbischen Dialekte, Buchau: Kuen 1819, S. 275–284

Wia sie kommat zum Wiathshaus,
schpringt dar Wiath beym Gausschtall raus,
und duat saga zua di Geschta:
mit am Beschta,
so ih hau in meinem Haus,
will ui geaba einen Schmaus.

Subba, Kraut und Kuttelfleack,
schöane grauße Schtücker Schpeack,
Zwetschga, broatne Gäus und Dauba,
Schnitta, Schtrauba,
Baurakäachla, Oyerbraud;
Lenz frißt sih schier halba daud.

Rüaba, Rindfloisch, Sulz und Reis,
geale Broatwüscht, süaße Schpeis
duat ma läschtle viel auftraga.
Deiß dät saga:
schtellats fei wohl in di Mitt,
ih bi klei, verlangs suscht itt.

Nu braf drunka, dar Wiath schreyt.
Ueri, Jockel, Hans und Veit
sauffat grad wia Büschtabinder,
haud itt minder
g'soffa aus wohl zwanz'g Moaß Bier,
g'fressa auh an halba Schtier.

Zwetschga, broatne Gäus und Dauba, Schnitta, Schtrauba

Sebastian Sailer
1714 Weißenhorn – 1777 Obermarchtal

Johann Valentin Sailer, der Sohn eines gräflich-fuggerschen Amtsschreibers, kam wegen seiner auffallenden Begabung schon als Kind in das Prämonstratenserkloster Obermarchtal. Hier wurde ihm eine umfassende humanistische Bildung vermittelt; er lernte nicht nur Griechisch, Französisch und Italienisch, sondern war auch in den orientalischen Sprachen sowie in Spanisch bewandert. Sailer, der den Ordensnamen Sebastian erhalten hatte, lehrte nach Erhalt der Priesterweihe zunächst im Kloster Kirchenrecht. Später übertrug man ihm, der dem Orden jedoch stets eng verbunden blieb, die Pfarrei Seekirch, dann Reutlingendorf und 1757 Dieterskirch. Durch seine volkstümlichen, urwüchsigen und mit schlagfertigem Witz vorgetragenen Predigten wurde er einer der berühmtesten Kanzelredner seiner Zeit. Er hielt Festpredigten nicht nur in Schwaben, sondern auch im Allgäu, in der Schweiz, in Franken und in Mähren. 1767 rief man ihn sogar nach Wien, wo er die übliche, von Abraham a Sancta Clara eingeführte „Schwabenpredigt" halten durfte und eine Audienz bei Kaiserin Maria Theresia erhielt. Nach einem Schlaganfall Ende 1773 mußte Sailer sein Predigtamt aufgeben und kehrte ins Kloster Obermarchtal zurück.

Tauben mit Linsengemüse und Thymiankartoffeln

Zutaten:
4 Tauben
Salz, Pfeffer, Fett, etwas Trollinger
Wurzelgemüse: je 50 g Sellerie,
Zwiebeln, gelbe Rüben und Lauch
in ½ cm kleine Würfel schneiden
2 Knoblauchzehen
Je 50 g gelbe, rote und grüne Linsen
1 Bd. Thymian
4 Schalotten (in kleinen Würfeln)
Gemüsebrunoise (fein geschnittenes
Wurzelgemüse von gelben Rüben, Lauch und Sellerie)
1 Stück Butter
Balsamessig, Fleischbrühe, Olivenöl
320 g Kartoffeln (gekocht und geschält)
100 g Speckstreifen (geräucherter Schweinebauch)
Mehlbutter zum Andicken:
30 g Butter (handwarm)
30 g Mehl

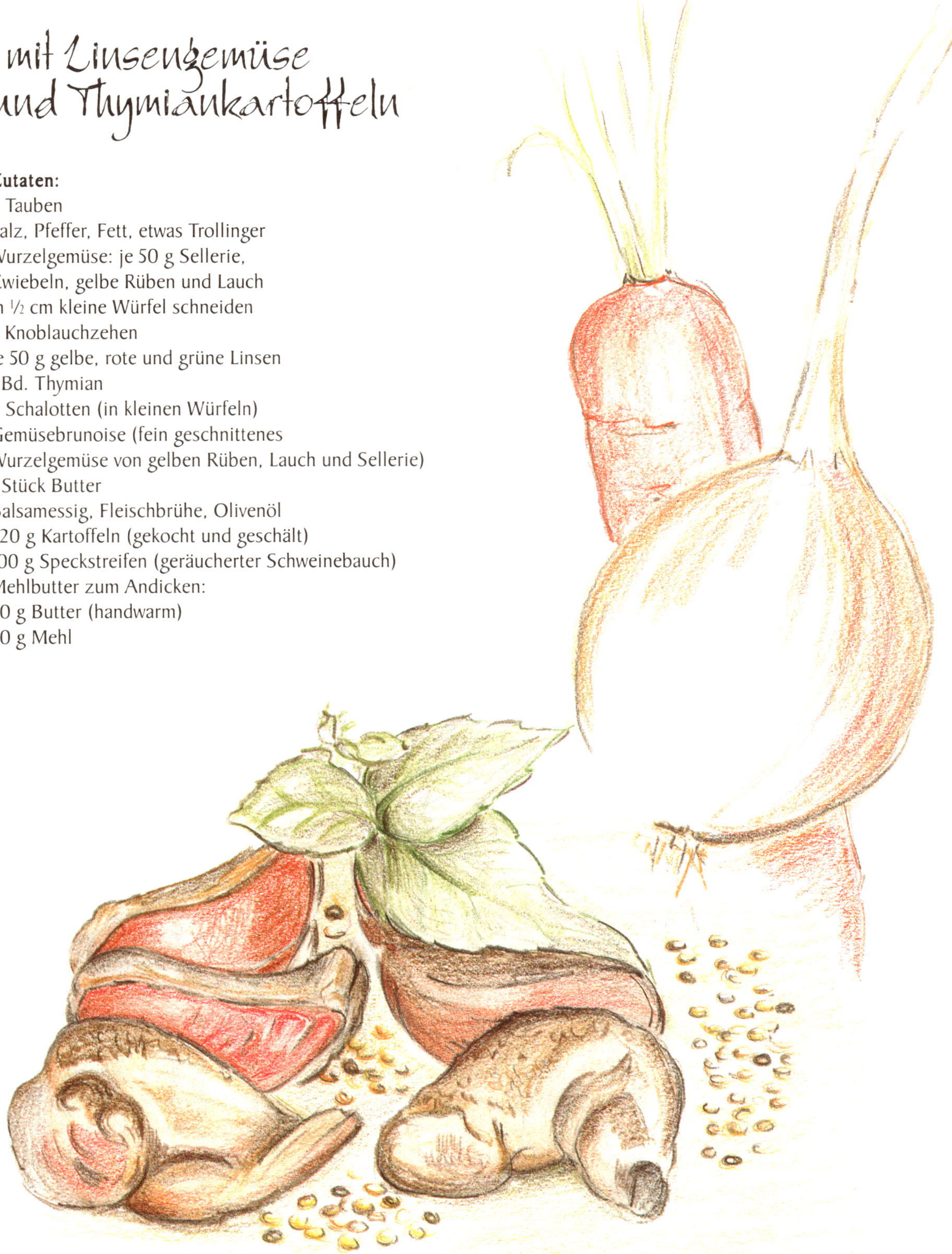

Zubereitung:
Die Tauben mit Küchenkrepp ausreiben, einige Thymianzweige hineinlegen. Tauben mit Küchengarn binden, würzen und anbraten.
Würzelgemüse dazugeben, etwas Trollinger angießen und die Tauben im Ofen weich schmoren. Gelegentlich mit etwas Wasser angießen. Dann die Sauce abseihen. Die Butter und das Mehl miteinander verrühren und die Sauce damit leicht andicken.
Linsen separat in Salzwasser bißfest kochen, abseihen und in kaltem Wasser mit Eiswürfeln abschrecken. Die in Würfel geschnittenen Schalotten in Butter schwitzen, Linsen dazugeben und etwas Fleischbrühe. Mit Salz, Pfeffer, Balsamessig und Olivenöl abschmecken. Ein Stück Butter unter die Linsen schwenken. Speck in Streifen schneiden, Thymian hacken. Kartoffeln in Salzwasser kochen, schälen, in Scheiben schneiden und mit Speckstreifen braten. Mit Thymian, Salz und Pfeffer würzen.
Bratkartoffeln in der Tellermitte anrichten, Linsen um die Kartoffeln legen, Taubenbrust auslösen, in zwei Hälften schneiden, Keulen abtrennen und mit Bruststücken über Kreuz auf die Bratkartoffeln legen. Etwas Sauce angießen und mit Thymian garnieren.

Helmut Hilse,
„Sonnenhof",
Waldstetten

Weinempfehlung:
Spätburgunder Kabinett

Sebastian Sailer, Die Schöpfung, S. 46–47, in: Schriften im schwäbischen Dialekte, Buchau: Kuen 1819, S. 1–52

Liabs Herrgettle! dier seys geklagt,
und eisar Fraua au,
daß ih soll diena wia Magd,
hau g'moit, ih sey a Frau.
Rohm aneamma, Butter rüahra,
d'Schlüsselballa a mar füahra,
und darnoh zum Lau
d'Moischterschaft itt hau.

A anders Mittel schaffat doch,
und machtat's itt so herb.
Deand mih doh itt gar unters Joch,
daß ih itt ganz verderb.
Henna greifa, Heala koppa,
Endta, Gäus und Dauba schoppa,
und darnoh zum Lau
d'Moischterschaft itt hau.

Dees macht mar angscht,
dees macht mar bang,
was ischt dees für a Pei?
daß ih meim Ma mei Leabalang
soll untergeaba sei.
Schnittla macha, Nudla schupfa,
Erbes und Fasola schtupfa,
und darnoh zum Lau
d'Moischterschaft itt hau.

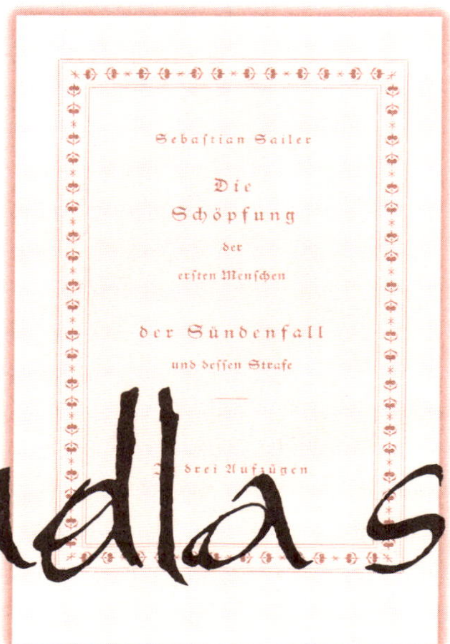
Sebastian Sailer

Die Schöpfung

der

ersten Menschen

der Sündenfall

und dessen Strafe

drei Aufzügen

Schnittla macha,

Nudla schupfa,

Erbes und Fasola schtupfa

Sebastian Sailer
1714 Weißenhorn – 1777 Obermarchtal

Die in derber oberschwäbischer Mundart verfaßten originellen Dramen und Dichtungen Sebastian Sailers waren Stücke über das Volksleben, über die bäuerliche Bevölkerung, die er in seinen Gemeinden zu betreuen hatte. Er zeichnete darin – zur Erheiterung und zur Belehrung – die typischen schwäbischen Dorfgestalten seiner Zeit. Es waren jedoch Komödien, die weniger seine Bauern als Adressaten hatten, sondern vielmehr die geistlichen Herren in den Klöstern, die Pfarrkollegen und die Vorgesetzten. Seine Werke, die erst vierzig Jahre nach seinem Tod in einer ersten Ausgabe erschienen, wurden vor allem bei festlichen Anlässen in den Klöstern gespielt. Am bekanntesten sind seine drei biblischen Stücke „Die Schöpfung des ersten Menschen", „Der Fall Luzifers" und „Die heiligen drei Könige", in denen die Personen der Bibel als urschwäbische Bauern dargestellt sind, sowie die „weltlichen" Stücke „Die sieben Schwaben oder die Hasenjagd", „Schwäbischer Sonn- und Mondfang" und „Die Schultheißenwahl zu Limmelsdorf".

Schupfnudeln

Zutaten:
500 g gekochte Kartoffeln
(geschält, vom Vortag)
125 g Mehl
2 Eier
Salz, Muskat
50 g Butterfett

Zubereitung:
Kartoffeln durch die Handpresse drücken, gesiebtes Mehl und Eier dazugeben, würzen und einen Teig kneten. Auf einem bemehlten Brett daraus fingerdicke Würstchen formen und in leicht kochendes Salzwasser geben. Wenn sie oben schwimmen, mit dem Schaumlöffel abschöpfen und auf einem Backblech mit Küchenkrepp oder Tuch zum Trocknen auslegen. In einer Pfanne mit Butterfett goldgelb braten. Schupfnudeln werden als Beilage zu Rinderschmorbraten oder Schweinebraten gereicht.
Als vegetarisches Gericht serviert man sie mit jungem, gedämpftem Filderkraut, auch zu Brechbohnen in einer leicht säuerlichen braunen Fleischsauce.

Anette Stricker,
„Hotel Grüner Kranz",
Heilbronn

Weinempfehlung:
Schiller Qualitätswein

Walter Erich Schäfer, Die Neger erobern die Schwäbische Alb, S. 36–37, in: Kleine Wellen auf dem Fluß des Lebens. Meine Geschichten, Stuttgart: Deutsche Verlags-Anstalt 1976, S. 36–40

Bei meiner Fahrt fiel mir eine Geschichte von einem anderen, von einem sehr viel bedeutenderen Schwaben ein: von Carl Laemmle, dem berühmten Boß der Universal Film Company. Er war in einem schwäbischen Dorf geboren. Und alle paar Jahre überkam es ihn, daß er in Hollywood seinen Schreibtisch leerfegte und mit einem Luxusdampfer nach Le Havre und von dort mit dem D-Zug bis zur deutschen Grenze fuhr. Dort traf er sich mit seinem Bruder, der ein kleines Antiquariat in München hatte, und die beiden stiegen in einen Personenzug dritter, später, als es die vierte Klasse gab, auch vierter Klasse und fuhren durch Württemberg. Sie redeten wenig, sie hingen beide aus dem Fenster und beschauten Land und Leute. Stets hatte Laemmle sich bei seiner Mutter angemeldet und sein Lieblingsessen bestellt: geschmälzte Spätzle mit Birnenkompott. Diese Geschichte von Carl Laemmle hat mir sein Namensvetter August Lämmle erzählt, der „kleine" Lämmle, dem sie der „große" Laemmle selbst berichtet hat.

Stets hatte Laemmle ... sein Lieblingsessen bestellt:

geschmälzte Spätzle

mit Birnenkompott

Walter Erich Schäfer
1901 Hemmingen – 1981 Stuttgart

Als Sohn eines Landwirts arbeitete Walter Erich Schäfer nach Abschluß der Schule zunächst im elterlichen Betrieb, bevor er mit dem Studium der Philosophie und der Germanistik in Tübingen begann. Zum Doktor phil. promoviert, lehrte er als Dozent für Theatergeschichte und Literatur an der Stuttgarter Musikhochschule, später war er dort auch als Dramaturg tätig. Von 1934 bis 1938 wirkte er in Mannheim, dann von 1938 bis 1945 in Kassel. Nach dem Zweiten Weltkrieg kehrte Walter Erich Schäfer nach Stuttgart zurück und wurde 1949 zum Generalintendanten der Württembergischen Staatstheater ernannt. Er nahm diese Aufgabe bis zum Rückzug in den Ruhestand 1972 wahr.

Geschmälzte Spätzle mit Birnenkompott

Zutaten:
Kompott:
4–6 ungespritzte aromatische Birnen (z. B. Sorte Williams oder Gute Luise)
Saft von 1 Zitrone
300 ml Birnensaft
100 ml Wasser
150 g Gelierzucker
2 cl Birnenbrand

Spätzle:
250 g Mehl
3 Eier
½ TL Salz,
5 cl Wasser
40 g Butter
1 EL Weckmehl

Zubereitung:
Die Birnen waschen, schälen und halbieren. Kerngehäuse ausstechen, die Birnenhälften längs in Spalten schneiden und in Zitronensaft wenden, damit sie nicht braun werden. Birnenschalen und Kerngehäuse mit Gelierzucker, Birnensaft und Wasser zum Kochen bringen. 5 Minuten vorsichtig köcheln und den Saft durch ein Haarsieb ablaufen lassen. Nicht durchdrücken. Die erhaltene Flüssigkeit aufkochen, dann die Birnenspalten und den Birnenbrand zufügen und ohne zu kochen „knackig" gar ziehen lassen.
Die Butter erhitzen, das Weckmehl darin hell bräunen, dann den Zucker zugeben und die Spätzle darin warm schwenken. Mit dem kalten oder noch lauwarmen Kompott servieren. Für die Spätzle aus dem Mehl, den 3 Eiern, dem Wasser und dem Salz einen glatten Teig rühren, bis er Blasen wirft. Vom Spätzlesbrett mit einem Messer, Schaber oder einer Palette dünne Spätzle in kochendes Wasser schaben. Die nach oben gekommenen Spätzle herausnehmen, in heißem Salzwasser abspülen, gut abtropfen lassen und mit den süßen Bröseln warm schwenken

Gerd Reiner,
„Reiners Rebstock",
Böckingen

Weinempfehlung:
Gewürztraminer Spätlese
oder ein Riesling Eiswein

Walter Erich Schäfer, Die Punschtorte, S. 24, in: Kleine Wellen auf dem Fluß des Lebens. Meine Geschichten, Stuttgart: Deutsche Verlags-Anstalt 1976, S. 24–27

Unsere Schwester Lina hatte in dem Schwarzwaldbad eine Gönnerin, eine alte Generalin, eine der Geldquellen der „Pilgerruh". Es war eine vieljährige Sitte, daß die Generalin zu ihrem Geburtstag Ende März eine Torte bekam, eine Punschtorte, die sie ganz besonders liebte. Aber im März 1917, nach dem berüchtigten Bodenkohlraben-Winter (ausgelöst durch eine Kartoffel-Mißernte), schien fast alles zu fehlen, was man zu dieser Torte brauchte: feines weißes Mehl, Rum, kandierte Früchte für den Belag, Staubzucker für die Glasur. Doch als der Tag gekommen war, trug Schwester Lina alles zusammen, was sie noch hatte: Butter, Eier und Zucker, tat alles in eine Schüssel und sagte zu ihren Helferinnen: „Rührt!" Die sahen sich an, eine tippte mit dem Zeigefinger an die Stirn, andeutend, daß jetzt die Alte offenbar ganz verrückt geworden sei. Aber nach einer kräftigen zweiten Aufforderung: „Rührt!" begannen sie zu rühren. Und als nichts mehr zu rühren war und als nun hinzukommen mußte, was fehlte – wenn nicht alles umsonst sein sollte –, da läutete der Postbote und brachte ein Paket.

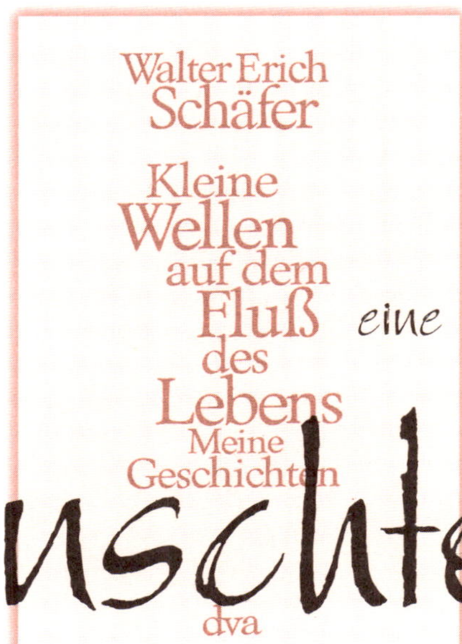

eine Punschtorte, die sie ganz besonders liebte

Walter Erich Schäfer
1901 Hemmingen – 1981 Stuttgart

Der vor allem als Dramatiker und Hörspielautor bekannt gewordene Walter Erich Schäfer schrieb seine von einer nationalen Haltung geprägten politischen Geschichtsdramen und Volksstücke im Stile der Neuen Sachlichkeit. Als Hauptwerke sind unter anderem zu nennen: „Malmgreen" (1928), „Richter Feuerbach" (1931), „Der 18. Oktober" (1932), „Der Kaiser und der Löwe" (1935), „Die Kette" (1938), „Die Verschwörung" (1949) und „Die Grenze" (1955). Doch auch als Erzähler – schon 1926 erschien der Band „Die 12 Stunden Gottes", zwei Jahre später die Novellensammlung „Letzte Wandlung" und 1976 Anekdoten unter dem Titel „Kleine Wellen auf dem Fluß des Lebens" – und als Verfasser von biographischen Schriften machte sich Schäfer einen Namen.

Punschtorte

Zutaten:
Punschtortenmasse:
10 Eigelb
70 g Zucker
Vanille, Zitronenaroma
10 Eiweiß
130 g Zucker
150 g Weizenmehl (Type 405)
50 g Stärke
70 g Butter (flüssig)

Punschtortenfüllung:
150 g Johannisbeerkonfitüre
150 g Himbeerkonfitüre
150 g Marzipanrohmasse
5 cl Rum

Zubereitung:
Eigelb, Zucker, Vanille und Zitronenaroma in der Küchenmaschine schaumig rühren. Eiweiß und Zucker zu einem nicht zu steifen Schnee schlagen. 1/3 des Eischnees mit einem Spatel in die Eigelbmasse vorsichtig unterheben. Danach den Rest des Eischnees mit dem zuvor gesiebten Mehl und der Stärke unterheben. Zum Schluß wird die warme, flüssige Butter untergezogen.
Auf ein Backpapier nun 5 tortengroße und etwa 5 mm dicke Böden aufstreichen. Sofort nach dem Aufstreichen die Böden bei einer Temperatur von 220 °C etwa 10 bis 12 Minuten nicht zu dunkel backen.

Nach dem Backen die Böden auf die Größe der Torte mit einem Tortenring ausstechen. Jetzt den ersten Boden in den Tortenring einlegen und die Punschfüllung einstreichen. Das wird so lange wiederholt, bis alle Böden zusammengesetzt sind. Als Abschluß einen dünn ausgerollten Marzipandeckel auflegen. Mit erwärmter Zuckerglasur oder Fondant die Punschtorte überziehen. Eine Belegkirsche kann als Dekor aufgelegt werden.

Bäckerei Gerstenlauer,
Ludwigsburg

Weinempfehlung:
gereifter Schwarzriesling
oder Punsch

Joseph Viktor von Scheffel,
Die Martinsgans, S. 95–96,
in: Gaudeamus, Lieder aus dem
Engeren und Weiteren, 4. Aufl.,
Stuttgart: Metzler 1869,
S. 95–97

Der Mensch ist ein Barbar von Natur
Er achtet nicht im mindesten die Nebencreatur,
Thut sieden sie und braten,
Verspeist sie mit Salaten,
Schütt't Wein oben drauf aus güldnem Gefäß
Und nennt das gelehrt: Ernährungsproceß.

Mich gute Gans habens auch erwischt
Und allezeit gerupft und aufgetischt.
Zum Könige Gambrinus
Sprach einst schon Sanct Martinus:
Die Welt, edler Herr, ist nicht viel nütz,
Doch trefflich schmeckt zu Bier wie Wein ein Pfaffenschnitz.

Der eilfte Novembris war der Tag
Allwo er dieses Wort mit Nachdruck sprach;
Drum braten brave Leute
Die Martinsgans noch heute,
Ich armer Vogel, ist das mein Lohn
Daß man mich todt verzehret auf Subscription?

Wie anders war's, da auf der Waid
Als Gänsulein ich prangte im Flügelkleid?!
Auf einem Fuße stehend
Und Aug und Schnabel drehend
Zum Liebsten, der just über den Rhein
In männlicher Reife als Gänserich kam heim.

Drum braten brave Leute

Die Martinsgans

noch heute

Joseph Viktor von Scheffel
1826 Karlsruhe – 1886 Karlsruhe

In seiner Geburtsstadt verbrachte Joseph Viktor Scheffel, Sohn eines Majors und Oberbaurats, Kindheit und Schulzeit. Nach Abschluß des Gymnasiums studierte er von 1843 bis 1847 in Heidelberg, Berlin und München Jura. Durch die Unruhen der deutschen Revolution 1848 mitgerissen, konnte Scheffel jedoch erst 1849 sein Doktorexamen ablegen. Anschließend war er zwei Jahre als Rechtspraktikant in Säckingen und Bruchsal tätig, brach dann aber die Beamtenlaufbahn ab und begann – mit dem Entschluß, sich als Maler ausbilden zu lassen – 1852 eine Italienreise. Als Malerpoet mit seiner Verserzählung „Der Trompeter von Säckingen" in der Tasche kehrte er ein Jahr später zurück und lebte seitdem als freier Schriftsteller unter anderem am Bodensee, bei St. Gallen und in Heidelberg. Weitere Reisen (1855 nach Italien und Südfrankreich) folgten. Von 1857 bis 1859 war Scheffel dann Fürstenbergischer Bibliothekar in Donaueschingen. Nach Aufenthalten beim Freiherrn von Laßberg in Meersburg und beim Großherzog von Sachsen-Weimar auf der Wartburg lebte er von 1864 an in Karlsruhe und seit 1872 auf der Mettnau bei Radolfzell am Bodensee. Als Dichter, der damals eine ungewöhnlich große Popularität genoß, wurde er 1865 zum sächsischen Hofrat ernannt und 1876 geadelt.

Martinsgans mit Quittenmus

Zutaten:
Gans:
1 Gans (etwa 3,2 kg)
4 kleine Äpfel
1 Zwiebel
Etwas Beifuß
Salz, Pfeffer, Paprikapulver

Quittenmus:
10 große Quitten
1 l trockener Weißwein
500 g Zucker
1 Zimtstange

Zubereitung:
Gans:
Die Gans zum Braten vorbereiten. Dazu innen und außen gut waschen und trockentupfen. Mit Salz, Pfeffer und Paprikapulver innen und außen gut würzen. Mit gewürfelten Äpfeln und der grob zerkleinerten Zwiebel und dem Beifuß füllen. Die Gans mit der Brust nach oben in einen Bratentopf setzen und etwa 1 l Wasser aufgießen. Im vorgeheizten Backofen bei 180 °C etwa 2½ Stunden garen. Dabei mit dem eigenen Fett öfters übergießen.

Quittenmus:
Die Quitten gut waschen und etwas abbürsten. Danach vierteln und das Kerngehäuse entfernen. Die Quitten, den Weißwein, Zucker und Zimtstange in einen Topf geben. Gut kochen lassen. Die weichen Quitten durch ein Sieb streichen. Bei Bedarf mit Zucker nachsüßen.
Die fertige Gans vierteln und mit Mus und Äpfeln anrichten. Dazu passen als Beilage: Kartoffelknödel und Blaukraut.

Claudia Maier,
„Höhengaststätte Katharinenlinde",
Esslingen-Rüdern

Weinempfehlung:
Lemberger halbtrocken
oder Dornfelder

Joseph Viktor von Scheffel,
Der Trompeter von Säckingen.
Ein Sang vom Oberrhein,
289. Aufl., Stuttgart:
Bonz & Comp. 1909,
S. 104–105

„Großes Glas?" so fragt' die kluge
Kellnerin und Anton nickte:
„Allerdings! – 's ist warm, ich hab' heut
Früh beim Aufstehn schon so einen
Trocknen Zug im Hals verspürt."
Also trank dort sein geschliffen
Großes böhmisch Glas der treue
Anton, überlegend wie er
Weiter seinem Auftrag nachkomm'.

In der Herrenstube saß der
Wirt zum Knopf just mit jung Werner,
Hatt' ein Stücklein roten Rauchlachs
Ihm zum Imbiß vorgesetzet
Und ein instruktiv Gespräch dann
Mit dem fremden Gast begonnen:
Wie der Weinherbst in der Pfalz sei,
Wie die Hopfenpreise stünden,
Wie die Kriegszeit dort gehaust.
Zwischenein auch warf er, um dem
Fremden auf den Zahn zu fühlen,
Schlau ein prüfend Wörtlein über
Stand, Beruf und Zweck der Reise.

Hatt' ein Stücklein roten

Rauchlachs

Ihm zum Imbiß vorgesetzet

Joseph Viktor von Scheffel
1826 Karlsruhe – 1886 Karlsruhe

Daß Joseph Viktor von Scheffel zum Lieblingsschriftsteller des gehobenen Bürgertums im ausgehenden 19. Jahrhundert wurde, lag an den mit volkstümlichem Gemüt und Humor gestalteten und romantisch geschilderten historischen Stoffen seiner lyrischen wie seiner erzählerischen Werke. Schon seine erste Veröffentlichung, die Verserzählung „Der Trompeter von Säckingen" (1853), wurde weithin beachtet, wenn auch der Erfolg zunächst bescheiden blieb. Doch mit dem Roman „Ekkehard" (1855), einer Liebesgeschichte mit historischem Hintergrund aus dem 10. Jahrhundert, stieg Scheffels Populariät ungewöhnlich schnell. Seine größte Wirkung im 19. und auch im 20. Jahrhundert erreichte der Dichter jedoch mit seiner Gedichtausgabe „Gaudeamus" (1868), humoristische Trinklieder, nach deren Erscheinen auch der Absatz von Scheffels bisherigen Veröffentlichungen sprunghaft anstieg: Neben dem „Trompeter von Säckingen" und dem „Ekkehard" waren es unter anderem die 1863 erschienenen Gedichte „Frau Aventiure" und die Novelle „Juniperus" (1866). Große Beachtung fanden auch seine posthum (1887) erschienenen „Reise-Bilder".

Räucherlachsröllchen mit Kartoffelpfannküchlein

Zutaten:
Räucherlachsröllchen:
8 Scheiben Räucherlachs
2 hartgekochte Eier
1 TL Pommery-Senf
1 TL Kerbel
20 g Butter
2 EL Sahne
8 Dillspitzen
Salz, Pfeffer

Kartoffelpfannküchlein:
100 ml Milch
30 g Mehl
1 Ei
100 g gekochte Kartoffeln
Je 1 Msp. Salz, Muskat, Pfeffer
20 g Butter zum Backen

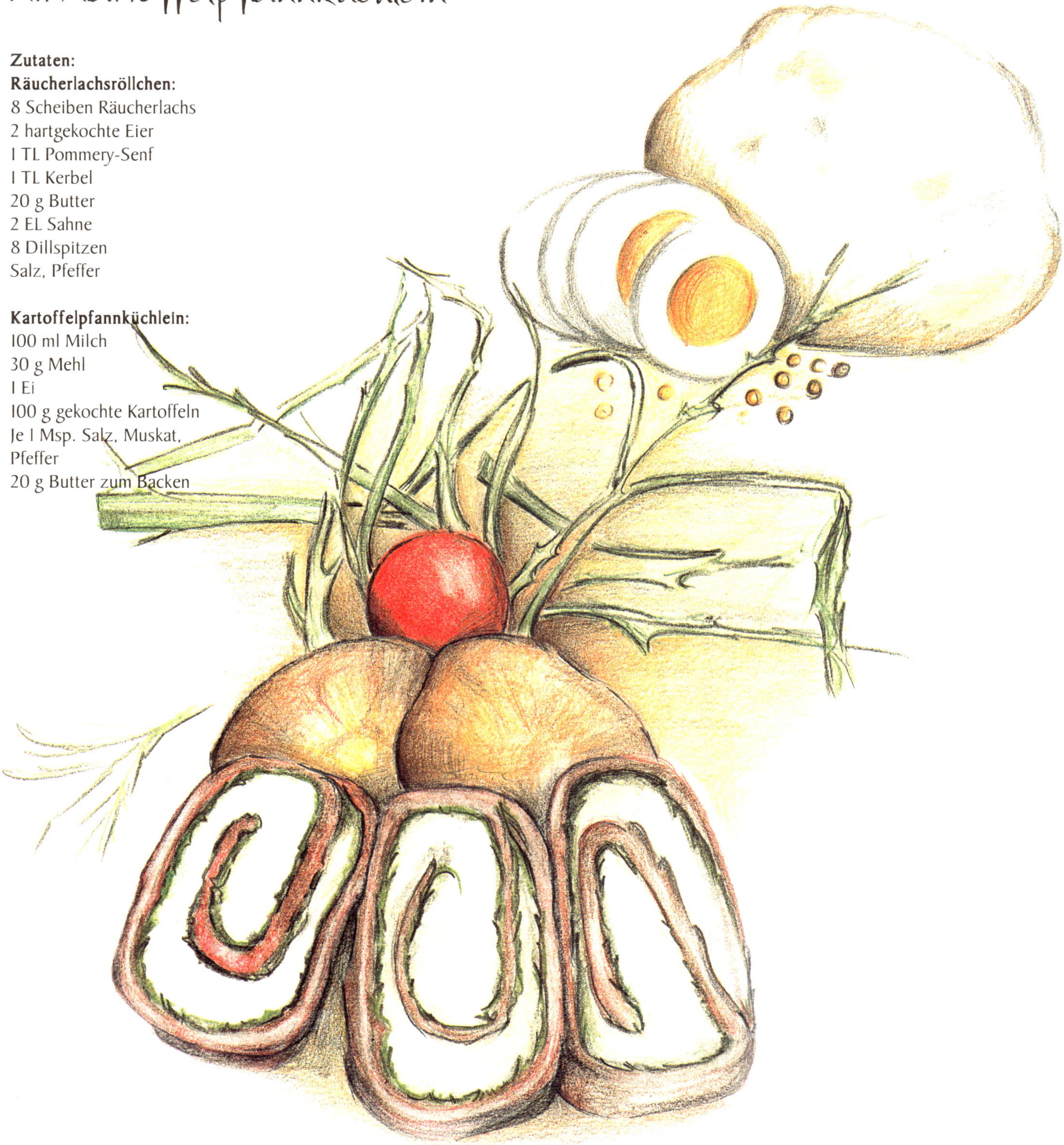

Zubereitung:
Räucherlachsröllchen:
Die gekochten Eier, den Pommery-Senf, den Kerbel, die Butter und die Sahne in einem Mixer pürieren, mit Salz und Pfeffer abschmecken. Die Masse gleichmäßig auf die Räucherlachsscheiben streichen. Zusammenrollen und mit den Dillspitzen garnieren.

Kartoffelpfannküchlein:
Die Milch mit dem Mehl und dem Ei zu einem glatten Teig verrühren, die gekochten Kartoffeln passieren und unter die Masse heben, anschließend mit Salz, Pfeffer und Muskat würzen.
In einer Pfanne 8 kleine Kartoffelpfannküchlein in Butter goldgelb backen.
Als Garnitur kann man einen kleinen Feldsalat mit gerösteten Sonnenblumenkernen geben.

Norbert Vögele,
„Ausbildungsküche des Berufsförderungszentrums Maximiliansau",
Wörth

Weinempfehlung:
Grauer Burgunder

Anna Schieber,
Alle guten Geister ...,
Heilbronn: Salzer 1907,
S. 8–9

Der Erbe des Hauses
Ehrensperger war nicht so
veranlagt, daß er allzuweit
in die Ferne gesehen hätte
und mit neun Jahren pflegt
man das auch nicht zu tun.
Jungfer Liese tat es für ihn;
und sie tat es mit Wohl-
gefallen, mit innerlichem
Schmunzeln. Sie stand
hinter dem Ladentisch
und verkaufte die Neujahrs-
bretzeln und legte den
honorigen Kunden noch
eine extra obendrauf
zusamt dem Prosit Neujahr,
das sie mit wohlwollend
zugespitztem Munde im
Namen der Firma aussprach.
Und lächelte breit und
sonnig, wann die Kundschaft
ebenfalls ihre Glückwünsche
hergab und legte sie alle
säuberlich auf die Seite,
einen zum andern,
nicht für sich, behüte,
für das Haus, und für den
Franz besonders.
Es war eine stattliche
Anzahl von Bretzeln, die
sie verkauft, und von
Glückwünschen, die sie
eingeheimst hatte,
Jungfer Liese konnte schon
mit Behagen um sich
blicken.

Sie stand hinter dem Ladentisch und verkaufte die

Neujahrsbretzeln

Anna Schieber
1867 Esslingen – 1945 Tübingen

Die aus einem alten Esslinger Geschäftshaus stammende Anna Schieber kam 1874 in die Schule, blieb allerdings – wie bei Mädchen damals üblich – ohne höhere Ausbildung. Nach dem Tod des Vaters 1890 zog die Familie nach Stuttgart. Dort arbeitete sie 1893 als Gehilfin im Kunsthaus Schaller, kam aber kurze Zeit später wegen eines Lungenleidens in das Sanatorium Hutzenbach (Schwarzwald). In dieser Zeit begann Anna Schieber zu schreiben. Nachdem sie 1901 von einer Erholungsreise nach Italien zurückgekehrt war, ließ sie sich in Uhingen nieder. Sie verlobte sich dort mit dem Theologen Friedrich Albrecht, der jedoch noch vor der Heirat starb. Anna Schieber siedelte daraufhin 1908 nach Alpirsbach über und machte 1913 eine zweite Italienreise, auf der sie Marie Cauer kennenlernte. Während des Ersten Weltkriegs meldete sie sich 1915 zum Lazarettdienst und war bis 1917 als Krankenschwester tätig. Im Jahr darauf zog sie mit M. Cauer nach Stuttgart-Degerloch. Sie engagierte sich zunächst politisch für die Deutsche Demokratische Partei und gründete eine Frauengruppe, von 1920 an widmete sie sich aber wieder verstärkt ihrer Schriftstellerei (1936 erhielt sie dafür den Schwäbischen Dichterpreis). Nachdem im Zweiten Weltkrieg 1944 ihr Haus zerstört worden war, stellte man ihr als Tübinger Ehrenbürgerin dort eine Unterkunft, in der sie jedoch nur noch wenige Monate leben konnte.

Butter-Neujahrsbrezeln

Zutaten für 2 Stück:
500 g Mehl (Type 405)
30 g Hefe
250 ml Milch (etwa)
10 g Salz
6 g Zucker
100 g Butter
1 Ei

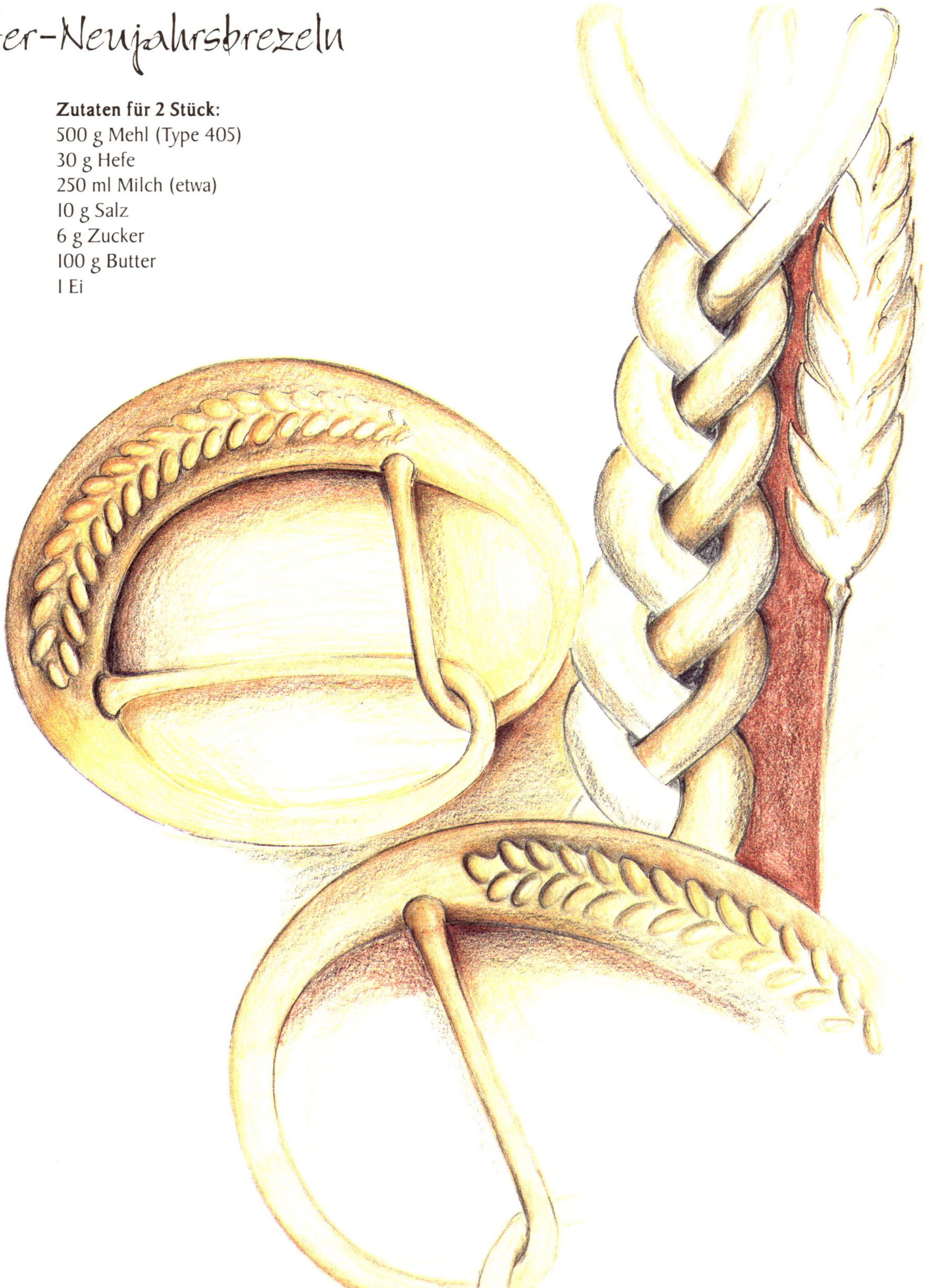

Zubereitung:
Aus 300 g Mehl, der Hefe und etwa 180 ml Milch einen weichen Vorteig kneten und 30 Minuten stehen lassen. Das restliche Mehl und die restliche Milch mit dem Vorteig und den übrigen Zutaten zu einem glatten Teig kneten und etwa 40 Minuten ruhen lassen.
Für eine Brezel 320 g und für das Zöpfchen 130 g Teig abwiegen. Das größere Teigstück in mehreren Etappen zu einem beidseitig konisch zulaufenden Strang rollen, eine große Brezel formen und den „Bauch" etwas flach drücken. Das kleinere Teigstück in 3 Stücke teilen, zu dünnen Strängen rollen, ein Zöpfchen flechten und auf den „Bauch" der Brezel auflegen. Die Brezeln mit Ei abstreichen und etwa 30 Minuten garen lassen. Danach ein zweites Mal mit Ei abstreichen und bei 200 °C backen.

Bäckerei Zoller,
Esslingen

Weinempfehllung:
Sekt von Riesling oder Kerner

Anna Schieber, Geschichten von gestern und heute von mir und dir, Heilbronn: Salzer 1930, S. 14

Übrigens hätten wohl Müllers den Acker auch nicht mit Gemüse angebaut, denn auch für sie war er viel zu weit entfernt. Sie hätten auch kein Wochenendhaus darauf gebaut, so gerne sie eins gehabt hätten. Mit vier Kindern da besinnt man sich, jeden Samstag so weit zu fahren. Außerdem hätten sie auch kein Geld zum bauen gehabt. Herr Müller war Kontorist, es war keine üppige Stelle, es reichte gerade zum Leben, wenn man sparsam war. Das waren Müllers. Man konnte bei Rohkost viel Geld verbrauchen, wenn man immer die frühesten Gemüse und das teuerste Obst kaufte, man konnte aber auch immer das essen, was gerade zeitgemäß war. Zum Beispiel war im Winter Rosenkohl und Wirsing billig, das konnte man jedes zweimal in der Woche essen, so kam man mit wenig Geld aus.

Rosenkohl und Wirsing

…, das konnte man jedes zweimal in der Woche essen

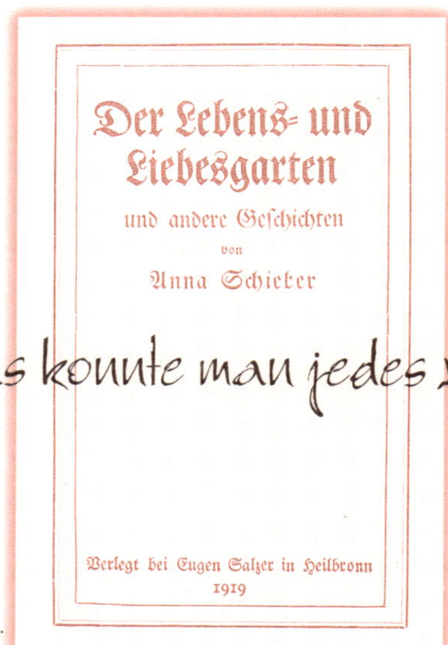

Der Lebens- und Liebesgarten

und andere Geschichten

von

Anna Schieber

Verlegt bei Eugen Salzer in Heilbronn

1919

Anna Schieber
1867 Esslingen – 1945 Tübingen

Geschichten für Kinder begann Anna Schieber bereits im Jahre 1897 zu schreiben – allerdings noch unter dem Pseudonym Dorothea Hoffmann. Als erste Publikationen unter ihrem eigenen Namen erschienen jedoch schon ein Jahr später die Bücher „Was des Andern ist" und „Warme Herzen". Obwohl diese später in zahlreichen weiteren Auflagen herauskamen, brachten erst die Erzählung „Sonnenhunger" (1903) und der Roman „Alle guten Geister" den erhofften Erfolg: Sie erwarb sich damit vor allem in Württemberg einen festen Leserkreis; die Bücher erlebten viele Auflagen. In der Folgezeit verfaßte Anna Schieber dann zahlreiche weitere Romane und Erzählungen sowie Erinnerungsbücher und Kindergeschichten. Einige dieser Publikationen seien hier ebenfalls genannt: die Romane „Ludwig Fugeler" (1918) und „Das große Ich" (1930), die Erzählungen „Allerlei Kraut und Unkraut" (1909), „Immergrüngeschichten" (1910), „Alte Geschichten" (1919), „Geschichten von gestern und heute von mir und dir" (1930) und „Der Weinberg" (1937) sowie die Kinderbücher „Röschen, Jaköble" (1911), „Sum, Sum, Sum" (1920), „Bille Hasenfuß" (1926), „Der Zeitungsbub" (1928) und „Bimberlein" (1930).

Wirsing und Rosenkohl in Schinken-Käse-Sauce

Zutaten:
200 g Wirsing
200 g Rosenkohl
400 g gekochter Hinterschinken
Je 100 g Gruyère und Parmesan
1 EL Butter
25 g Mehl
1/4 l Milch
Salz, weißer Pfeffer

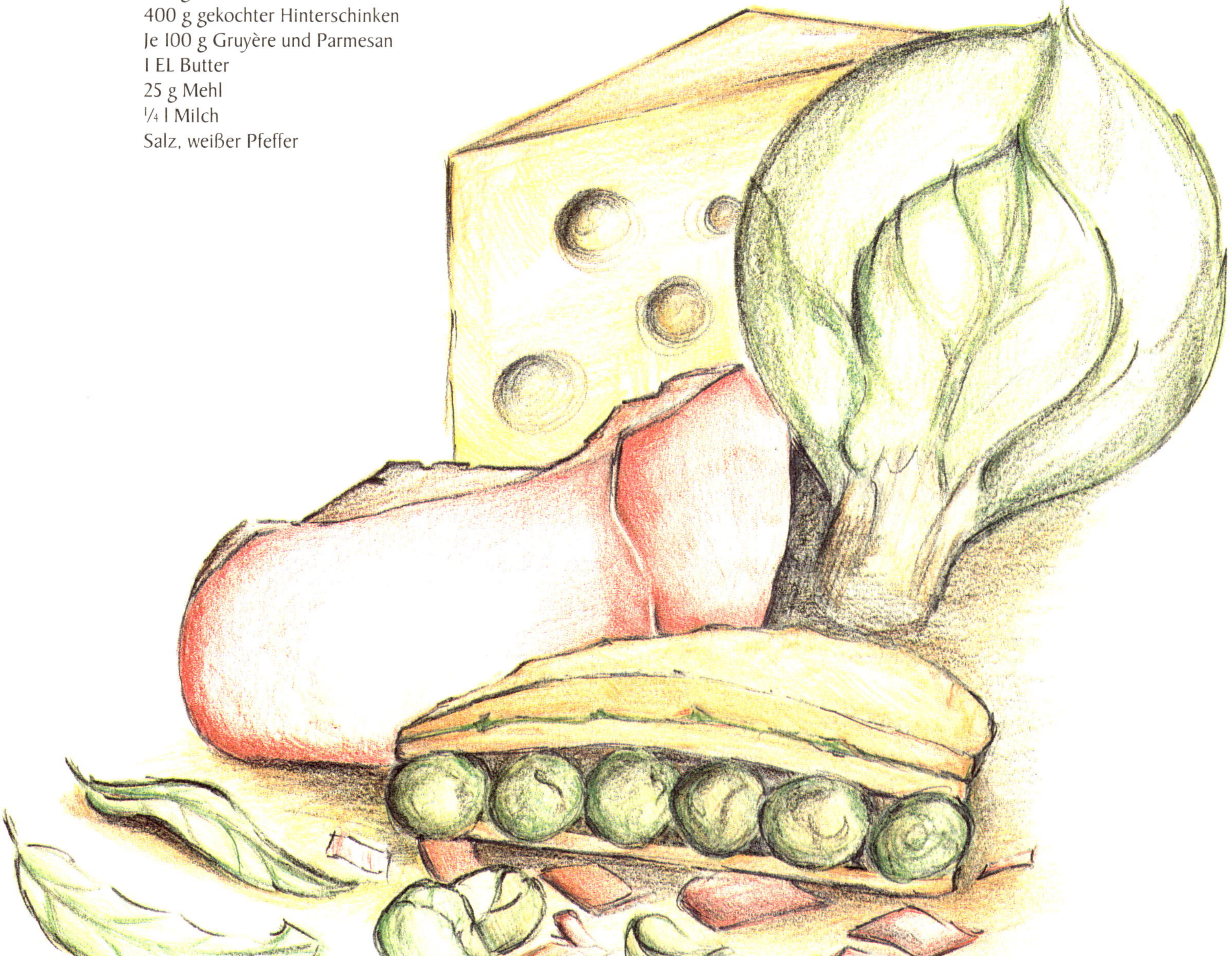

Zubereitung:
Die Wirsingblätter ohne Strang in 2 cm große Stücke schneiden und kurz überbrühen. Beim Rosenkohl fleckige und äußere Blättchen entfernen, Strunk etwas kürzen und kreuzförmig einschneiden, danach mehrmals waschen. Anschließend etwa 7 bis 8 Minuten überbrühen.
Den Hinterschinken in dünne Streifen schneiden. Wirsing, Rosenkohl und Schinken dann zusammen mit Butter in einem entsprechend großen Topf kurz anbraten. Parallel dazu eine weiße Grundsauce kochen. Dazu Butter in einem Topf zergehen lassen, dann mit dem Mehl bestäuben, das Ganze glattrühren, nach und nach die kalte Milch unter ständigem Rühren zugießen und etwa 15 Minuten schwach köcheln lassen. Nun den kurz angebratenen Wirsing-Rosenkohl-Schinken mit der zuvor mit Salz und Pfeffer abgeschmeckten Sauce übergießen und zum Schluß den Käse zufügen. Man kann das Gericht gleich servieren oder aber in eine feuerfeste Form geben und überbacken.
Dazu Kartoffeltaler oder Kräuterflädle reichen.

Rudi Pfitzer,
„Landgasthof Krone",
Murrhardt-Fornsbach

Weinempfehlung:
Riesling halbtrocken
oder Grauburgunder

Friedrich Schiller,
Der Verbrecher aus verlorener Ehre, S. 31, in: Erzählungen, Frankfurt/M.: Insel 1963, S. 10–42

„Sonnenwirt!" schrie alles zugleich, und alles fuhr auf und drängte sich um mich her, Männer und Weiber. Soll ich's gestehn? Die Freude war ungeheuchelt und herzlich, Vertrauen, Achtung sogar erschien auf jedem Gesichte, dieser drückte mir die Hand, jener schüttelte mich vertraulich am Kleide, der ganze Auftritt war wie das Wiedersehen eines alten Bekannten, der einem wert ist. Meine Ankunft hatte den Schmaus unterbrochen, der eben anfangen sollte. Man setzte ihn sogleich fort und nötigte mich, den Willkomm zu trinken. Wildpret aller Art war die Mahlzeit, und die Weinflasche wanderte unermüdet von Nachbar zu Nachbar. Wohlleben und Einigkeit schien die ganze Bande zu beseelen, und alles wetteiferte, seine Freude über mich zügelloser an den Tag zu legen.

Wildpret

aller Art war die Mahlzeit

Friedrich Schiller
1759 Marbach/Neckar – 1805 Weimar

Als Friedrich Schiller vier Jahre alt war, zog die Offiziersfamilie nach Lorch im Remstal, wo er von 1765 an ersten Elementarunterricht erhielt. Da sein Vater 1766 nach Ludwigsburg versetzt wurde, besuchte er dort bis 1772 die Lateinschule. Auf Grund guter schulischer Leistungen kam Schiller 1773 zunächst zum Studium der Rechte, dann von 1776 bis 1780 zum Studium der Medizin in die von der Solitude nach Stuttgart verlegte Karlsschule. Nach kurzer Tätigkeit als Militärarzt floh er im Herbst 1782 wegen des herzoglichen Schreibverbots nach Mannheim („Die Räuber" waren dort im Januar erstmals aufgeführt worden), dann nach Frankfurt, Oggersheim und Bauerbach/Thüringen. 1783 kehrte er als Theaterdichter nach Mannheim zurück. Weitere Stationen vor seiner Anstellung als Geschichtsprofessor in Jena 1789 waren Leipzig, Loschwitz, Dresden, Weimar, Rudolstadt und Volksstedt. In dieser Zeit entstanden Freundschaften mit Wieland und Herder, er begegnete Goethe und Humboldt. Nach Aufgabe seines Lehrstuhls 1791 wegen Krankheit (eine Bauchfellentzündung sollte nie mehr ganz ausheilen) besuchte er 1793/1794 erstmals seit seiner Flucht wieder Württemberg, lehnte jedoch eine mögliche Berufung auf den Tübinger Geschichtslehrstuhl nach erfolgreichen Verhandlungen mit Jena ab. Dorthin zurückgekehrt, begann Schillers Freundschaft mit Goethe, Begegnungen mit Jean Paul und Schlegel folgten. 1799 nahm er die Einladung von Herzog Carl August an, in Weimar zu wohnen; er zog 1802 in das Haus an der Esplanade um. Einer Reise nach Berlin Anfang 1804 – wo er ebenfalls auf eine ihm angetragene Berufung verzichtete – folgte im Sommer ein erneuter Krankheitsanfall, von dem sich Schiller nie mehr richtig erholte.

Hohenloher Wildbretstrudel

Zutaten:
400 g Rehfleisch (Häute, Sehnen und Knorpel entfernen)
1 Semmel (eingeweicht und ausgedrückt)
2–3 Eier
100–200 ml Sahne
3 Eiswürfel/Zerstoßenes Eis
Etwa 10 g Salz, 2 Msp. Pfeffer,
2 Blätter Salbei
½ TL Rosmarin, 1 TL Kerbel
6 Wacholderbeeren
Die Gewürzmischung im Mörser zerstampfen oder mahlen.

Einlage:
80 g Sellerie in Würfeln oder Stiften
(überbrühen und abtropfen lassen)
150 g Rehgeschnetzeltes
(mit Salz und Pfeffer würzen, kurz anbraten)
100 g Austernpilzblätter
(anbraten und abtropfen lassen)
80 g Bauchspeckwürfel
(anbraten und abtropfen lassen)
50 g Wirsingblätter
(überbrühen und abtropfen lassen)
Die Einlage im Kühlschrank 30 Minuten kalt stellen.

Strudelteig:
250 g Mehl
2 cl Öl
1 Msp. Salz
Etwa 100 ml Wasser
1 Ei

Zubereitung:
Das Rehfleisch im Fleischwolf durch die feine Lochscheibe drehen, mit den Eiern, Sahne, Semmeln und gestoßenen Gewürzen zu einer Masse verkneten und im Gefrierschrank etwa 10 Minuten kühlen, dann in einer Küchenmaschine mit den zerstoßenen Eiswürfeln etwa 1½ Minuten mixen und die Masse im Gefrierschrank überkühlen lassen.
Anschließend nochmals etwa 1½ Minuten mixen, die aufgemixte Masse in eine Schüssel geben und mit der überkühlten Einlage mischen.
Den vorbereiteten Strudelteig auf ein gemehltes Tuch ziehen, die Füllmasse auf das erste Drittel des Strudelteigs ziehen und einrollen.
Den Strudel auf ein gebuttertes Backblech geben und im Ofen bei etwa 180 °C anbacken. Nach 10 Minuten den Ofen auf 140 °C zurückschalten. Den Strudel 35 Minuten weiterbacken. Nach dem Backen etwa 15 Minuten abkühlen lassen und lauwarm servieren.

Tip:
Statt Strudelteig kann man auch Blätterteig verwenden. In die Füllmasse kann man auch Wildhasen- oder Hirschfleisch geben. Wenn man den Strudel in den letzten 10 Minuten der Backzeit mit Sahne einstreicht, bekommt er eine bessere Farbe.

Hans Peter Merk,
„Hotel Der Adelshof",
Schwäbisch Hall

Weinempfehlung:
Spätburgunder trocken

Friedrich Schiller, Die Räuber, S. 261, in: Werke, Bd. I, Berlin: Oestergaard 1910 (Meisterwerke deutscher Klassiker), S. 219–338

Meine Augbrauen sollen über euch herhangen wie Gewitterwolken, mein herrischer Name schweben wie ein drohender Komet über diesen Gebirgen, meine Stirne soll euer Wetterglas sein!
Er streichelte und koste den Nacken, der gegen ihn störrisch zurückschlug. Streicheln und kosen ist meine Sache nicht.
Ich will euch die zackigen Sporen ins Fleisch hauen und die scharfe Geißel versuchen. – In meinem Gebiet soll's soweit kommen, daß Kartoffeln und Dünnbier ein Traktament für Festtage werden, und wehe dem, der mir mit vollen, feurigen Backen unter die Augen tritt! Blässe der Armut und sklavischen Furcht sind meine Leibfarbe; in diese Livree will ich euch kleiden!

In meinem Gebiet soll's soweit kommen, daß

Kartoffeln

... ein Traktament für Festtage werden

Friedrich Schiller
1759 Marbach/Neckar – 1805 Weimar

Der junge Schiller scheute sich nicht vor der Kritik an den Verhältnissen seiner Zeit, wie seine sozialkritischen und aufklärerischen Sturm-und-Drang-Dramen zeigen: Den 1781 vollendeten „Räubern" folgten die Tragödien „Die Verschwörung des Fiesko zu Genua" (1783) und „Kabale und Liebe" (1784); die Erzählung „Verbrecher aus Infamie" (1785; später: „Verbrecher aus verlorener Ehre") ist ebenfalls zu dieser Schaffensperiode zu zählen. In der Folgezeit beschäftigte sich Friedrich Schiller, der 1785 die Zeitschrift „Rheinische Thalia" gründete (erschienen bis 1796), vor allem mit historischen, ästhetischen und philosophischen Studien. So beendete er 1792 das historische Werk „Geschichte des Dreißigjährigen Krieges". Seine erste größere philosophische Schrift „Über Anmut und Würde" erschien 1793, und seine intensive Beschäftigung mit der Philosophie Kants spiegelt sich in seiner Veröffentlichung „Über die ästhetische Erziehung des Menschen" (1795) wider. Die in Versen geschriebene Tragödie „Don Carlos, Infant von Spanien" (1787) kündigte jedoch schon Jahre zuvor seine klassische Periode mit den auch formal vollendeten idealistischen Dramen wie „Wallenstein" (1800), „Maria Stuart" (1801), „Die Jungfrau von Orleans" (1802), „Die Braut von Messina" (1803) und „Wilhelm Tell" (1804) an.

Kartoffel-Kohlrabi-Gratin mit Schichtkäse

Zutaten:
1 kg mehligkochende Kartoffeln
350 g Kohlrabi
1/4 l Sahne
2 EL Schichtkäse
1 Knoblauchzehe
1 TL Butter
Salz, Pfeffer aus der Mühle
Muskatnuß

Zubereitung:
Eine feuerfeste Form mit Knoblauch ausreiben und ausbuttern. Geschälte Kartoffeln und Kohlrabi in sehr dünne Scheiben schneiden und schuppenartig abwechselnd in die Form einschichten. Mit Salz, Pfeffer aus der Mühle und frisch geriebenem Muskat würzen, die mit dem Schichtkäse verrührte Sahne angießen und bei 220 °C 30 Minuten backen. Das Gratin als vegetarischen Hauptgang oder als Beilage servieren.

Holger Essig,
„Restaurant Trollinger",
Murr

Weinempfehlung:
Trollinger Weißherbst

Christian Friedrich Daniel Schubart, Recipe für einen Bierwirth, in: Sämmtliche Gedichte, Bd. 2, Stuttgart: Rieger 1862, S. 860

Bruder, komm, ich rathe dir,
Braue hübsches, dünnes Bier.
Wirf, damit's die Gäste dürste,
Handvoll Salz in deine Würste,
Halte eine schöne Magd,
Die den Gästen nichts versagt;
Und für eine kleine Freude,
Schreibe doppelt mit der Kreide!
Halt' auf deinem Vorteil fest,
Du wirst reich! – Probatum est!

Wirf ..., Handvoll Salz in deine Würste

Christian Friedrich Daniel Schubart
1739 Obersontheim – 1791 Stuttgart

Aufgewachsen ist Christian Friedrich Daniel Schubart in Aalen, wo sein Vater Lehrer und Kantor, später auch Diakon war. Der musikalisch begabte Schüler kam 1753 auf das Nördlinger Lyceum, zwei Jahre danach wechselte er auf das Gymnasium in Nürnberg. Das nach Abschluß der Schule 1758 in Jena geplante Theologiestudium trat Schubart – ein genialer, aber ungezügelter Charakter – nicht an: Er kam nur bis Erlangen. Sein Vater holte ihn 1760 zurück nach Aalen. 1763 endlich erhielt er das Amt eines Schuladjunkts in Geislingen. Herzog Carl Eugen setzte ihn, durch Vermittlung von Freunden, 1769 in das Amt des Organisten und Musikdirektors in Ludwigsburg ein, doch konnte er den Verlockungen der damaligen Residenzstadt nicht widerstehen: Als Ehebrecher zunächst eingesperrt, wurde er 1773 des Landes verwiesen. Eine unruhige Zeit mit verschiedenen Aufenthaltsorten, zuletzt Augsburg und Ulm, folgte. 1777 wurde Schubart, nachdem man ihn auf württembergisches Gebiet gelockt hatte, in Blaubeuren wegen seiner Angriffe auf die weltlichen und kirchlichen Herrscher (vor allem in seiner 1774 gegründeten Zeitung „Deutsche Chronik") gefangengenommen und mußte zehn Jahre eingesperrt auf dem Hohenasperg verbringen. Obwohl seine ersten Gedichte unter dem Titel „Zaubereien" schon 1766 erschienen waren, machte ihn erst das hier Entstandene berühmt: Nachdem mehrere Gedichte durch Abdruck in Musenalmanachen zwischen 1781 und 1784 an die Öffentlichkeit gekommen waren, erschienen 1785 in Zürich der Band „Gedichte aus dem Kerker" und 1787 die überall Aufsehen erregenden „Kaplieder". Unter anderem der 1786 separat aufgelegte Hymnus auf den preußischen König Friedrich den Großen bewirkte noch 1787 seine Entlassung aus dem Kerker und seine Ernennung durch Herzog Carl Eugen zum Hof- und Theaterdichter.

Schwäbischer Vesperteller

Zutaten:
100 g Hausmacherleberwurst
100 g Griebenwurst oder Schwartenmagen
100 g weißer Preßsack
100 g Bierschinken
100 g Salzfleisch oder Knöchle
100 g Kaßler oder Rauchfleisch
100 g Emmentaler
1 kleiner Laib Backsteinkäse (125 g)
4 rote Rettiche
4 Essiggurken
2 gekochte Eier
2 Fleischtomaten (in Vierteln)

Zubereitung:
Das Vesper hat in Baden-Württemberg eine große Tradition und genießt einen hohen Stellenwert. Es gibt das Morgenvesper um halb zehn Uhr und das zweite am Abend etwas reichlicher, weil man auch mehr Zeit hat.
Die Wurst und der Käse werden am Stück oder in dickeren Scheiben auf einer Holzplatte angerichtet, nach Bedarf mit dem Messer abgeschnitten und erst auf dem Teller in mundgerechte Stücke zerteilt. Der Backsteinkäse muß natürlich reif (laufig) sein und wird vorher geputzt, d. h., die Rotschmierrinde wird mit dem Messer abgeschabt.
Die Rettiche waschen, putzen, einschneiden und leicht salzen, zusammen mit den anderen Beilagen extra auf einer Platte anrichten.
Dazu gibt es gesalzene Landbutter, Griebenschmalz, Senf und zum Würzen Pfeffer aus der Mühle, verschiedene Sorten herzhaftes Brot, Laugenbrezeln und Kümmelstangen.

Walter Hofmann,
„Gasthof Lamm",
Weinstadt-Strümpfelbach

Weinempfehlung:
Trollinger trocken

Tony Schumacher,
Aus frühester Jugendzeit,
Stuttgart: Quell-Verlag 1901,
S. 107

Mein Sinn stand nach dem knusprigen Anschnitt, den ich jedesmal erhielt – beileibe nicht von oben her, sondern aus der Quere genommen, wie sonst nie ein Laib angeschnitten wurde, welches Stück uns aber ganz besonders krachend und köstlich dünkte – Großmutters Knäuschen! Warum erschien uns nur das als etwas ganz Exzeptionelles? (Man verzeihe mir die da und dort gebrauchten Fremdwörter, ohne die ich die damalige Zeit nicht richtig schildern könnte.) Es war dasselbe Brot wie zu Hause, vom selben Bäcker gebacken, aber es schien uns Kindern doch etwas ganz anderes zu sein und dazu mögen wohl die lieben Großmutterworte beigetragen haben, die sie beim Gehen sprach und die gewisse Feierlichkeit, mit der die Sache gehandhabt wurde. Ein jedes von uns durfte einmal in der Woche bei ihr essen und wie freuten wir uns darauf. Es gab zu Hause ja wohl Mehrerlei, aber hier wurde auf die Leibspeise von einem jeden Rücksicht genommen. Rikele, die langjährige Dienerin, erkundigte sich vorher eingehend danach, und nie in meinem späteren Leben aß ich wieder so gute Dampfnudeln, Milchspatzen und Aufläufe, wie die von ihr gemacht!

nie ... aß ich wieder so gute Dampfnudeln

Tony Schumacher
1848 Ludwigsburg – 1931 Ludwigsburg

Die Tochter des Generals Fidel von Baur-Breitenfeld, Antonie Louise Christiane Marie Sophie, genannt Tony, verbrachte ihre Kindheit und Jugend in Ludwigsburg. Das Elternhaus wurde vom Vater, seit 1853 Gouverneur der Stadt, nach strengen Regeln patriarchalisch geführt. Nach wiederholten Aufenthalten in den Jahren zwischen 1868 und 1871 in München zur Pflege ihres kranken Bruders heiratete sie 1875 den Stuttgarter Hofrat Karl Friedrich Schumacher. Jetzt erst begann sie zu schreiben, und als in den neunziger Jahren die ersten ihrer später über fünfzig Bücher erschienen, war der Grundstein für eine Karriere gelegt, die Tony Schumacher zu einer der meistgelesenen Schriftstellerinnen ihrer Zeit machte. Die Erziehung zu Gehorsam, Disziplin und Frömmigkeit, die sie in jungen Jahren erfuhr, findet sich idealisiert vor allem in ihren Jugendbüchern wieder, die neben essayistischen Schriften und Autobiographien weit über die Hälfte ihres Werkes bilden. Bekannt geworden sind unter anderem „Schulleben" (1897), „Vom Schulmädel bis zur Großmutter" (1898), „Das Turmengele" (1901), „Aus frühester Jugendzeit" (1901), „Dummerchen" (1906), „Komteßchen und Zigeunerkind" (1915), „Die beiden Trotzköpfe" (1919) und „Was mein einst war: Erinnerungen aus späten Jahren" (1926).

Dampfnudeln

Zutaten:
Dampfnudeln:
500 g Mehl
30 g Hefe
50 g Zucker
¼ l lauwarme Milch
40 g Butter
2 Eier
1 Prise Salz
Abgeriebene Schale von ½ Zitrone und ½ Orange

Für die Pfanne:
100 g Butter
2 EL Zucker
⅛ l Milch

Zubereitung:
Das Mehl in eine Schüssel sieben und eine Mulde hineindrücken. Die zerbröselte Hefe darin mit wenig Zucker, der Milch und etwas Mehl zu einem Vorteig verrühren. 15 Minuten gehen lassen.
Die Butter zerlassen und mit dem restlichen Zucker, den Eiern, Salz und Zitronen-/Orangenschale, Vorteig und dem restlichen Mehl verkneten. 30 Minuten gehen lassen.
Danach den Teig zu etwa 50 g schweren Kugeln formen. 100 g Butter, 2 EL Zucker und die Milch in eine gußeiserne Pfanne geben und aufkochen. Die Teignudeln dicht nebeneinander hineinsetzen. Mit einem Deckel schließen und im Backofen bei 190 °C etwa 30 Minuten backen.
Zu den Dampfnudeln paßt eine Weinschaumsauce oder Vanillesauce.

Frank Walter,
„Hotel Graf Eberhard",
Bad Urach

Weinempfehlung:
Müller-Thurgau Spätlese

Gustav Schwab,
Rudolph und der Gerber, S. 407,
in: Gedichte,
Stuttgart, Tübingen: Cotta 1828,
S. 404–410

Und bald im Reitersrocke schlicht
Trat ein mit freundlichem Gesicht,
Und sah mit Staunen, starr und stumm
Herr Rudolph rings im Saal sich um.
Und endlich sprach er: „Traun, verirrt
Hat sich das Glück zu Euch, Herr Wirth!
Ich glaub' ich bin der Bürgersmann,
Und poche bei dem König an!
Ja, solcher Zimmer, solcher Schätze,
Am Tisch so wohlbesetzter Plätze,
Und solcher Königin bei'm Schmaus
Wär' werth ein fürstlich Herrenhaus!"
Mit diesen Worten setzt' er sich
Zur holden Wirthin tugendlich
Und auf den Stuhl zu seiner Linken
Thät er den Gerber niederwinken.
Er trinkt vom gold'nen Rheinwein gern,
Ein schöner Mund kredenzt dem Herrn;
Läßt zum Kapaun sich nicht erst bitten,
Den ihm der Nachbar zugeschnitten.

Läßt zum Kapaun sich nicht erst bitten

Gustav Schwab
1792 Stuttgart – 1850 Stuttgart

Die Kinder- und Jugendzeit verbrachte der Sohn des Karlsschulprofessors und Geheimen Hofrats Johann Christoph Schwab in Stuttgart. Nach Abschluß seiner Schulausbildung, zuletzt am Oberen Gymnasium in Stuttgart, studierte er von 1809 bis 1814 am Tübinger Stift evangelische Theologie, klassische Philologie und Philosophie. Freundschaften entstanden mit Uhland, Kerner und anderen Mitgliedern des Schwäbischen Dichterkreises, zu dessen Zentrum er bald zählte. Nach dem Vikariat (in Bernhausen) und einer von vielen literarischen Begegnungen gekennzeichneten Bildungsreise nahm er 1815 eine Repetentenstelle am Tübinger Stift an. Ende 1817 wechselte Gustav Schwab dann als Professor für Latein und Griechisch an das Obere Gymnasium in Stuttgart und stand in den folgenden Jahren im Mittelpunkt des literarischen und kulturellen Lebens der württembergischen Residenz. Neben seiner schulischen Tätigkeit leitete er verschiedene literarische Projekte und war von 1828 bis 1837 Redakteur des poetischen Teils von Cottas „Morgenblatt". 1837 kehrte er in ein theologisches Amt zurück und übernahm das Pfarramt Gomaringen (bei Reutlingen). Doch schon vier Jahre später zog es ihn wieder in die altvertraute Stuttgarter Umgebung: Er bewarb sich erfolgreich als Pfarrer und Amtsdekan von St. Leonhard. Nach seiner Ernennung zum Oberkonsistorialrat und Oberstudienrat 1845 gab er das Predigtamt jedoch auf.

Kapaun mit feinen Bandnudeln und Frühlingsgemüse

Zutaten:
2 Kapaune (ersatzweise Maispoularden) zu je 900 g
2 EL Sonnenblumenöl
100 g Speckscheiben (dünn geschnitten)
200 g Gemüsewürfel (gelbe Rüben, Sellerie, Zwiebel, Lauch)
¼ l Geflügelbrühe
¼ l Sahne
5 Eigelb
½ Zitrone
1 kleines Bd. Estragon
Meersalz, Pfeffer

Zubereitung:
Die 2 Kapaune (kastrierter Hahn, etwa 1,8–2,2 kg, üblicherweise nur zur Weihnachtszeit erhältlich) binden (Flügel unter den Körper legen und die Keulen zusammenbinden), trockentupfen, würzen und mit dem Öl bestreichen. Die Brüste mit den Speckscheiben belegen und auf das kleingeschnittene, geputzte Gemüse in einen Schmortopf legen, bei mittlerer Hitze (150–170 °C) im Backofen etwa 40 bis 50 Minuten braten, ab und zu mit dem Bratsaft übergießen. Die fertigen Kapaune herausnehmen und warm stellen. Den Bratsaft mit der Geflügelbrühe loskochen, etwas einköcheln und durchseihen. Eine Mischung aus den Eigelben und der Sahne herstellen und unter die nicht mehr kochende Sauce ziehen, abschmecken und mit dem kleingeschnittenen Estragon vollenden.
Dazu passen italienische feine Bandnudeln und Frühlingsgemüse wie junge gelbe Rüben, Spargel, Lauchzwiebeln, Romanesco oder Brokkoli usw.

Erich Stradinger,
„IBM Restaurant Cafeteria",
Böblingen

Weinempfehlung:
Schiller Qualitätswein

Gustav Schwab,
Der Reiter und der Bodensee,
S. 366, in: Gedichte,
Stuttgart, Tübingen: Cotta 1828,
S. 364–366

Sie rufet das Dorf herbei zu der Mähr',
Es stellen die Knaben sich um ihn her;

Die Mütter, die Greise, sie sammeln sich:
„Glückseliger Mann, ja, segne du dich!

Herein zum Ofen, zum dampfenden Tisch,
Brich mit uns das Brot und iß vom Fisch!"

Der Reiter erstarret auf seinem Pferd,
Er hat nur das erste Wort gehört.

Es stockt sein Herz, es sträubt sich sein Haar,
Dicht hinter ihm grins't noch die grause Gefahr.

Es siehet sein Blick nur den gräßlichen Schlund,
Sein Geist versinkt in den schwarzen Grund.

Im Ohr ihm donnerts, wie krachend Eis,
Wie die Well' umrieselt ihn kalter Schweiß.

Da seufzt er, da sinkt er vom Roß herab,
Da ward ihm am Ufer ein trocken Grab.

Der Bodensee
nebst
dem Rheinthale
von
St. Luzienſteig bis Rheinegg.
Von
Guſtav Schwab.
Zweite sehr vermehrte und verbesserte Auflage.
Mit zwei Stahlstichen und zwei Karten.
Erſte Abtheilung,
das Landschaftliche und Geschichtliche enthaltend.

Brich mit uns das Brot und iß vom Fisch!

Gustav Schwab
1792 Stuttgart – 1850 Stuttgart

Erste Veröffentlichungen Gustav Schwabs erschienen noch während seiner Studentenzeit in Tübingen: Er beteiligte sich nicht nur an Kerners „Poetischem Almanach auf das Jahr 1812" und „Deutschem Dichterwald" (1813), sondern war von 1812 an auch regelmäßig mit Gedichten, Rezensionen und Korrespondenzen in Cottas „Morgenblatt für gebildete Stände" vertreten. Seine von der Romantik und dem Biedermeier beeinflußte Lyrik – Uhland als Romanzen- und Balladendichter war sein großes Vorbild – veröffentlichte er in drei Gedichtausgaben (1828–1829, 1838 und 1846). Der langjährige literarische Berater Cottas hatte aber auch als Übersetzer (etwa „Alphonse de Lamartine, Auserlesene Gedichte"; 1826) und Herausgeber („Friedrich Hölderlin, Gedichte", 1826 oder „Wilhelm Hauff, Sämmtliche Werke in 36 Bänden", 1830) große Erfolge. Besondere Bedeutung jedoch erlangten seine heimatkundlichen Werke, eine Mischform aus vorgefundenen Quellen, realen Beschreibungen sowie Nachdichtungen und Eigenem („Die Neckarseite der schwäbischen Alb", 1823; „Der Bodensee nebst dem Rheinthale", 1827, und „Wanderungen durch Schwaben", 1837) sowie seine Nacherzählungen klassischer und deutscher Sagen („Die schönsten Sagen des klassischen Alterthums", 1838).

Bodenseefelchen auf Blattspinat, gefüllt mit Lachsmus, mit feiner Kerbelsauce

Zutaten:
4 Bodenseefelchenfilets zu je 130 g
150 g Lachsfilet
300 g Blattspinat
200 ml Fischsaft (Fond)
200 ml Weißwein
100 ml Sahne
50 g Butter
1 Eiweiß
1 Zitrone
5 Schalotten
Frischer Kerbel
2 Lorbeerblätter
Noilly Prat (Vermouth)
Frische Kräuter
1 Prise Salz, Pfeffer aus der Mühle
Worcestershiresauce

Zubereitung:
Mit einer Küchenmaschine das Lachsfilet zerkleinern, Eiweiß, 4 EL Sahne, Salz, Pfeffer und Vermouth dazugeben und alles zu einem glatten Füllsel pürieren. Das Felchenfilet salzen, mit etwas Zitronensaft und Worcestershiresauce beträufeln. Mit dem fertigen Lachsfüllsel das Felchenfilet auf der Innenseite bestreichen, mit der Hautseite nach oben wellenförmig in eine ausgebutterte feuerfeste Form legen, mit Wein angießen, frische Kräuter zugeben, mit Alufolie ganz abdecken, bei mäßiger Hitze (etwa 150 °C) im Ofen etwa 20 Minuten garen. Den Blattspinat mit Schalotten und Butter leicht dünsten, mit Brühe angießen und fertiggaren, abschmecken.
Für die Sauce, die Schalotten in Butter andünsten, mit dem Fischsaft aufgießen, die Sahne sowie Lorbeerblätter zufügen und auf die Hälfte einkochen. Jetzt abschmecken mit Salz, Pfeffer aus der Mühle und Vermouth, den feingeschnittenen Kerbel zufügen.
Den Blattspinat auf Tellern anrichten, die gegarten Bodenseefelchen darauf setzen, mit der Kerbelsauce überziehen. Salzkartoffeln als Beilage.

Hannelore Honold,
„Restaurant Mettnau-Stube",
Radolfzell

Weinempfehlung:
Grauer Burgunder trocken

Gerhard Storz,
Im Lauf der Jahre.
Ein Lebensbericht aus der ersten Jahrhunderthälfte,
Stuttgart: Klett 1973,
S. 127

War dann am Abend die für den inneren Dienst festgesetzte Zeit mit Putzen, Reinigen, Flicken noch nicht völlig vertrieben worden, dann wurde „Singen" befohlen. Tagsüber war das schon oft genug geschehen, wurden wir doch niemals irgendwohin geführt, und war es auch nur eine Straße lang, ohne daß nicht alsbald von der schönen Rosa, oder vom Jäger in dem grünen Wald, oder vom Edelweiß hoch droben geplärrt werden mußte. Es empfahl sich jedoch nicht, seinen Unmut etwa durch Stummbleiben freien Lauf zu lassen.
Denn die sehr wahrscheinliche Entdeckung hätte den Verlust der abendlichen Rekreation zur Folge haben können.
In ihrem Betracht zeigte das Allgäustädtchen ein freundlicheres Gesicht als jede der alten, großen Garnisonen. Denn in der Metzgereiwirtschaft zum Deutschen Haus gab es für Soldaten köstliche Dinge ohne Marken und zu dennoch bescheidenem Preis: Rostbraten, saure Nieren, gebackene Leber und anderes mehr. In einem weniger volkstümlichen Restaurant, in welchem Offiziere zu sehen waren, bekam man, gleichfalls ohne Marken, riesige Pfannkuchen, und in einer Konditorei friedensmäßige Mandelschiffchen und Nußcreme-Hörnchen. Die Einkehr in diesen wahrhaft gastlichen Stätten war das hauptsächliche, auch so ziemlich einzige Vergnügen in dem Städtchen ohne Kino.

in der Metzgereiwirtschaft ... gab es ... köstliche Dinge ...

saure Nieren

Gerhard Storz
1898 Rottenacker – 1983 Leonberg

Der aus einer württembergischen Pfarrersfamilie stammende Gerhard Storz verbrachte – der geistigen Tradition eines Pfarrhauses entsprechend in evangelisch-humanistischer Atmosphäre – Kindheit und Jugend in seinem Heimatdorf auf der Schwäbischen Alb. Sein Studium der klassischen Sprachen und der Germanistik in Tübingen konnte er erst nach dem Ende des Ersten Weltkriegs beginnen. Er beendete es 1922 mit der Promotion. Aus der vorgezeichneten wissenschaftlichen Laufbahn brach er jedoch aus, wurde 1923 zunächst Schauspieler und war dann bis 1935 Regisseur und Spielleiter an verschiedenen Theatern, unter anderem in Karlsruhe, Mannheim und Dortmund. Danach ging er doch in den Schuldienst an das Gymnasium in Schwäbisch Hall, dessen Leitung er als Oberstudiendirektor 1947 übernahm. Von 1958 bis 1964 war der inzwischen auch als Erzähler und Literaturhistoriker geschätzte Gerhard Storz Kultusminister von Baden-Württemberg, danach lehrte er als Honorarprofessor für deutsche Philologie in Tübingen und amtierte sechs Jahre lang als Präsident der Deutschen Akademie für Sprache und Dichtung.

Saure Nierle auf schwäbische Art

Zutaten:
4 Schweinenieren zu je etwa 180 g
Meersalz, Pfeffer
50 g Würfel von roten Zwiebeln
400 ml fettfreier Bratensaft vom Kalb (leicht gebunden)
200 ml Sauerrahm
100 ml kräftiger Rotwein
3 EL Rotweinessig
1 EL Balsamessig
Frische Blattpetersilie
3 EL Pflanzenöl

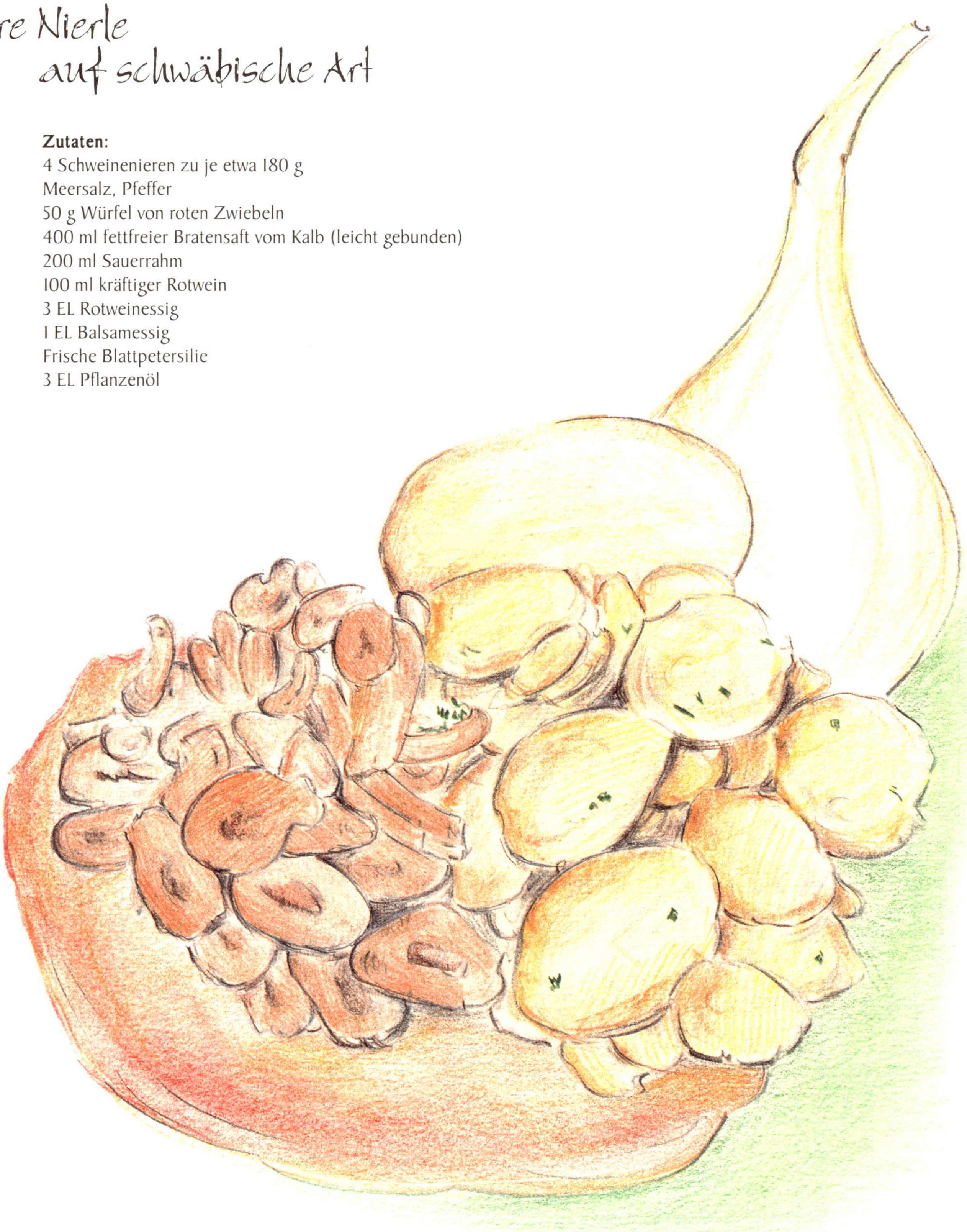

Zubereitung:
Die Nieren mit einem spitzen und scharfen Messer quer durchschneiden und die weißen Teile sauber entfernen (evtl. vom Metzger machen lassen), kurz waschen und abtrocknen. In dünne, feine Streifen schneiden und in einer heißen Pfanne mit den Zwiebelwürfeln schnell in Öl anbraten.
Die garen Nierenstreifen auf ein Sieb schütten und warm stellen; Öl aus der Pfanne abgießen, den Bratsatz mit dem Rotwein und dem Rotwein- und Balsamessig ablöschen und kurz einkochen, den Kalbsbratsaft zugeben und alles sämig einkochen, abschmecken und mit dem glattgerührten Sauerrahm vollenden.
Die Nieren auf Teller anrichten, mit der fertigen Sauce überziehen und mit Blattpetersilie garnieren. Dazu passen kroß gebratene Röstkartoffeln und Portulaksalat mit Speckstreifen.

Erich Stradinger,
„IBM Restaurant Cafeteria",
Böblingen

Weinempfehlung:
ein kräftiger Trollinger

Gerhard Storz,
Im Lauf der Jahre.
Ein Lebensbericht aus der ersten Jahrhunderthälfte,
Stuttgart: Klett 1973,
S. 70–71

Hernach ging es in Stuttgart jedoch ganz bequem, ja vergnüglich zu: Wohl war der Großonkel von etwas gehaltener Art, aber er sprach schwäbisch, freilich nach Art der Stuttgarter Honoratioren. Er fragte auch nicht albern daher, wie manche Erwachsenen es uns gegenüber so unleidlich an sich hatten, sondern er erkundigte sich etwa nach unseren Lieblingsbüchern. Wenn er sie nicht kannte, ließ er uns darüber berichten; hatte er sie früher einmal gelesen, wie „Württemberg, wie es war und ist", dann erkundigte er sich nach der Wirkung, indem er beispielsweise wissen wollte, ob wir uns hernach nicht vor Gespenstern gefürchtet hätten. Er beschenkte uns denn auch in der Folge bei besonderen Anlässen mit sorgsam gewählten Büchern, beispielsweise mit dem Rulamann, mit der Homerübersetzung von Voß in vier schönen Pappbänden von 1814. Die Tante führte uns bald in ein anderes Zimmer vor ein Wunderwerk von Krippe, vor der wir uns auf den Boden legen durften. Denn nur unter dieser Perspektive war die wahrhaftige Landschaft um den Stall und die Fülle der Figuren zu bewältigen. Auch die schließliche Kollation entbehrte die von Mutter befürchteten Klippen: Wir blieben im Krippenzimmer unter uns, zusammen mit unserer Schwester, mit dem Richard und der seinigen, bekamen zum Kakao die Rarität des bremischen Baumkuchens zu verschmecken, und bald darnach brach man auf.

Wir … bekamen zum Kakao die Rarität des

bremischen Baumkuchens

zu verschmecken

Gerhard Storz
1898 Rottenacker – 1983 Leonberg

In den Jahren, in denen er sich als Lehrer in Schwäbisch Hall niederließ, widmete sich Gerhard Storz intensiv und zunächst geheim unter dem Pseudonym Georg Leitenberger der Schriftstellerei. Seinen Schwerpunkt legte er dabei neben dem Literarischen auf die Sprache, die er vor grammatikalischem und inhaltlichem Mißbrauch bewahren wollte. Einzelnes, wie der Essay „Das Theater der Gegenwart" (1927) und „Laienbrevier über den Umgang mit der Sprache" (1937), war bis dahin bereits erschienen. Weiteres kam hinzu: unter anderem der Roman „Der Lehrer" (1937), die Studie „Das Drama F. Schillers" (1938), die Erzählung „Musik auf dem Lande" (1940), die Studie „Gedanken über die Dichtung" (1941), die Erzählung „Die Einquartierung" (1946).

Baumkuchen

Zutaten:
200 g Butter (etwa 28 °C)
10 Eiweiß
10 Eigelb
200 g Zucker
100 g Weizenmehl (Type 405)
100 g Stärke
Je 1 g Kardamom, Mazisblüte, Nelken, Zimt
3 g Zitronenaroma
2 g Salz

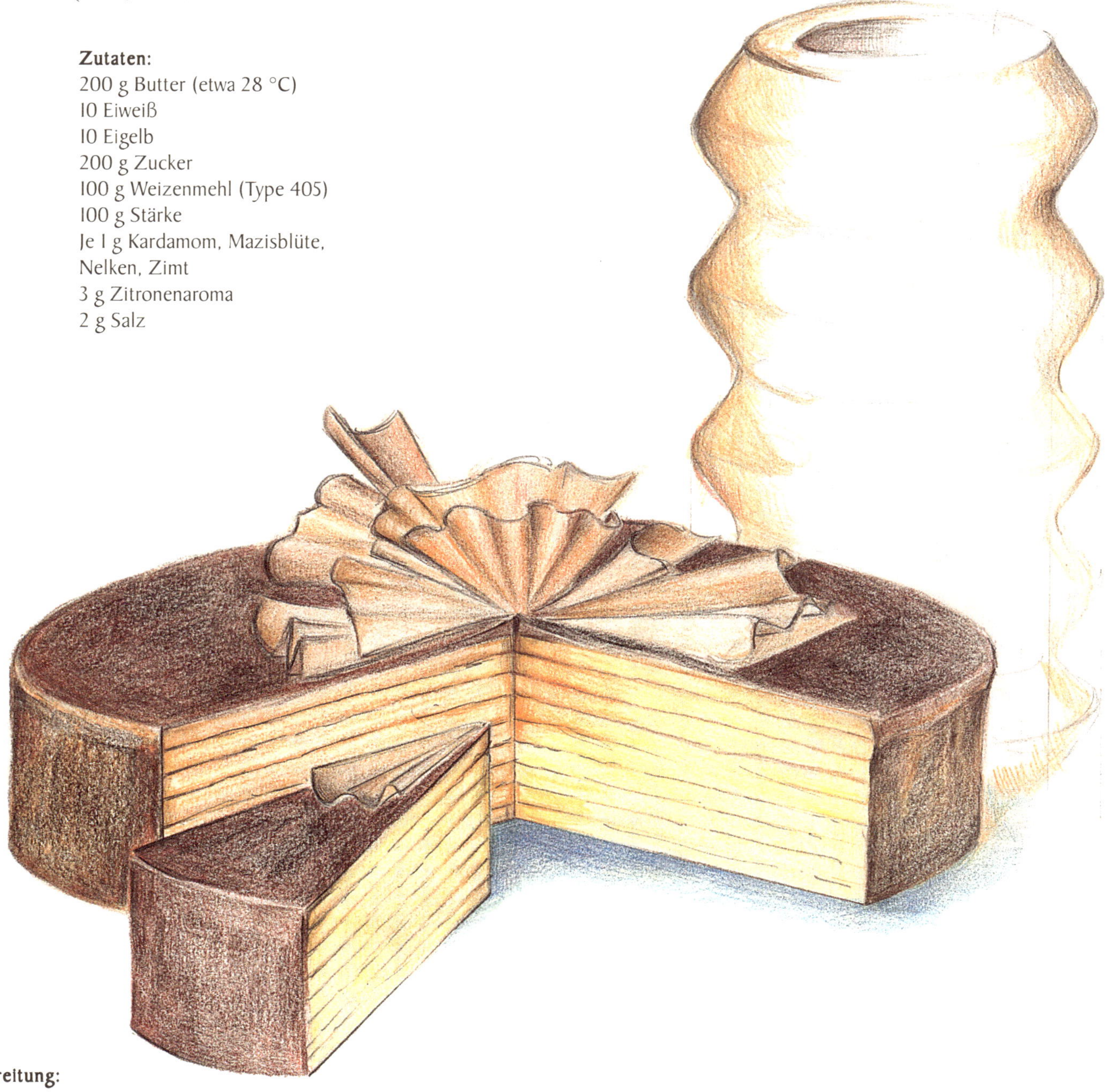

Zubereitung:
Da es in der Regel in einem Haushalt keine Baumkuchenmaschine gibt, ist die Herstellung des Baumkuchens für eine/n Hausfrau/-mann nicht möglich. Aber man kann alternativ mit dem gleichen Rezept in den Haushalten eine Baumtorte herstellen.
Zur Herstellung einer Baumtorte eine konische Kuchenform benutzen. Diese Form mit weicher Butter ausstreichen und auf den Boden der Form ein Backpapier legen. Danach die Form mit Mehl ausstreuen.
Man benötigt drei Schüsseln. Man spricht von einer Drei-Kessel-Masse. In die eine Schüssel die Butter mit Zitronenaroma und Salz geben und in der Küchenmaschine gut schaumig schlagen. Danach das Eigelb mit 100 g Zucker in die zweite Schüssel geben und ebenfalls gut schaumig rühren. In der dritten Schüssel das Eiweiß mit dem restlichen Zucker zu Schnee schlagen. Das Weizenmehl mit der Stärke versieben und die Gewürze beigeben. Mit einem Kochlöffel zuerst das schaumig geschlagene Eigelb in die aufgeschlagene Butter heben. Danach den Eiweißschnee mit dem versiebten Mehl vorsichtig in die Butter-Eigelb-Masse unterheben.
Der Backofen muß vorgeheizt sein. Nach Möglichkeit nur die Oberhitze einschalten. Die Backtemperatur sollte 240 °C betragen. Das Backen geschieht jetzt schichtenweise. In die Form eine dünne Schicht Masse füllen, ungefähr 5 mm, und so lange backen, bis eine braune Kruste entstanden ist. Sofort die nächste etwa 5 mm dicke Schicht auf die gebackene füllen und wieder so lange backen, bis eine Kruste entstanden ist. Das wird so lange wiederholt, bis die Masse aufgebraucht oder die Form gefüllt ist.
Nach dem Backen und Auskühlen kann der Baumkuchen mit gekochter Aprikosenkonfitüre bestrichen und mit Fondant oder Zuckerglasur überzogen werden. Man kann ihn auch mit Marzipan eindecken und mit Fondant oder Kuvertüre (Schokoladenüberzugsmasse) überziehen.

Bäckerei Zachert, Leonberg

Weinempfehlung: Riesling Auslese

David Friedrich Strauß, Legende, S. 165, in: Poetisches Gedenkbuch. Gedichte aus dem Nachlaß, Bonn: Strauß 1877, S. 165–166

Als einst Elia, der Prophet,
Sich in der Wüste bergen thät,
Allwo, wie ihr als Christen wißt,
Viel Sand und wenig Wasser ist,
Lud sich, wie selbst ein Heide faßt,
Gar bald der Durst bei ihm zu Gast.
Weil nun im Himmel ein Prophet
Vortrefflich angeschrieben steht,
Rief er zu seinem Gott und Herrn:
Eine saft'ge Birne hätt' ich gern!

Der Herre drauf nach seiner Art
Schmunzelt in seinen langen Bart,
Flugs einen Engel detachirt,
Der einen Apfel ihm servirt.
Elia war von heißem Hirn,
Er runzelt seine kahle Stirn:
Hätt' eine Birn' ihm denn, er dacht,
Mehr als der Apfel Müh' gemacht?
Doch an dem Apfel auch zuletzt
Wie an der Birne sich ergetzt.

Eine saft'ge Birne hätt' ich gern!

David Friedrich Strauß
1808 Ludwigsburg – 1874 Ludwigsburg

Der aus einer frommen Kaufmannsfamilie stammende David Friedrich Strauß kam nach dem Besuch des Ludwigsburger Lyzeums und bestandenem Landexamen 1821 ins Seminar Blaubeuren, wo er zusammen mit Vischer der „Geniepromotion" angehörte. Während seines Theologiestudiums am Tübinger Stift von 1825 bis 1830 wurde ihm ein geschichtskritisches Denken vermittelt, das die Grundlage für seine späteren, von den Philosophen Schleiermacher und Hegel geprägten bibelkritischen Schriften bildete. Trotz dieser schon im Studium sichtbar werdenden kirchenkritischen Haltung machte Strauß zunächst theologische Karriere: Nach dem Vikariat in Kleiningersheim wurde er bereits 1831 als Professoratsverweser nach Maulbronn und 1832 als Repetent ans Tübinger Stift berufen. Als jedoch 1835 „Das Leben Jesu" erschien, in dem er vernichtende Kritik an den Quellen des Neuen Testaments übte, sah er sich einer Flut von Anfeindungen gegenüber, die ihn nicht nur seine theologische, sondern auch seine akademische Laufbahn kostete (selbst eine Berufung als Dogmatiker auf den Züricher Lehrstuhl 1839 verhinderte man im letzten Moment). Von 1836 an widmete er sich – aus allen Ämtern entlassen – in Stuttgart ganz seiner wissenschaftlichen Arbeit sowie seinen Dichtungen und biographischen Werken. 1862 veröffentlichte er zwar die „Kleinen Schriften", seine Gedichte jedoch wollte er zu Lebzeiten nicht herausgeben. Sie erschienen erst in den posthum publizierten „Gesammelten Schriften" (1876–1878). Die dauernde Suche nach einer Existenz jedoch, seine gescheiterte Ehe und seine politische Erfolglosigkeit raubten ihm immer mehr von seiner Lebenszuversicht.

Birne mit Weinschaumsauce

Zutaten:
4 Birnen (Sorte Kaiser Alexander oder Abate)
1 Vanillestange
200 g Zucker
1/8 l Weißwein
Saft von 1/2 Zitrone
1/2 l Wasser

Weinschaumsauce:
1/4 l Weißwein
150 g Zucker
2 Eier
2 Eigelb

Zubereitung:
Birnen schälen, halbieren, Kernhaus ausstechen und in Zuckerwasser mit dem Weißwein, Zitronensaft und der Vanillestange aufkochen, abgedeckt auskühlen lassen.
Zutaten für Weinschaum in einer Cromarganschüssel gut verrühren und im Wasserbad bis zur Bindung aufschlagen. Darauf achten, daß der Weinschaum nicht zu heiß wird und gerinnt (etwa 38 °C).

Die Birnen fächerförmig einschneiden, auf einem flachen Teller anrichten, die Weinschaumsauce angießen.
Als Garnitur können eingelegte Zwetschgen oder frische Beeren und Minzblättchen verwendet werden.
Dazu paßt Vanille- oder Walnußeis.

Georg Wurster
„Hotel-Restaurant Schwanen"
Metzingen

Weinempfehlung:
Kerner Auslese

Auguste Supper,
Die Schachtel der alten Mine, S. 265–266,
in: Holunderduft,
München: Süddeutsche Monatshefte 1910,
S. 231–271

Vielleicht hätte ich meiner Mutter doch schreiben sollen, daß und wann ich heimkomme.
Sie ist arg blaß geworden, als ich an jenem Apriltag unter ihre Küchentüre trat. „Jesus!" hat sie gerufen. Nicht mehr. Dann hat sie sich auf einen Schemel gesetzt und hat die Knie gehalten, wie wenn sie ihr auseinanderfallen wollten. Ich aber habe nur ihre Haare gesehen, die schneeweiß geworden waren. Sonst sah ich nichts.
Linsen und Würste haben wir gegessen an jenem Tag. Linsen und Würste; ich vergess' es in meinem Leben nicht.
Es hat auch noch Spätzle geben sollen; aber die Mutter konnte ja nicht mehr stehen, nachdem ich da war. Rein nicht mehr stehen, weil ihr die Knie auseinanderfallen wollten. Und die Magd konnte keine Spätzle machen. Die machte Dinger, faustgroß. Jawohl, faustgroß. Viel größer als der Mutter ihr Daumen. Solches Zeug kann doch kein Mensch essen! Höchstens der Großvater. Ja, der Mutter ihr Vater selig, der aß am liebsten Spatzen so groß wie eine Kinderfaust. Ist's wahr oder nicht, Mutter? Hast du das erzählt bei jenem ersten Mittagsmahl, oder nicht? Habe ich aufgemerkt wie einer, dem aus deinem lieben Mund das Evangelium gepredigt wird, oder nicht?

Linsen und Würste;

ich vergess' es in meinem Leben nicht

Auguste Supper
1867 Pforzheim – 1951 Ludwigsburg

Die Tochter der Pforzheimer Gastwirtsfamilie Schmitz wuchs von 1873 an in Calw auf, wo ihre Eltern die Bahnhofswirtschaft übernommen hatten. Obwohl sie schon in ihrer Jugend ihren Hang zum Schreiben entdeckte, stand für die Bürgerstochter zunächst die in ihren Kreisen übliche, auf Erfüllung der häuslichen Verpflichtungen als Ehefrau und Mutter gerichtete Erziehung im Vordergrund. Erst nach der Heirat mit Otto Heinrich Supper 1888 widmete sie sich dem Schreiben. Die Stoffe für ihre oft humorvollen, volkstümlichen Erzählungen, Gedichte und auch Romane lieferten ihr die Landschaft und die Menschen des heimatlichen Schwarzwalds. Die erste selbständige Veröffentlichung Auguste Suppers, die Verserzählung „Der Mönch von Hirsau", erschien 1898, richtig bekannt wurde sie jedoch durch die 1905 unter dem Titel „Da hinten bei uns" veröffentlichten Schwarzwaldgeschichten. Ihre Werke sind geprägt von den weiblichen Tugenden ihrer Zeit: der Disziplin, der Pflichterfüllung und der Unterordnung, auch von Frömmigkeit. Ihr Hauptwerk, die zwischen 1900 und 1930 erschienen Bücher – wie etwa „Leut'" (1908), „Holunderduft" (1910), „Die Mühle im kalten Grund" (1912), „Käuze" (1917), „Der Weg nach Dingsda" (1919) und „Muscheln" (1927) –, trägt im Gegensatz zu den danach unter dem Einfluß ihres Engagements für die Nationalsozialisten entstandenen Schriften keine ideologischen Züge.

Linsen und Saiten mit Spätzle

Zutaten:
400 g Linsen
200 g magerer geräuchter Bauchspeck
40 g Pflanzenfett
40 g Mehl
Salz, Pfeffer
3 EL Essig
4 Paar Saitenwürste
1 Lorbeerblatt
1 Nelke
30 g Tomatenmark

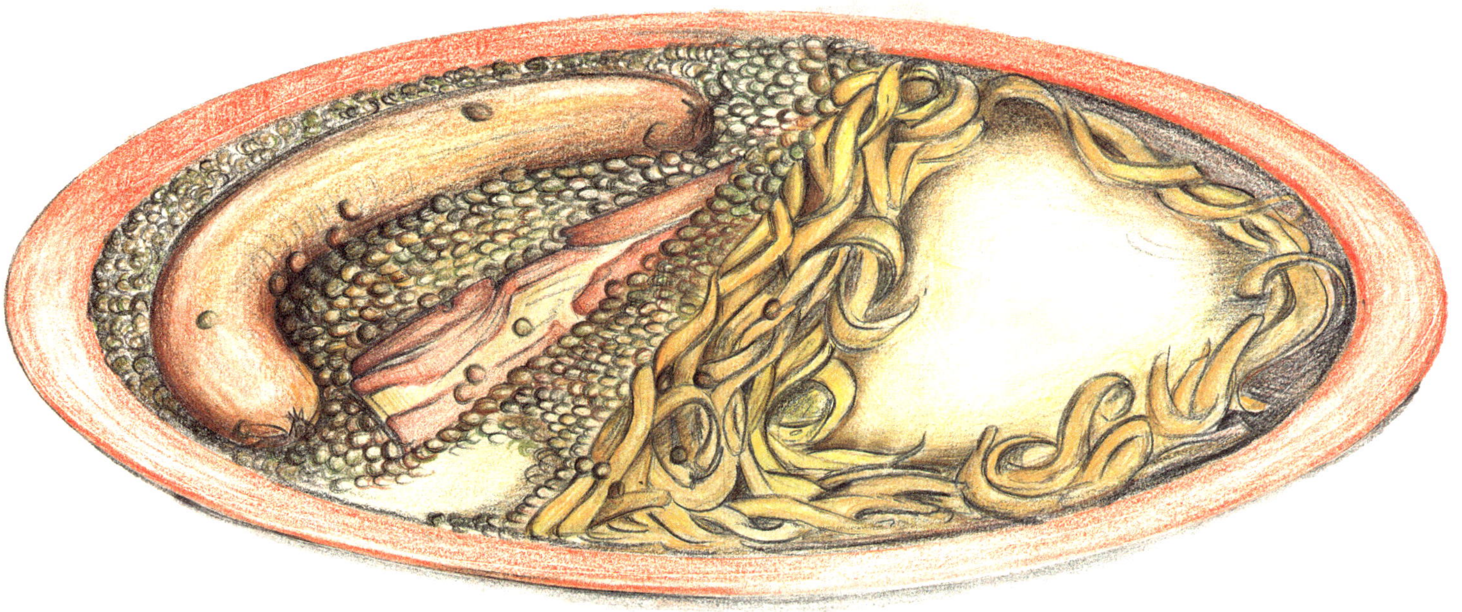

Zubereitung:
Die Linsen waschen (brauchen nicht eingeweicht werden), mit dem Speck, Lorbeerblatt und Nelke in heißes gesalzenes Wasser geben und weich kochen, ein wenig Tomatenmark zufügen. Inzwischen aus Pflanzenfett und Mehl eine braune Mehlschwitze herstellen.
Damit die fertiggekochten Linsen binden und mit Pfeffer, Salz und Essig abschmecken. 1 Scheibe Speck und die Saitenwürste auf die angerichteten Linsen legen.
Als Beilage: Spätzle.

Gernot Belke,
„Neckarwerke Stuttgart AG",
Stuttgart

Weinempfehlung:
Trollinger

Thaddäus Troll,
Deutschland deine Schwaben, 4. Aufl.,
Hamburg: Hoffmann und Campe 1967,
S. 137–138

Beginnen wir mit den Maultaschen. Sie sind für mich nicht nur das Spitzenerzeugnis der schwäbischen Küche, sie entsprechen auch dem Wesen des Schwaben. In einem unliebenswürdigen Gewand verbirgt sich ein delikater Kern. Sie schmecken hehlinge gut. Außen pfui und innen hui, überspitzt ausgedrückt.
Zunächst künden die Maultaschen des Schwaben kulinarische Vorliebe für Gebilde aus Mehl, für Papp, wie sich Nichtschwaben herabsetzend ausdrücken, was auf schwäbisch onomatopoetischer Babb hieße. Eine leichenfarbene Hülle aus Nudelteig entsagt jedem optischen Reiz und wirkt appetitzügelnd. Aber wie köstlich ist die reiche Fülle aus Bratwurstbrät, Schinken, Fleisch, Speck, Spinat, Zwiebeln, Eiern, Petersilie, Muskat und Majoran! Jede Hausfrau hat dafür ihr Spezialrezept. Diese Maultaschen schwimmen wie Wasserleichen in Fleischbrühe. Oder sie werden, mit Eiern überzogen, im Ofen gebacken. Oder mit braunen Zwiebeln überschmälzt als blasse Wesen einem fahlen Kartoffelsalat beigelegt, der Zunge weit willkommener als dem Auge. Oder in Streifen geschnitten und in der Pfanne aufgebacken zu grünem Salat serviert. Oder sie dienen gar als augengräusliche Beilage zum Sauerkraut.
Was aber das schlimmste an den Maultaschen ist: man bemogelt damit den lieben Gott. Denn der protestantische Schwabe hält einen Fastentag im Jahr streng ein, den Karfreitag. Da kommt kein Bissen Fleisch über seine Lippen. Geröstete Maultaschen aber sind eine beliebte Karfreitagsspeise. „Haltet ihr den lieben Gott für so dumm, daß er nicht durch den Nudelteig durchgucken kann?" wies meine Tochter Isabel empört diese verbrämte Fastenspeise zurück.

Beginnen wir mit den

Maultaschen

... Sie schmecken hehlinge gut

Thaddäus Troll
1914 Stuttgart – 1980 Stuttgart

Der Handwerkersohn Hans Bayer – so sein eigentlicher Name – studierte nach seiner Schulausbildung von 1932 an Germanistik, Kunstgeschichte sowie Theater- und Zeitungswissenschaften. Noch vor dem Zweiten Weltkrieg konnte er sein Studium 1938 mit der Promotion abschließen. Bald darauf folgten jedoch die Einberufung und der Kriegseinsatz. Er geriet gegen Ende des Zweiten Weltkriegs in englische Gefangenschaft und kehrte 1946 zurück. Seinen Lebensunterhalt verdiente Hans Bayer damals zunächst als Redakteur der satirischen Zeitschrift „Das Wespennest", lebte dann aber von 1948 an als freier Schriftsteller in Stuttgart. Neben seiner Tätigkeit als Journalist, Kritiker und Autor engagierte er sich sehr stark für die demokratischen und sozialen Rechte aller Schriftsteller. So war er Gründungsmitglied des Verbandes deutscher Schriftsteller, vertrat seine Kolleginnen und Kollegen im P.E.N. sowie im Rundfunkrat des Süddeutschen Rundfunks. Sein Einsatz war mit entscheidend für die Einführung der Künstlersozialversicherung, der Bibliotheksabgabe, der Pensionskasse für freie Mitarbeiter und vieles mehr. Er gründete 1973 auch den Förderkreis Deutscher Schriftsteller in Baden-Württemberg, der seit 1981 alljährlich den Thaddäus-Troll-Preis vergibt.

Schwäbische Maultaschen

Zutaten:
Füllmasse:
100 g Spinat (fein gehackt, kurz überbrüht)
1 Bd. Petersilie (fein gehackt)
200 g Bratwurstbrät
200 g Rindfleisch (fein gehackt)
200 g Schweinefleisch (fein gehackt)
2 altbackene Brötchen (in Wasser eingeweicht und ausgedrückt, dann fein gehackt)
3 Eier
Salz, Pfeffer, Muskatnuß, Speisewürze

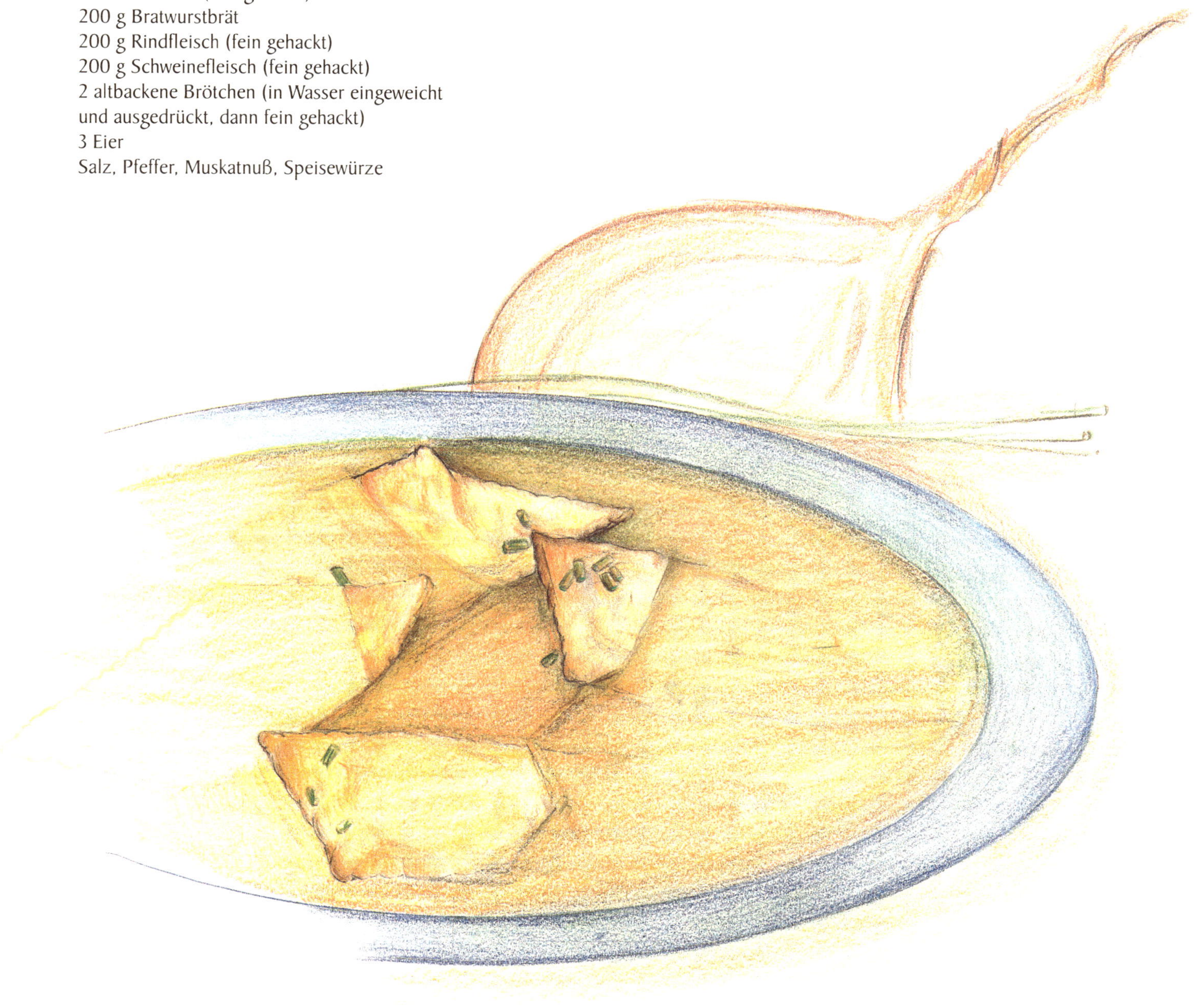

Zubereitung:
Alle Zutaten gut mischen und mit Salz, weißem gemahlenem Pfeffer, abgeriebener Muskatnuß und ein wenig Speisewürze abschmecken.
1 kg Maultaschenteig kaufen, ausrollen und die Masse dünn aufstreichen. Oben am Teig einen Rand von etwa 3 cm freilassen. Diesen Rand mit aufgeschlagenem Ei bepinseln, den Teig dann zweimal zusammenrollen, den Rand mit dem Ei daran festkleben und die Teigrolle in Rauten schneiden. Diese im leichten Salzwasser etwa 10 Minuten bei 35 °C ziehen lassen (nicht kochen, da die Maultaschen sonst trocken werden).
Beilage: schwäbischer Kartoffelsalat oder gemischte Salate.

Friedrich Nagel,
„Allianz Versicherungs AG",
Stuttgart

Weinempfehlung:
Trollinger

Thaddäus Troll,
Der himmlische Computer und andere Geschichten von droben und drunten, von draußen und drinnen, von hüben und drüben, von daheim und unterwegs, Hamburg: Hoffmann und Campe 1978, S. 110–111

Was es im Oberland zu tun gibt? Durchs Moor wandern, Gräsle und Kräutle beobachten lernen wie der Moormaler Sepp Mahler aus Bad Wurzach. Im Moor baden, entweder in den braunen Schwimmbädern oder in den Heilbädern die Elemente Erde und Wasser vereinigt genießen und wirken lassen. Im Allgäu einen der vielen Badeseen aussuchen, die wie Sommersprossen im anmutigen Gesicht der Moränenlandschaft verteilt sind. Kühe weiden sehen und bimmeln hören. In einer Käserei zugucken, wie der Käse gekocht wird, sich belehren lassen, wie die Löcher ohne Bohren in den Käse kommen – und natürlich ein Mordstrumm Allgäuer Käse, der merkwürdigerweise Schweizer oder Emmentaler heißt, frisch von der Quelle kaufen und es als Mitbringsel heimnehmen. Kässpätzle versuchen – eines der wuchtigsten Gerichte, die ich kenne. Nach Friedrichshafen fahren und das Zeppelinmuseum besichtigen – der Zeppelin, monströse Elefantiasis schwäbischer Tüftelei, Freudsches Symbol. Etwas im Ahnenklatsch forschen und auf den dicken König Friedrich stoßen, der seinen Stallmeister namens Zeppelin so liebte, daß er nach beider Tod die königlichen Gebeine mit denen des Lieblings vermischen lassen wollte.

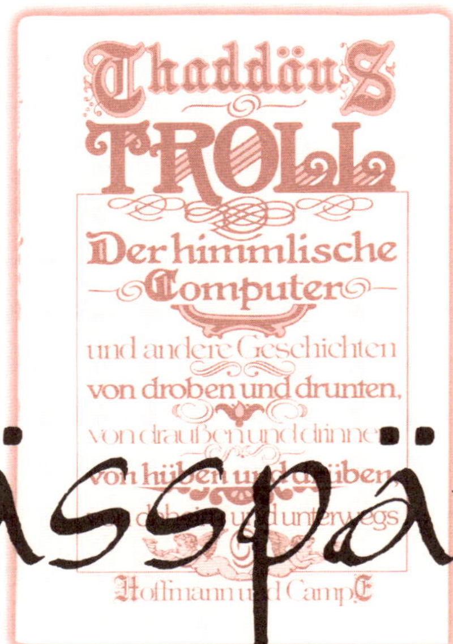

Kässpätzle

... eines der wuchtigsten Gerichte, die ich kenne

Thaddäus Troll
1914 Stuttgart – 1980 Stuttgart

Unter seinem eigentlichen Namen – Dr. Hans Bayer – schrieb Thaddäus Troll vor allem Theaterkritiken, Essays und politisch-satirische Texte, zusammen mit seiner Frau Susanne Ulrici aber auch einige Bücher („Wohl bekomm's", 1957; „Und dazu guten Appetit", 1961; „Wie man sich bettet", 1968). Bekannt wurde er jedoch vor allem unter seinem Pseudonym Thaddäus Troll, unter dem er hauptsächlich seine Veröffentlichungen über seine schwäbische Heimat und seine mundartlichen Publikationen herausgab. Mit Humor, Ironie und Satire beschreibt er in seinen Texten spießbürgerliche, biedere Schwaben und zeigt so die Engstirnigkeit vieler seiner Landsleute auf. Sein größter Erfolg war zweifellos das Buch „Deutschland deine Schwaben" (1967; in einer neuen Bearbeitung 1978 unter dem Titel „Deutschland deine Schwaben im neuen Anzügle" erschienen). Eine Fortsetzung schrieb Troll mit dem Buch „Preisend mit viel schönen Reden" (1972). Neben Sachbüchern fanden auch seine Publikationen in schwäbischer Mundart große Beachtung, zum Beispiel das Gedichtbändchen „O Heimatland" (1976) oder die Übertragung des sozialkritischen Molière-Stücks „Der Geizige" unter dem Titel „Der Entaklemmer" (1976), das auch als Hör- und Fernsehspiel erfolgreich war.

Kässpätzle

Zutaten:
500 g Mehl
4 Eier
Salz
1 EL Öl
200 g Allgäuer Emmentaler
4 mittelgroße Zwiebeln
50 g Butter
1 kleines Bd. Schnittlauch (geschnitten)

Zubereitung:
Das Mehl, die Eier und etwas Salz zu einem Teig verarbeiten, ⅛ bis ¼ l Wasser zugießen (je nach Größe der Eier) und den Teig weiterrühren und schlagen, bis er Blasen wirft, dann auch das Öl unterrühren. Während der Teig ruht, in einem großen Topf Salzwasser zum Kochen bringen. Den Käse grob raffeln, die Zwiebeln schälen und in Ringe schneiden. Die Spätzle ins kochende Wasser schaben (oder durch die Spätzlespresse drücken). Die Spätzle sofort mit dem Schaumlöffel aus dem Wasser nehmen, wenn sie an die Oberfläche kommen. Je zügiger man arbeitet, desto körniger sind die Spätzle hinterher. Jede fertige Portion Spätzle in eine kleine Auflaufform geben und mit einer Lage Emmentaler bestreuen. Wenn alle Spätzle fertig sind, mit dem restlichen Käse bestreuen und 5 bis 10 Minuten im vorgeheizten Backofen bei 180 °C fertigbacken; aus dem Ofen herausnehmen. Die Zwiebelringe in der Butter goldbraun rösten und darüber verteilen sowie mit Schnittlauch bestreuen.
Als Beilage zu Kässpätzle empfehlen wir einen Kopfsalat oder einen Endiviensalat.

Berthold Sauter,
„Verpflegungsbetriebe Daimler-Benz AG",
Stuttgart-Möhringen

Weinempfehlung:
Riesling Kabinett trocken

Wendelin Überzwerch,
Gaisburger Marsch,
Schwäbisches in Vers und Prosa,
Stuttgart: Bonz & Co. 1962,
S. 7

„Du, Bappa, was ischt des: ‚Koexischtenz'?"
Frôgt's Fritzle beim Mittagessa,
„Ischt des ebbas Wüascht's?" –
Dr Vatter hot g'lacht,
Ischt bhäb neba's Fritzle nag'sessa,
Ond sait: „I will drs erklära, Bua:
Siehscht dô en dr Schüssel dren schwemma
Kartoffla ond Spätzla – dia passet sonscht et
Für ons Schwôba bsonders guat zemma!
Ond oinaweg: so als Gaisburger Marsch
Dent se sich ganz nett vrtraga –
Guck: des ischt a echte Koexischtenz,
En dr Schüssel ond nôchher em Maga!"

Kartoffla ond Spätzla

– dia passet sonscht et

Wendelin Überzwerch
1893 Memmingen – 1962 Wilhelmsdorf

Als Sohn eines Ebingers und einer Brackenheimerin wuchs Karl Fuß (so sein bürgerlicher Name) zunächst im bayerischen Allgäu auf. 1907 siedelte die Familie nach Heilbronn über. Nach bestandenem Landexamen besuchte er von 1908 an die evangelisch-theologischen Seminare in Schöntal und Urach. 1912 begann er am Tübinger Stift zu studieren. Nach Ausbruch des Ersten Weltkriegs meldete er sich als Kriegsfreiwilliger. Im März 1915 geriet Karl Fuß nach einer Schußverletzung in Polen in russische Kriegsgefangenschaft, wurde nach Sibirien gebracht und kehrte erst 1920 zurück. Sein Theologiestudium setzte er jedoch nicht fort; er wechselte zur Germanistik und Geschichte und promovierte über Alexander Puschkin. Nachdem er 1922 als Volontär in der Kruppschen Bücherhalle in Essen eine Stelle bekommen hatte, wurde die Stadt im Ruhrgebiet zu seiner zweiten Heimat: Er blieb dort fast 24 Jahre, später als Leiter der kulturellen Einrichtungen der Firma Krupp, unterbrochen von mehreren Jahren als Mitarbeiter im Kulturdezernat der Stadt Essen. Nebenbei schrieb er für Presse und Rundfunk, seit 1935 – als er sein erstes Gedichtbändchen herausgab – unter dem Pseudonym Wendelin Überzwerch. 1939 und 1940 erschienen zwei Sammlungen von Kurzgeschichten („Ein seltsam Ding ist doch der Leib ..." und „Hundert Punkte"), außerdem ein weiterer Gedichtband unter dem Titel „Der Rettichschwanz" (1940). Nach seiner Rückkehr in die schwäbische Heimat 1945 lebte er als freier Schriftsteller – in „Nachbarschaft mit Busch, Morgenstern, Ringelnatz, Dr. Owlglass", wie er selbst von sich sagte – in Wilhelmsdorf. Neben weiteren Veröffentlichungen – wie etwa die Mundartbändchen „Uff guat schwäbisch" (1951) und „Mr ka' nia wissa!" (1954), die Reiseerzählungen „Einsteigen! Türen schließen!" (1955) und „Wendelin Überzwerchs kosmisches Schaufenster" (1956) – war er auch Mitarbeiter bei der Zeitschrift „Baden-Württemberg".

Gaisburger Marsch

Zutaten:
Fleischbrühe:
600 g Rinderbrust (im Volksmund
auch als „Überzwerch" bekannt)
4 gesägte Markknochen
1 kleine Lauchstange
1 gelbe Rübe
1 kleine Sellerieknolle
1 mittelgroße Zwiebel
2 Nelken, 4 schwarze Pfefferkörner
1 kleines Lorbeerblatt
Salz
6 mittelgroße Kartoffeln
(für die Karfoffelschnitz)

Spätzle:
250 g Mehl
4 Eier
Salz
1 mittelgroße Zwiebel (zum Abschmälzen)
80 g Butter
1 Bd. Schnittlauch

Zubereitung:
Fleischbrühe:
Aus der Rinderbrust, den Markknochen, den Gemüsen und Gewürzen eine kräftige Brühe kochen, welche immer wieder abgeschäumt werden muß. Ist die Rinderbrust weich (Gardauer etwa 1½–2 Stunden), passiert man die Brühe durch ein Sieb, nimmt vorher die Rinderbrust heraus und legt diese kurz in kaltes Salzwasser, um sie dann als Einlage für dieses Eintopfgericht in kleine, 1 cm große Würfel zu schneiden.

Kartoffelschnitz und Spätzle:
Aus Mehl und Eiern einen Spätzlesteig bereiten. Spätzle vom Brett schaben. Die geschälten Kartoffeln in 4 oder 6 Teile (Schnitz) schneiden und in leicht gesalzenem Wasser weich kochen. Die Zwiebel fein hacken und in Butter goldgelb anschwitzen. Brühe, Fleisch, Spätzle und Kartoffelschnitz zusammenmischen und mit der Zwiebelschmälze übergießen, abschmecken und obenauf den geschnittenen Schnittlauch streuen. Man rechnet pro Person gut ½ bis ¾ Liter Eintopfgericht.

Friedrich Nagel,
„Allianz Versicherungs AG",
Stuttgart

Weinempfehlung:
Trollinger Schiller Qualitätswein

Ludwig Uhland,
Metzelsuppenlied,
in: Werke, Bd. I, Sämtliche Gedichte,
München: Winkler 1980,
S. 52

So säumet denn, ihr Freunde, nicht,
Die Würste zu verspeisen,
Und laßt zum würzigen Gericht
Die Becher fleißig kreisen!
Es reimt sich trefflich: Wein und Schwein,
Und paßt sich köstlich: Wurst und Durst,
Bei Würsten gilt's zu bürsten.
Auch unser edles Sauerkraut,
Wir sollen's nicht vergessen;
Ein Deutscher hat's zuerst gebaut,
Drum ist's ein deutsches Essen.
Wenn solch ein Fleischchen, weiß und mild,
Im Kraute liegt, das ist ein Bild
Wie Venus in den Rosen.

So säumet denn, ihr Freunde, nicht,

Die Würste

zu verspeisen

Ludwig Uhland
1787 Tübingen – 1862 Tübingen

Nach der Lateinschule, in die er 1793 eingetreten war, immatrikulierte sich Uhland 1801 zunächst bei der „Artistenfakultät" der Universität seiner Heimatstadt, bevor er dann von 1805 an Jura studierte. Während dieser Zeit schloß sich – mit ihm, Justinus Kerner und Karl Mayer als Mittelpunkt – ein gegen den Klassizismus opponierender Kreis junger Studenten, die „Tübinger Romantiker", zusammen. Doch bald ließen Prüfungsvorbereitungen keine Zeit mehr für romantisches Dichten: Uhland bestand 1808 das Advokatenexamen und promovierte 1810 zum Doktor der Rechte. Die anschließende einjährige Bildungsreise nach Paris ermöglichte ihm die Beschäftigung mit Handschriften der Minnesänger, den poetischen Vorbildern der Romantiker. Danach traten jedoch Beruf und politisches Eintreten für die liberale, demokratische Bewegung in den Vordergrund: Nach kurzer Anwaltstätigkeit in Tübingen war Uhland von 1812 bis 1814 im Stuttgarter Ministerium für Justiz beschäftigt und praktizierte dann als freier Anwalt weiter. 1829 auf Grund seiner germanistischen Leistungen in Paris zum außerordentlichen Literaturprofessor nach Tübingen berufen, kündigte der seit 1819 gewählte liberale Abgeordnete diese Stelle vier Jahre später wieder, da ihm der Urlaub zur Wahrnehmung seines politischen Mandats verweigert worden war. Obwohl als Vertreter Stuttgarts in den Landtag gewählt, blieb er in Tübingen wohnen. Nach dem Verzicht auf eine erneute Kandidatur 1839 arbeitete er als Privatgelehrter, kehrte jedoch 1848/1849 als württembergischer Abgeordneter der Nationalversammlung in Frankfurt noch einmal in die Politik zurück.

Schlachtplatte

Zutaten:
800 g Sauerkraut
400 g Schweinebauch
(evtl. schon gekocht beim Metzger bestellen)
4 kleine Leberwürste (je etwa 70–80 g)
4 kleine Griebenwürste (je etwa 70–80 g)
1 Zwiebel
2 in kleine Würfel geschnittene Äpfel
(oder 100 g Apfelmus)
70 g Schweineschmalz
1/8 l Großbottwarer Riesling trocken
Etwa 1/2 l Wasser
3 EL Speisewürze
2 Lorbeerblätter, 1 Msp. Pfeffer
1 Prise gemahlener Kümmel
3 Wacholderbeeren (zerdrückt)
1 Prise Zucker
1–2 rohe geriebene Kartoffeln zum Abbinden

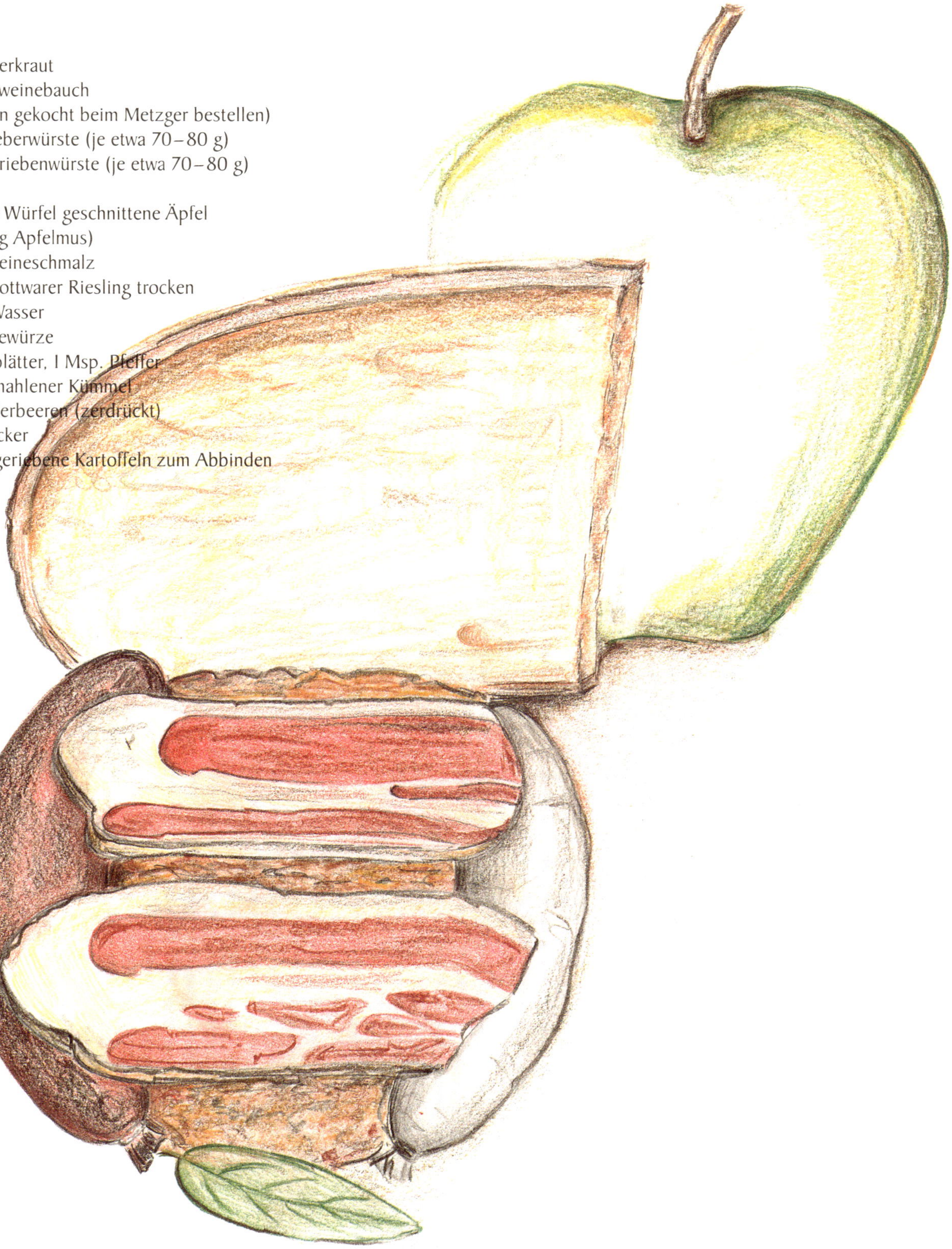

Zubereitung:
Die in Scheiben geschnittene Zwiebel im heißen Schmalz blond andämpfen, dann die Äpfel, 1/2 l Wasser, Speisewürze, Kümmel, Wacholderbeeren, Lorbeerblätter und Pfeffer dazugeben. Kurz aufkochen lassen und dann das aufgelockerte Sauerkraut hinzufügen. Etwa 30 bis 40 Minuten unter öfterem Rühren kochen lassen, zum Schluß den Riesling und die geriebene Kartoffel dazugeben und unter mehrmaligem Rühren kurz aufkochen lassen. Eventuell noch je nach Geschmack abschmecken (wenn zu sauer, mit Apfelmus oder mit einer Prise Zucker verfeinern).
Das Kraut jeweils in der Mitte der Teller anrichten. 2 Scheiben von dem gekochten Bauch obendrauf legen und die warm gemachte Leber- und Griebenwurst links und rechts neben das Kraut legen.
Beilagen: Püree, Salzkartoffeln oder nur Bauernbrot.

Hans Peter Kotheder,
„Fischerstüble",
Großbottwar

Weinempfehlung:
Riesling trocken

Ludwig Uhland, Wein und Brot, in: Werke, Bd. I, Sämtliche Gedichte, München: Winkler 1980, S. 42

Solche Düfte sind mein Leben,
Die verscheuchen all mein Leid:
Blühen auf dem Berg die Reben,
Blüht im Tale das Getreid.

Donnern werden bald die Tennen,
Bald die Mühlen rauschend gehn,
Und wenn die sich müde rennen,
Werden sich die Keltern drehn.

Gute Wirtin vieler Zecher!
So gefällt mir's, flink und frisch;
Kommst du mit dem Wein im Becher,
Liegt das Brot schon auf dem Tisch.

Kommst du mit dem Wein im Becher, liegt das

Brot

schon auf dem Tisch

Ludwig Uhland
1787 Tübingen – 1862 Tübingen

Wie Justinus Kerner begeisterte sich auch der weniger gesellige, schweigsamere Ludwig Uhland für Volkslieder, Sagen, Minnelieder und alte Legenden, die ihn zum Nachdichten alter deutscher Poesie anregten. Zum Zentrum des Tübinger Romantikerkreises gehörend, wurde er – legt man die Auflagen seiner Veröffentlichungen zugrunde – der berühmteste württembergische Dichter des 19. Jahrhunderts. Seine weit über die Landesgrenzen hinausgehende Popularität beruhte aber keineswegs nur auf seinen literarischen Leistungen, sondern war vor allem auch Folge seiner aufrichtigen, liberalen und demokratischen politischen Haltung. Seine stimmungsvollen und volksliedhaften Gedichte, Romanzen und Balladen, die er zunächst mit dem „Poetischen Almanach auf das Jahr 1812" und dem „Deutschen Dichterwald" (1813) im Geist der Romantik zusammen mit den Versen seiner Freunde der Öffentlichkeit vorstellte, erschienen erstmals in selbständiger Publikationsform 1815; noch zu Uhlands Lebzeiten wurde die 43. Auflage publiziert. Mit dem Eintritt in die Ständeversammlung 1819 hatte jedoch Uhlands dichterische Produktivität fast vollständig aufgehört. Wissenschaftliche Veröffentlichungen wie „Walther von der Vogelweide" (1822) und „Sagenforschungen" (1836) sowie seine Vorlesungen über altdeutsche Poesie sind Beleg für seine großen Verdienste um die Germanistik und die Volkskunde.

Schwäbisches Bauernbrot

Zutaten:
900 g Weizenmehl (Type 405 oder 550)
100 g Roggenmehl (Type 815 oder 997)
20 g Hefe
20 g Salz
720 ml Wasser

Zubereitung:
Vorteig:
Von 400 g Weizenmehl, 2 g Hefe und 400 ml Wasser einen Vorteig bereiten und diesen über Nacht abgedeckt an einem kühlen Ort stehen lassen.
Am nächsten Tag die restlichen Zutaten zum Vorteig geben und alles zusammen zu einem glatten, bindigen Teig kneten. Teig 30 Minuten im Raum ruhen lassen, in zwei gleich große Hälften teilen, rund formen und in Brotkörbe setzen. Etwa 40 Minuten an einem warmen Ort gären lassen, dann auf mit Backpapier belegte Bleche stürzen, mit einer Gabel an der Oberfläche einstechen und backen.
Backzeit etwa 70 Minuten.
Ofen auf 260 °C vorheizen, dann auf 210 °C reduzieren.

Bäckerei Gehr,
Tübingen

Weinempfehlung:
Trollinger Schiller Qualitätswein
oder schwäbischer Most

Friedrich Theodor Vischer, Nicht I, a, S. 462, in: Ausgewählte Werke, Bd. 1, Lyrische Gänge und andere poetische Werke, Stuttgart, Berlin: Deutsche Verlags-Anstalt 1918, S. 407–472

Frau Pfarrerin
Mann, was soll i dir
heut koche?
Pfarrer
Was gibt's?
Frau Pfarrerin
Der Metzger hat frische
Bratwürst. Was meinst,
e bayrisch Kräutle derzue,
dei alts Leibessele?
I mueß di entschädige
für die a(n)brennte
Spätzle neulich.
Pfarrer
Recht, Guet. Net übel!
Brat d'Würstle schö
durch, weißt, so e bißle
aufg'sprunge mag e's.

Was meinst, e

bayrisch Kräutle

derzue, dei alts Leibessele?

Friedrich Theodor Vischer
1807 Ludwigsburg – 1887 Gmunden am Traunsee

Der aus einer altwürttembergischen Pfarrersfamilie stammende Friedrich Theodor Vischer kam im Alter von sieben Jahren – nach dem Tod seines Vaters – nach Stuttgart. Er absolvierte dort das Gymnasium und ging, nach bestandenem Landexamen, 1821 ins evangelisch-theologische Seminar Blaubeuren. Sein Prüfungsjahrgang, dem auch David Friedrich Strauß angehörte, wurde als „Geniepromotion" bekannt. Nach dem Studium der Theologie, Philosophie und Philologie am Tübinger Stift mußte Vischer 1830 ins Vikariat, bekam aber schon ein Jahr später eine Repetentenstelle am Maulbronner Seminar übertragen. Da er eine wissenschaftliche Laufbahn anstrebte, kehrte er an die Universität Tübingen zurück, promovierte zum Doktor der Theologie und war als Repetent am Stift tätig. 1836 habilitierte er sich als Privatdozent für Ästhetik und deutsche Literatur, 1838 wurde er zum außerordentlichen Professor ernannt. Kritische Beiträge in Zeitschriften bewirkten jedoch kurz darauf seine Versetzung ans Tübinger Reallehrerseminar. Als Vischer 1841 von einer einjährigen Italien- und Griechenlandreise zurückgekehrt war und eine ordentliche Professur im Fach Ästhetik beantragte, dauerte es vier Jahre, bis er damit Erfolg hatte. Vischer, der 1848 und 1849 als Abgeordneter in die Nationalversammlung gewählt wurde, übernahm dann 1855 einen Lehrstuhl für Literatur an der Universität Zürich. Elf Jahre später erhielt er erneut einen Ruf nach Tübingen und – zusätzlich – einen Lehrauftrag am Stuttgarter Polytechnikum. Auf Grund seiner Verdienste wurden ihm 1870/1871 der württembergische Kronenorden und der persönliche Adel verliehen.

Bayrisches Kraut

Zutaten:
1 Kopf Weißkraut (etwa 1,2 kg, netto etwa 1 kg)
40 g Fett
80 g Zwiebeln und
40 g geräucherter Bauch (fein gewürfelt)
15 g Salz
1 EL Zucker
15 g ganzer Kümmel
2 cl guter Weinessig
400 ml Wasser
1 mittelgroßer Apfel und
1 mittelgroße rohe, geschälte Kartoffel

Zubereitung:
Krautkopf vierteln, Strunk und äußere Blätter entfernen, in feine Streifen schneiden oder hobeln.
In einem Topf brät man in heißem Fett Zwiebeln und Speck kurz an, gibt das Weißkraut hinein, würzt mit Salz, Pfeffer, etwas Zucker sowie Essig und füllt mit Wasser auf.
Den geraspelten Apfel und Kümmel hinzufügen, zugedeckt weich dünsten. Wenn die Flüssigkeit genügend eingekocht ist, reibt man zum Abbinden die rohe Kartoffel hinein. Nach eigenem Geschmack mit etwas Salz und eventuell etwas Bier nachwürzen.
Das Kraut paßt sehr gut zu Spanferkel, Rinderbraten und Lammschulter.
Als Beilage empfehle ich Salzkartoffeln, Bratkartoffeln oder Hefeknöpfle.

Wilhelm Kellenbenz,
„Hotel-Restaurant Löwen",
Süßen

Weinempfehlung:
Müller-Thurgau Trollinger

Friedrich Theodor Vischer,
Dr. Strauß und die Württemberger, S. 142,
in: Ausgewählte Werke,
Bd. 3, Prosaschriften,
Stuttgart, Berlin:
Deutsche Verlags-Anstalt 1918,
S. 123–245

Indessen immerhin zugegeben, daß unsere Frauen durch diese Absonderung auch an wahrer und echter Bildung verkürzt werden, so bleiben sie jedenfalls häuslicher. Sie nehmen weit mehr unmittelbaren Anteil an der Führung des Hauswesens als die Norddeutschen; sie sitzen nicht im Zimmer beständig bei feiner Arbeit und klingeln, wenn es in der Küche etwas anzuordnen gibt, sie gehen hübsch selbst hinaus, spicken den Hasen, rücken den Braten ans Feuer, und ich habe eine sehr gebildete Frau aus höherem Stande angetroffen, wie sie einen Hering putzte, und die Töchter, wie sie das Treppengeländer bohnten. Wir Schwaben sind der Meinung, weit entfernt, daß dadurch die Frauen sich heruntergeben, werden vielmehr die Dinge durch ihre Berührung geadelt und über die Sphäre des gemeinen Bedürfnisses hinaus in einen gemütlichen, freundlichen Schimmer gerückt. Oder schmeckt die Suppe nicht ganz anders, wenn ein liebes Weib sie wohl mit eigener Hand einmal auf den Tisch setzt? Ist es nicht ein freundlicher Anblick, wenn dir im Vorübergehen aus der Küche ein schönes Paar Wangen und Lippen und Augen, von der lustigen Flamme des Herdes gerötet, entgegenglänzt?

sie ... spicken den

Hasen,

rücken den Braten ans Feuer

Friedrich Theodor Vischer
1807 Ludwigsburg – 1887 Gmunden am Traunsee

Vischer, der von sich selbst einmal sagte, daß er ein „Zwitter zwischen Philosophie und Poesie" sei, wurde zunächst durch seine publizistischen Schriften (die zahlreichen zerstreut gedruckten Aufsätze erschienen erstmals 1844 unter dem Titel „Kritische Gänge") und vor allem durch seine wissenschaftlichen Schriften bekannt. Sein dreibändiges Lebenswerk, die von den Hegelschen Denkkategorien geprägte „Ästhetik oder Wissenschaft des Schönen" (1846–1857), begründete seinen bleibenden wissenschaftlichen Ruhm. Literarisches hingegen veröffentlichte er – von Moritaten (wie auch anderes unter dem Namen Schartenmayer), Parodistischem und Epigrammatischem abgesehen – erst in dem letzten Viertel seines Lebens: in „kühner" Ergänzung des Goetheschen „Faust II" die Persiflage „Faust. Der Tragödie 3. Teil" (1862); die „Epigramme aus Baden-Baden" (1867); der humoristische, doch auch von einem Hauch Tragik begleitete Roman „Auch einer" (1879); der Gedichtband „Lyrische Gänge" (1882); das Lustspiel „Nicht I, a" (1884).

Gespickter Hase

Zutaten:
2 Hasenrücken (gehäutet)
2 Hasenkeulen
100 g Spickspeck oder geräuchter Bauch
2 säuerliche Äpfel
50 g gelbe Rüben (gewürfelt)
2 Schalotten (gewürfelt)
50 g Lauch (gewürfelt)
1 TL Tomatenmark
2 EL Öl
¼ l Brühe
¼ l Lemberger
6 Wacholderbeeren (zerdrückt)
Thymian, Rosmarin
1 Lorbeerblatt
Pfefferkörner, Salz
3 Nelken
200 g Pfifferlinge

Zubereitung:
Den Spickspeck in gleichmäßige, viereckig zugeschnittene bleistiftstarke Streifen schneiden. Die Keulen häuten, spicken und mit Salz und Pfeffer würzen. In heißem Bratfett anbraten. Das Röstgemüse hinzufügen und ebenfalls schön braun anbraten, Tomatenmark zugeben, mit Mehl bestäuben, mit Rotwein und Brühe ablöschen, etwa 20 Minuten schmoren. Die Äpfel schälen, in dicke Streifen schneiden und die Hasenfilets damit spicken.
Die Hasenfilets im heißen Öl 2 Minuten scharf anbraten und warm stellen. Kleingeschnittene Schalotten in die Pfanne geben, kleine Pfifferlinge zugeben, mit Salz und Pfeffer würzen. Den Bratensaft von Keulen und Filets zusammengeben, einkochen lassen.
Die Hasenfilets zum Anrichten zerlegen und zusammen mit den Keulen anrichten. Sauce angießen.
Als Beilage eignen sich Rotkraut und Weckknödel, als Garnitur Apfel, gefüllt mit Maronenmus oder Preiselbeeren.

Otto Assenheimer,
„Gasthof Lamm",
Löwenstein

Weinempfehlung:
kräftiger Lemberger

Karl Gustav Vollmoeller, Der deutsche Graf, Berlin: S. Fischer 1906, S. 34

Noailles
Bravo, Cousine, bravo! *(zum Baron)* So sind sie, unsere Pariser Damen. Bring ihn nur, Feri! Geh ...
Feri (hilflos zur Baronin)
Ich beschwöre dich Henriette. Was soll das!
Henriette (macht eine etwas heftige Bewegung, plötzlich ganz ernst)
Ich will. *(Feri geht.)*
Henriette (wieder am Fenster)
Er spricht mit ihm. Gleich haben wir ihn da. Nachher sag ich dir, Papachen, wer er ist. Ein Spass soll das werden. *(Charles mit Tabletts und Platten.)* Gleich werden wir übrigens das Frühstück haben. *(zu Charles.)*
Mehr Gläser. Sorgen Sie für Gedecke. Es kommen noch einige Personen . . .
(Beide Domestiken sind um den Tisch beschäftigt und gehen während des folgenden ab und zu.)
Henriette
Mit uns frühstücken muss er, nicht wahr, Noailles? Kennen Sie ihn? – Gleich sind wir soweit, Papa. Austern sollst du übrigens haben. Da kommt Feri.

Austern
sollst du übrigens haben

Karl Gustav Vollmoeller
1878 Stuttgart – 1948 Los Angeles

Nach seinem Schulabschluß studierte Karl Gustav Vollmoeller in Paris, anschließend in Berlin, Athen und Bonn Archäologie und klassische Philosophie. Der Promotion zum Doktor der Philosophie folgte ein Leben als Kosmopolit, unter anderem in Berlin, Paris, Venedig (er lebte dort 1919 im Palazzo Vendramini, dem Sterbehaus Richard Wagners) und Basel. Abgesehen von seinen literarischen Arbeiten betätigte sich Vollmoeller, der nach der Jahrhundertwende auch Mitglied des Kreises um Stefan George war und d'Annunzio nahestand, als Filmpionier, als Industrieller, als Auto- und Flugzeugkonstrukteur sowie als Sportflieger und Weltreisender. Später ging er nach Amerika und arbeitete in Hollywood für den Film. Vollmoeller versuchte sich in den verschiedensten literarischen Gattungen: Er schrieb Gedichte, Erzählungen und Dramen, entwarf Pantomimen und verfaßte Drehbücher. Mit „Parcival – Die Frühen Gärten" erschien 1903 sein erster Gedichtband. Noch im selben Jahr kam sein Drama „Catherina, Gräfin von Armagnac" heraus. Es folgten unter anderem die Komödie „Der deutsche Graf" (1906) und das Spiel „Wieland" (1910). Sein 1914 von Max Reinhardt im Zirkus inszeniertes Drama „Das Mirakel" (1912), Mysterienspiel und Pantomime, wurde ein Welterfolg.

Gratinierte Austern auf Endivienpüree

Zutaten:
2 Kopf Endiviensalat
1 Dutzend Sylter Royal-Austern
200 g Butter
3 Scheiben entrindetes Toastbrot
2 Schalottenzwiebeln (gehackt)
Salz, Pfeffer, Cayennepfeffer
2 l Salzwasser
2 l Eiswasser

Zubereitung:
Endiviensalat vom Strunk befreien, einzelne Blätter gegebenenfalls putzen und waschen. In kochendem, leicht gesalzenem Wasser überbrühen und gleich darauf in Eiswasser abschrecken. Aus dem Wasser herausnehmen, etwas ausdrücken und grob hacken.
Die gehackten Schalottenzwiebeln mit der Hälfte der Butter glasig schwitzen, das Endivienpüree dazugeben und abschmecken, warm stellen.
Die Austern öffnen und aus der Schale lösen. Das Endivienpüree auf Teller oder die geputzten Austernschalen verteilen, die rohen Austern darauf anrichten, mit dem geriebenen Toastbrot bestreuen, zerlassene restliche Butter darüberträufeln, damit sich das Brot vollsaugt.
Im Backofen bei starker Oberhitze oder im Grill bei 250 °C überbacken.

Volker Krehl,
„Hotel-Restaurant Krehl's Linde",
Bad Cannstatt

Weinempfehlung:
trockener Weißwein
(Riesling oder Chardonnay)

Christian Wagner,
Kartoffelgraben,
in: Gesammelte Dichtungen,
hrsg. v. Otto Güntter,
Stuttgart: Strecker & Schröder 1918,
S. 90–91

Von dem niedern Hügel, schwarzer Scholle
Dunklem Haus,
Die Kartoffel grabt, die heil'ge Knolle,
Freudig aus!
Zieht hinaus ins fleckige Gelände
Herbstlich grau,
Wühlt sie auf der Erdengeister Spende
Gelb und blau!
Aus der engen Stube, finstrer Kammer
Trautem Schoß,
Von der Mutterfinger letzter Klammer
Trennt sie los!
Daß ihr Segen bei den Abends Mahle,
Dampfend frisch,
Mehlverstreuend aus gesprungner Schale
Füll' den Tisch!

Dampfend frisch, ... aus gesprungner

Schale

Füll' den Tisch!

Christian Wagner
1835 Warmbronn – 1918 Warmbronn

Der Vater Christian Wagners, Landwirt und Schreiner, schickte den in der Schule durch gute Leistungen auffallenden Sohn um 1850 auf das Lehrerseminar nach Esslingen. Doch schon sechs Wochen später kehrte der eigenwillige und einzelgängerisch veranlagte Student zurück und arbeitete auf dem elterlichen Hof mit, den er 1866 nach dem Tod des Vaters übernahm. Da der Betrieb verschuldet war, mußte Wagner sich in den Jahren zwischen 1871 und 1885 im Winter als Tagelöhner und Holzfäller verdingen. Nachdem er mit ersten literarischen Veröffentlichungen Beachtung gefunden hatte, verbesserten sich seine Lebensumstände nicht nur durch bescheidene Honorare zusehends, sondern er erhielt auch von 1889 an immer wieder finanzielle Unterstützung von der Deutschen Schillerstiftung. Diese Zuwendungen, die seit 1910 als Lebensrente ausgewiesen wurden, sowie eine jährliche Pension, die ihm das württembergische Königshaus bereits von 1901 an aussetzte, ermöglichten dem zeitlebens in ärmlichen Verhältnissen in seinem Heimatdorf lebenden Bauerndichter mehrere Reisen nach Italien (1896, 1904 und 1911). Neben Hermann Hesse und Isolde Kurz wurde Wagner 1909 zum korrespondierenden Mitglied des Schwäbischen Schillervereins ernannt.

Gefüllte Kartoffeln

Zutaten:
8 Kartoffeln (gleich groß)
1 Weck
¼ l Wasser
1 Zwiebel
30 g Margarine
200 g Schweinehack
1 Ei
Salz, weißer Pfeffer
1 Prise getrockneter, zerriebener Majoran
Margarine zum Einfetten
¼ l saure Sahne
50 g geriebener Emmentaler
30 g Butter
1 Bd. Petersilie

Zubereitung:
Kartoffeln waschen und sauber bürsten. In einem Topf mit leicht gesalzenem Wasser halbgar kochen, abgießen und ausdämpfen. Etwas abkühlen lassen. Während die Kartoffeln kochen, den Weck in einer kleinen Schüssel in Wasser einweichen. Zwiebel schälen und fein hacken. Margarine in einer Pfanne erhitzen. Zwiebeln darin 5 Minunten goldgelb braten. Hackfleisch dazugeben, 10 Minuten braten, in eine Schüssel geben. Ei, Gewürze und den gut ausgedrückten Weck hinzufügen und verkneten. Von jeder Kartoffel einen Deckel abschneiden. Kartoffeln mit einem Kartoffelbohrer vorsichtig aushöhlen. Fleischmasse einfüllen und den Deckel wieder draufsetzen. Eine feuerfeste Form einfetten und die Kartoffeln einsetzen. Mit verquirlter saurer Sahne übergießen und mit Käse bestreuen, Butterflöckchen obenauf geben. In den vorgeheizten Ofen auf die mittlere Schiene stellen. Backzeit: 15 Minuten. Elektroherd: 200 °C. Gasherd: Stufe 4.

Karl Handte,
„Gasthof Stern“,
Frickenhausen

Weinempfehlung:
Schiller Qualitätswein, Weißherbst oder Schwarzriesling

Christian Wagner,
Bohnenliedlein,
in: Gesammelte Dichtungen,
hrsg. v. Otto Güntter,
Stuttgart: Strecker & Schröder 1918,
S. 82

Hast schon lang gespielt, gehitzt*
Mägdlein auf den Gassen,
Mit den Bohnen, blutgeritzt,
Magst's nun bleiben lassen!

Leg' sie in die Erde ein!
Darfst sie ja nicht hüten.
Laß dem Frühlingssonnenschein,
Sie heraus zu brüten!
Mägdlein, leg' sie freudig ein,
Diese Feuerbohnen!
Scharlachrote Vögelein
Werden es dir lohnen.

Scharlachrote Vögelein
Werden aus bald schlüpfen
Und beim Sommersonnenschein
Auf die Ranken hüpfen.

* Kinderspiel:
Bohnen auf eine Vertiefung
zustoßen.

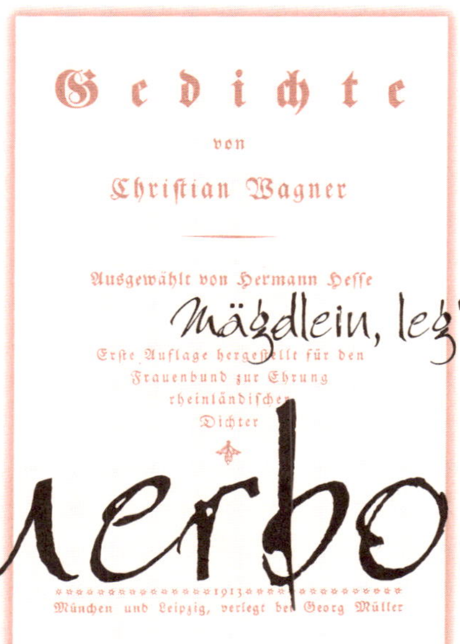
Gedichte
von
Christian Wagner
Ausgewählt von Hermann Hesse
Erste Auflage hergestellt für den
Frauenbund zur Ehrung
rheinländischer
Dichter
1913
München und Leipzig, verlegt bei Georg Müller

Mägdlein, leg' sie freudig ein, diese

Feuerbohnen!

Christian Wagner
1835 Warmbronn – 1918 Warmbronn

Als Dichter ist Christian Wagner von den literarischen Strömungen seiner Zeit nahezu unberührt geblieben. In seinen Erzählungen und Gedichten schildert er, der von der Seelenwanderung überzeugt war und sich als Brahmane fühlte, die Realität seiner heimatlichen Landschaft in einer nach seinen Vorstellungen verwandelten Welt und bringt dadurch seine tiefe Vertrautheit mit der Kreatur und der Natur zum Ausdruck. So schreibt er im Vorwort zu seinen 1887 in zwei Bänden erschienenen „Sonntagsgängen", die neben seiner ersten Buchveröffentlichung „Märchenerzähler, Bramine und Seher" (1885) weitere Märchen und Balladen enthalten: „Jede Blume erzählt mir ihre Geschichte, und vollends wann ich durch den Wald gehe." Den später in mehreren weiteren Auflagen publizierten „Sonntagsgängen" folgten unter anderem 1893 das Bändchen „Weihegeschenke", 1906 eine Gedichtausgabe unter dem Titel „Ein Blumenstrauß", 1912 „Italien in Gesängen" und 1915 „Eigenbrötler. Kleine Geschichten aus meiner Jugendzeit".

Feuerbohnen

Zutaten:
300 g Feuerbohnen
500 g breite Bohnen
1 kleine Zwiebel (fein geschnitten)
$^1/_2$ l Fleischbrühe
2 EL Öl
30 g Butterfett
50 g Mehl
1 Rispe Bohnenkraut
2 EL Balsamessig
2 EL Rotweinessig
Salz, Pfeffer aus der Mühle

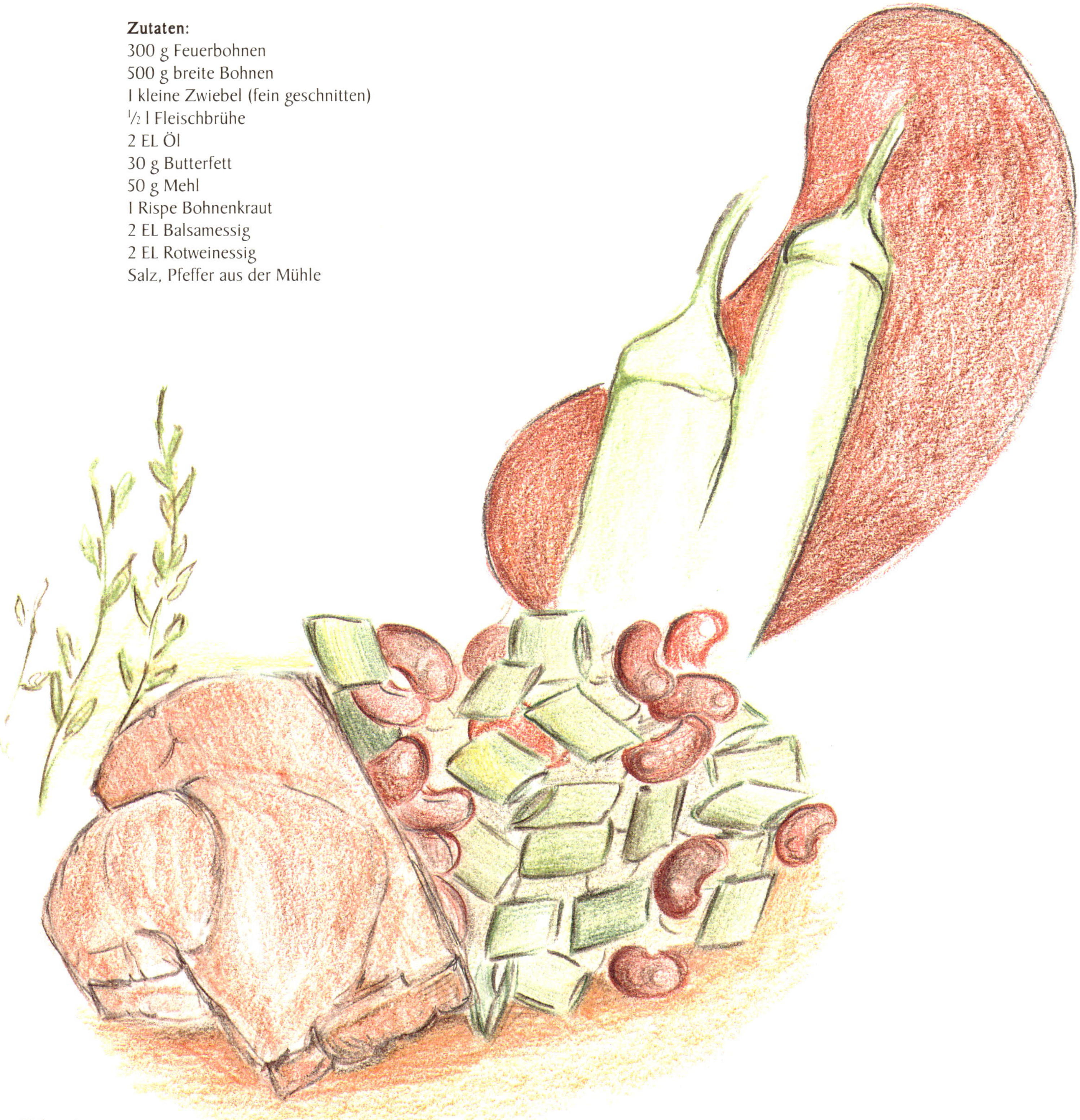

Zubereitung:
Feuerbohnenkerne waschen, 4 Stunden in lauwarmem Wasser einweichen und in Fleischbrühe im Dampfkochtopf etwa 20 Minuten weich kochen.
Breite Bohnen waschen, putzen und in zentimetergroße Stücke schneiden. 10 Minuten in sprudelndem Salzwasser mit dem Bohnenkraut kochen. Inzwischen Zwiebeln in Öl glasig andünsten, die gekochten breiten Bohnen dazugeben und mit den Feuerbohnen vermengen.
Mit Butterfett und gesiebtem Mehl eine braune Mehlschwitze bereiten, mit dem Essig ablöschen, die Bohnenflüssigkeit auffüllen, kurz durchkochen, abschmecken, das Ragout mit den zweierlei Bohnen damit binden und nochmals abschmecken.
Dieses Ragout paßt zu einer geschmorten Lammschulter oder zu einem vegetarischen Gericht mit Salzkartoffeln.

Heinz Stürmlinger,
„Restaurant Linde",
Oberbohingen

Weinempfehlung:
Schwarzriesling Qualitätswein
halbtrocken

Wilhelm Waiblinger,
Die Tagebücher. 1821–1826,
hrsg. v. H. Meyer,
Stuttgart: Klett 1956,
S. 251

So ein Tag, wie der heutige, ist schon ein paar Worte werth: ein wahres Fastnachtsleben, ganz im Genuss des Augenblicks. Nach der Kirche ins Ballhaus: hier Bier gesoffen und über Griechenland und den Orient bis zur Hitze gestritten – im Museum zwei Häringe gefressen, Bier gesoffen und geraucht – von 6–7 litterarisches Gespräch – nach dem Frass gegen 6 Schoppen Wasser gesoffen – ich und Mörike hinterm Pult: ich mit einem abgeschabten Magisterhut, wie ein Zigeuner, die Pfeife in der Physiognomie – Mörike mit hinunterhängenden Hosen, den Bauch aus dem Hemd streckend – Eisbär und Buttersack beständig mit Theemachen beschäftigt –. Eine Bouteille Thee um die andere.

im Museum zwei Häringe gefressen

Wilhelm Waiblinger
1804 Heilbronn – 1830 Rom

Als Wilhelm Waiblingers Vater, ein Kammersekretär, 1806 ans Stuttgarter Kameralamt versetzt wurde, zog die Familie in die Residenzstadt. Dort besuchte Waiblinger von 1810 an verschiedene Schulen, 1813 vorübergehend auch das Untere Gymnasium. Wegen des geplanten späteren Theologiestudiums meldete er sich 1817 zum Landexamen. Nach den ersten beiden Prüfungen brach er 1819 das Examen ab und ging, zur Vorbereitung eines möglichen Jurastudiums, als Schreiber und Aktuar an das Uracher Oberamtsgericht. Dort durfte der frühreife und ungewöhnlich begabte junge Mann, der bereits erste Gedichte geschrieben hatte und sich für die Philologie zu interessieren begann, nebenher als Hospitant an Unterrichtsstunden des evangelisch-theologischen Seminars teilnehmen. Um einen höheren Schulabschluß nachzuholen, wechselte er 1820 an das Obere Gymnasium in Stuttgart und trat, nach bestandener Aufnahmeprüfung, im Oktober 1822 ins Tübinger Stift ein. Noch vor Ende des Theologiestudiums, im September 1826, wurde er jedoch wegen seines verworrenen und ausschweifenden Studentenlebens vom Stift ausgeschlossen. Bereits wenige Tage später reiste er, mit finanzieller Unterstützung Cottas, dem er Reiseberichte und literarische Arbeiten zu schicken versprach, nach Italien ab. Er lebte dort als freier Schriftsteller hauptsächlich in Rom, besuchte jedoch trotz immer häufiger auftretender Erkrankungen auf mehreren Reisen zahlreiche weitere Städte und Landschaften, auch in Süditalien und auf Sizilien.

Heringstopf

Zutaten:
8 Salzheringsfilets (evtl. Matjesheringsfilets)
1 kleine gelbe Rübe (in Scheiben)
1 kleines Stück Meerrettich (in Würfeln)
1 kleines Stück Ingwer (in feinen Würfeln)
3 rote Zwiebeln (in Ringe geschnitten)
2 gehäufte TL Piment- und Senfkörner
1 TL weiße Pfefferkörner
3 Nelken
2 Lorbeerblätter

Marinade:
20 cl Essig (10 %)
60 cl Wasser
30 g Zucker

Zubereitung:
Die Salzheringsfilets bei Bedarf etwas wässern (bei Matjesfilets ist es nicht notwendig). Essig, Wasser und Zucker aufkochen. Pfeffer- und Pimentkörner zerdrücken, zusammen mit den Senfkörnern, Nelken und Lorbeerblättern der heißen Marinade beigeben und das Ganze erkalten lassen.
Die Heringe abtrocknen, in 2 cm große Stücke schneiden und schichtweise mit den Zwiebelringen, Gelbe-Rübe-Scheiben, Meerrettich- und Ingwerwürfeln in einem Topf anrichten, die kalte Marinade darübergeben und mindestens 24 Stunden kalt stehen lassen.
Dazu reicht man am besten mit Dillzweigen gekochte Salzkartoffeln oder ein herzhaftes Bauernbrot.

Wolfgang Walter,
„Hausrestaurant Energie-Versorgung Schwaben AG",
Hauptverwaltung, Stuttgart

Weinempfehlung:
trockener oder halbtrockener
Kerner, Scheurebe oder Riesling

Wilhelm Waiblinger,
Zwei Kindheitsepisoden, S. 516,
in: Werke und Briefe, Bd. 3,
Stuttgart: Cotta 1986,
S. 511–520

Wir waren nicht sobald daselbst, als die Frauen sich einen hübschen Platz suchten, wo sie sitzen wollten. Sie fanden ihn auch bald; unter einer alten, breiten Eiche, die durch ihre weithinlangenden Zweige eine hübsche Kühlung auf uns warf, setzten wir uns nieder: man hatte da eine gar schöne Aussicht: gerade vor uns war dichtes verwobenes Gebüsch von Hecken und Tannen, ein paar schön und malerisch gruppierte Eichen und Buchen wölbten sich über dem Gelaube, und mitten durch das wankende durch Winde bewegte Gegitter lag die Landschaft in ihrer vollen Pracht vor uns; die Stadt war über den Gärten mit tausenderlei Farben, Gestalten und Gruppierungen sichtbar, man hörte wenig von dem Gewoge der Menschen, es war alles freundlich-still um uns her, und über der grünen Ebene eine freundliche Reihe begrünter und bepflanzter Hügel und drüber noch in mannigfachen Formen ein blaues Gebirge, das fast im Dufte wie ein sanft Gewölke aussah. „Gib mir doch die Kirschen", rief ich gleich, als wir uns niedergesetzt, worauf die Mama antwortete: „Es ist noch zu bald; wenn du sie so bald gegessen hast, so wird es dich nachher gewiß gereuen. Du wartest noch ein Weilchen." „Ach nein Mutter, ich will sie eben jetzt essen, ich geh dann in den Wald vielleicht, und da find ich vielleicht Erdbeere."

Phaëthon
von
F. W. Waiblinger
Zwey Theile.
Stuttgart
Verlag von Friedrich Franckh
18..

„Gib mir doch die
Kirschen",
rief ich

Wilhelm Waiblinger
1804 Heilbronn – 1830 Rom

Als phantasievoller, genialischer Dichter, der eine tiefe Seelenverwandtschaft mit seinem kranken Freund Hölderlin empfand, schrieb Waiblinger zahlreiche Gedichte, Dramen, Erzählungen und Romane, die jedoch oft genug Entwurf blieben und die nur zum Teil später gedruckt wurden. Die ersten als Bücher erschienenen Publikationen entstanden aus seiner Begeisterung für die Antike heraus: Den Roman „Phaëton" und die „Lieder der Griechen" veröffentlichte er bereits 1823 als Tübinger Theologiestudent. Sein exzentrisches Leben (dokumentiert in zehn Bänden Tagebücher aus den Jahren 1821–1826) verhinderte die vollständige Ausführung weiterer literarischer Pläne. Erst aus Rom lieferte er in Gedichten und Erzählungen wieder Beiträge (über Italien, über die Städte, Einwohner und Landschaften des Landes wie auch über Kunst und Kultur), die gedruckt veröffentlicht wurden: die Tragödie „Anna Bullen" (1829) sowie zwei Bändchen eines „Taschenbuchs aus Italien und Griechenland" (1829 und 1830).

Kirschküchle mit Mandelschaum

Zutaten:
Küchle:
250 g Mehl
200 ml Milch
20 g Butter (zerlassen)
10 g Hefe
1 Ei
1 Eigelb
1 Eiweiß (steif geschlagen)
100 g Butterfett

Mandelschaum:
2 Eigelb
2 Eier
½ Zitrone
40 g Marzipan
1 EL Zucker
4 EL Sahne
2 EL geröstete Mandelblättchen

Garnitur:
250 g Sauerkirschen
(Kompott oder frische)
Frische Minze
Staubzucker

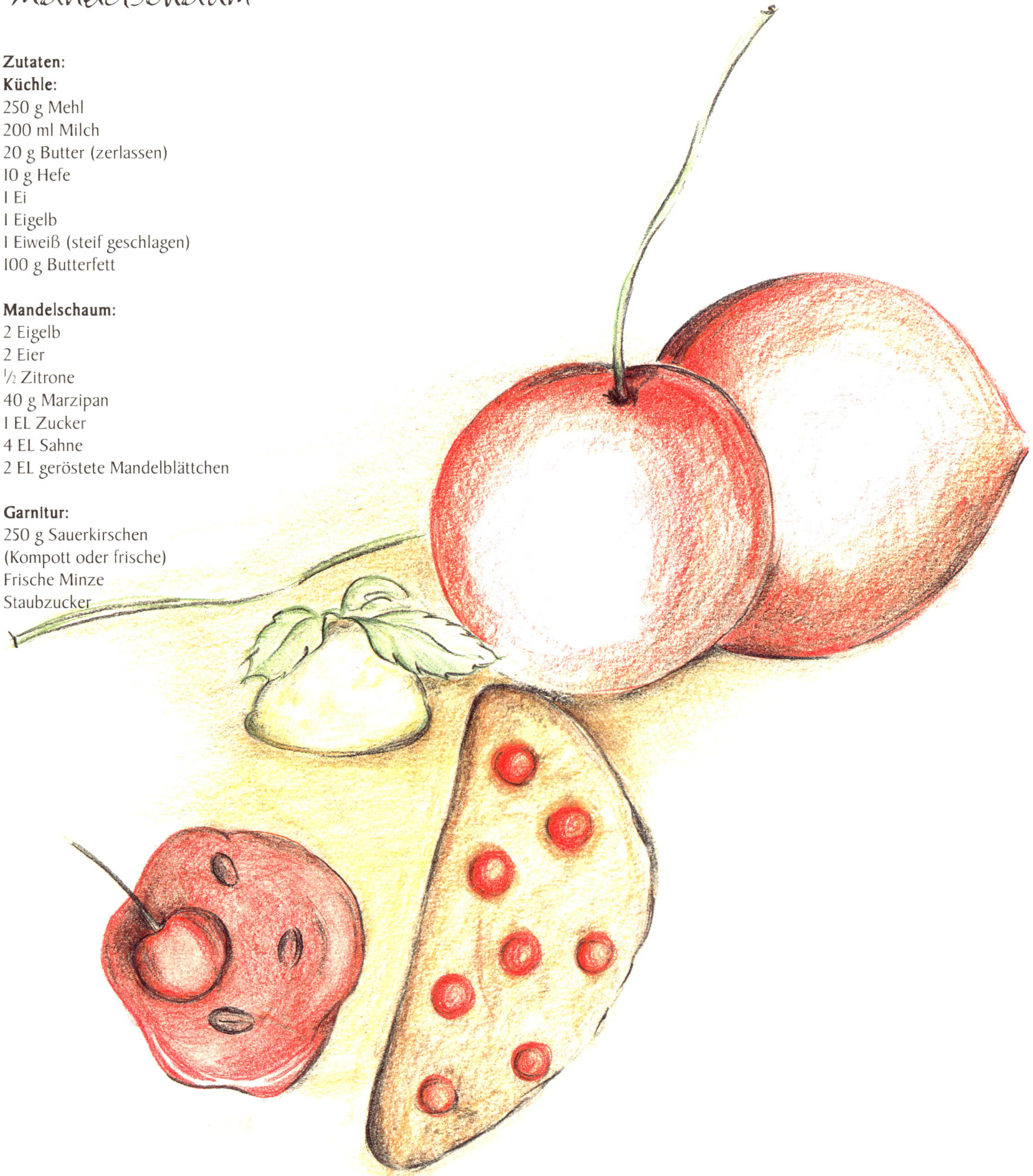

Zubereitung:
Aus den Zutaten einen Teig bereiten und ½ Stunde gehen lassen, dann das steif geschlagene Eiweiß unterheben. In einer Pfanne Butterfett heiß werden lassen und kleine Küchle schön braun ausbacken. In den noch weichen Teig ein paar Kirschen einlegen und mit ausbacken, danach die Küchle auf Krepp legen und warm stellen.

Für den Mandelschaum die Zutaten glattrühren und im Wasserbad bei nicht zu hoher Temperatur zu einem luftigen Schaum aufschlagen. Alles schön auf Teller anrichten, mit den Mandelblättchen bestreuen, mit Staubzucker bestäuben, mit der Minze und frischen Kirschen und evtl. Kirschblüten garnieren und sofort servieren.

Erich Stradinger,
„IBM Restaurant Cafeteria",
Böblingen

Weinempfehlung:
Kerner Spätlese

Martin Walser,
Halbzeit, Bd. I,
Frankfurt/M.: Suhrkamp 1973
(suhrkamp taschenbuch 94),
S. 87

Gekochtes Ochsenfleisch, zartes Bruststück, Karotten und Zwiebel im Fleischsaft gedünstet, Bechamelkartoffeln, Preißelbeeren auf gedämpften Apfelscheiben, das schmeckt, daß man glaubt, es könne doch noch alles gut werden.
Aber jemand sollte es aussprechen. Sofort.
Immer wieder hebt sich ein Gesicht vom Teller, hört auf zu kauen, wartet mit offenem, vom Halbzerkauten gefüllten Mund, und als immer noch nichts geschieht, weder eine Explosion, noch ein Räuspern die Stille erlöst, knickt das Gesicht wieder nach vorne, hängt wieder unlustig kauend über seinem Teller.

Gekochtes Ochsenfleisch, zartes Bruststück, ... das schmeckt

Martin Walser
1927 Wasserburg/Bodensee

Martin Walser, der Sohn eines Gastwirts, war gerade ein Jahr auf dem Lindauer Gymnasium, als der Zweite Weltkrieg ausbrach. Er mußte 1944 wegen des Arbeitsdienstes und später wegen des Militärdienstes als Flakhelfer die Schule abbrechen und kam 1945 in Gefangenschaft. Zurück in der Heimat, machte er 1946 das Abitur und begann zunächst an der Theologisch-Philosophischen Hochschule Regensburg zu studieren. 1948 wechselte er an die Universität Tübingen und belegte die Fächer Literatur, Geschichte und Philosophie. Er beendete sein Studium mit der Promotion 1951. Bereits seit 1949 arbeitete er jedoch in der Redaktion für Politik und Zeitgeschehen des Süddeutschen Rundfunks mit und lebte – unterbrochen von Reisen für Hörfunk und Fernsehen nach Italien, Frankreich, England, Tschechoslowakei und Polen – bis 1957 in Stuttgart. Danach zog er an den Bodensee, zunächst nach Friedrichshafen, dann 1968 nach Nußdorf. Schon 1958 hielt er sich erstmals längere Zeit in den Vereinigten Staaten von Amerika auf; weitere Aufenthalte in den USA, wo er unter anderem auch als Gastdozent tätig war, folgten. Der auch politisch engagierte Walser, der 1980 eine Gastdozentur für Poetik an der Universität Frankfurt annahm, wurde unter anderem 1955 mit dem Preis der Gruppe 47, 1957 mit dem Hermann-Hesse-Preis, 1965 mit dem Schiller-Gedächtnis-Förderpreis und 1981 mit dem Georg-Büchner-Preis ausgezeichnet.

Gekochte Ochsenbrust
mit Meerrettichsößle, Wirsing und Brägele

Zutaten:
Ochsenbrust:
1,2 kg Ochsenbrust
3 l Wasser
Salz
1 Lorbeerblatt
3 Wacholderbeeren (zerdrückt)
4 Pfefferkörner
1 gelbe Rübe
1 Lauchstange
¼ Sellerieknolle
½ Zwiebel
1 kleines Bd. Petersilie
Etwas Zitronensaft

Wirsing:
1 kleiner Kopf Wirsing
1 kleine Zwiebel
¼ l Fleischbrühe
50 g Speck
⅛ l Sahne
Mehl
Salz, Pfeffer, Muskat
30 g Butter

Brägele (Bratkartoffeln):
600 g Kartoffeln (gekocht)
Griebenschmalz

Meerrettichsößle:
1 kleine Stange Meerrettich
½ Tasse Milch
30 g Butter
2 EL Mehl
¼ l Fleischbrühe
1 EL saure Sahne
Je 1 Prise Zucker, Salz
Etwas Zitronensaft

Zubereitung:
Ochsenbrust:
Die Ochsenbrust in kochendes Wasser geben, dem Salz und Gewürze zugefügt werden. Etwa 2 bis 2½ Stunden köcheln lassen, dabei immer wieder abschäumen. Während des letzten Drittels der Kochzeit das Wurzelgemüse und die Zwiebel zugeben, weiter köcheln. Wenn das Fleisch weich ist, aus der Brühe nehmen und warm stellen.
Wirsing:
Den Wirsing durchschneiden, Strunk entfernen, Blätter sorgfältig waschen, überbrühen, so daß die Blätter noch knackig sind. Damit die grüne Farbe erhalten bleibt, kurz in Eiswasser abschrecken. Zwiebel und Speck in feine Würfel schneiden und zusammen in Butter angehen lassen. Mit Mehl bestäuben und mit der Fleischbrühe auffüllen. Kurz kochen lassen. Den Wirsing durch die grobe Scheibe des Fleischwolfes drehen und dann zugeben. Mit Salz, Pfeffer sowie Muskat abschmecken und mit der Sahne verfeinern.
Brägele:
Am Vortag gekochte Kartoffeln in feine Scheiben schneiden und in Griebenschmalz anbraten.
Meerrettichsößle:
Den gewaschenen, geschabten Meerrettich flockig reiben und mit der kalten Milch übergießen, damit er sich nicht verfärbt. In der heißen Butter das Mehl schwitzen, den Meerrettich mit der Milch zugeben, mit Fleischbrühe auffüllen und etwa 10 Minuten köcheln lassen. Mit Zucker, Salz und Zitrone würzen und die gequirlte Sahne unterheben.

Dieter Wägerle,
„Höhengaststätte Stumpenhof GmbH",
Plochingen

Weinempfehlung:
gereifter, halbtrockener Riesling oder halbtrockener Weißherbst

Martin Walser,
Halbzeit, Bd. 2,
Frankfurt/M.: Suhrkamp 1973
(suhrkamp taschenbuch 94),
S. 628–629

Gestern hatte sich Lambert
eine Hammelschulter
gekauft, eine vierundzwan-
zigtägige, hatte sie mit
Knoblauch gespickt und
mit Nelken, wenig Nelken,
aber viel Knoblauch, und
hatte sie gebacken!
Die Sängerin fragte:
wie gespickt, wie geht das?
Lambert streifte die Ärmel
seines Jacketts zurück, daß
die weißen Ärmelenden
und die haarigen Gelenke
allein blieben, man sah das
Messer in seinen Tennis-
spielerhänden, sah wie er
die steilen Löcher stieß und
schon hatte die andere
Hand Knoblauch und Nelken
versenkt. Den Abstand der
Löcher wollte die gierige
Sängerin wissen. Lamberts
Daumen und Zeigefinger
deuteten eine Spanne von
zirka vier Zentimeter an,
um aber keinen Fehl-
schätzungen zu unterliegen,
sagte er noch dazu: drei
bis fünf Zentimeter, woll!

Martin Walser
1927 Wasserburg/Bodensee

Martin Walser, der vor allem als Erzähler und Romanschriftsteller bekannt wurde, war Mitglied der Gruppe 47 und bestimmt seit 1950 an herausragender Stelle das literarische Geschehen in Deutschland mit. Der virtuose, sprachgewaltige Autor hat ein großes episches Werk geschaffen, das sich vor allem mit der deutschen Wohlstands- und Leistungsgesellschaft in der Nachkriegszeit befaßt. So veröffentlichte er unter anderem die Erzählungen „Ein Flugzeug über dem Haus" (1955), „Lügengeschichten" (1964), „Fiction" (1970) und „Gesammelte Geschichten" (1983) sowie die Romane „Ehen in Philippsburg" (1957), „Halbzeit" (1960), „Das Einhorn" (1966), „Jenseits der Liebe" (1976), „Seelenarbeit" (1979) und „Brandung" (1985). Daneben ist er aber auch als Dramatiker und Hörspielautor sowie mit Reden, Essays, Vorlesungen und theoretischen Schriften – in denen er sich engagiert mit den Problemen der Zeit auseinandersetzte – hervorgetreten.

Lammschulter, gedünstet, mit Gemüse und Thymian

Zutaten:
1,6 kg Lammschulter mit Knochen
Wurzelgemüse (je 1 Zwiebel, gelbe Rübe, Lauch)
Gemüse (je 100 g Sellerie, Erbsen, Blumenkohl)
½ l Schwarzriesling
¼ l Fleischbrühe
5 Pfefferkörner
Salz, Thymian
3 Knoblauchzehen
50 g Mehl
30 g Butter
150 ml Sahne
Saft von 1 Zitrone

Zubereitung:
Lammschulter vom Fett befreien, mit Salz und Pfeffer aus der Mühle würzen, in einem Brattopf mit wenig Öl anbraten, 30 Minuten im Backofen bei 160 °C braten. Nun das Wurzelgemüse und den Knoblauch dazugeben, mit dem Rotwein und der Brühe ablöschen, Thymianzweig dazulegen und nochmals 45 Minuten im Ofen zugedeckt garen. Anschließend die Knochen aus der Lammschulter herausziehen und das Fleisch warm stellen.
Das Gemüse in 1 cm große Würfel schneiden, waschen und in leichtem Salzwasser überbrühen, dann abkühlen lassen.
Aus Butter und Mehl eine helle Mehlschwitze herstellen, mit Bratensaft vom Lamm auffüllen, 15 Minuten durchkochen. Anschließend das vorbereitete Gemüse in die Sauce geben und 5 Minuten kochen lassen. Zum Schluß die Sauce mit dem Zitronensaft, mit Thymian, der Sahne und eventuell Salz abschmecken. Die Lammschulter in Portionen schneiden und in eine feuerfeste Form legen, die Sauce mit dem Gemüse darübergeben.
Als Beilage bieten sich Petersilienkartoffeln oder Bäckerinkartoffeln an.

Norbert Vögele,
„Ausbildungsküche des Berufsförderungszentrums Maximiliansau",
Wörth

Weinempfehlung:
Schwarzriesling
oder Grauburgunder

Karl Borromäus Weitzmann,
Die Drechselbank im Olymp, S. 235,
in: Sämmtliche Gedichte,
Ludwigsburg: Nast 1829,
S. 206–279

Drauf hob i ongfongt, im Verdruß,
Mit Essi, Oel und Zwiefeln,
A Rindsmaul und en Ochsenfuß
Zur Jausen obzukifeln,
Und nebenher so spintifiert,
Wie i hübsch konnt mein Schlongenwirth
A rechte Nosen drahen.
Und wie i that zum Mäulerl nei
Die letzte Semmel schieben,
Husch, follt mie mei Frau Muatter ein;
Patsch, hob i on sie gschrieben:
A Madame Madame Semele
Cito cito citissime,
Von ihrem lieben Liperl.

Mit Essi, Oel und Zwiefeln,

A Rindsmaul

und en Ochsenfuß

Karl Borromäus Weitzmann
1767 Munderkingen/Donau – 1828 Ehingen

Der Sohn des aus Magdeburg stammenden Munderkinger Arztes Karl Friedrich Christoph Weitzmann fiel schon als Kind durch eine außergewöhnliche Auffassungsgabe, seine Lebendigkeit und seinen Humor auf. Er kam auf die Gymnasien in Ehingen und Konstanz, später dann, da Oberschwaben noch unter österreichischer Herrschaft stand, zum Studium der Philosophie und Rechtswissenschaft nach Wien. In diesen Jahren zeigte er auch Interesse für die Dichter der Aufklärung und beschäftigte sich besonders mit Wieland und Schiller. Nach Beendigung seines Studiums wurde Karl Borromäus Weitzmann zunächst beim Feldkriegskommissariat in kaiserlich-österreichischen Diensten angestellt, ließ sich aber bald darauf ins Sekretariat der vorderösterreichischen Landstände nach Ehingen versetzen. Nachdem seine Heimat 1805 württembergisch geworden war und er sich nur schwer in seinen Amtsgeschäften umstellen konnte, ließ er sich 1810, gerade 43jährig, in den Ruhestand versetzen und praktizierte seither als Rechtsanwalt.

Ochsenmaulsalat

Zutaten:
600 g Ochsenmaulsalat (beim Metzger bestellen)
1 Zwiebel (in Würfeln)
3 Lauchzwiebeln
2 Fleischtomaten
1 kleine Gartengurke (200 g)
2 Essiggurken
100 ml Tafelöl
6 EL Rotweinessig
1 EL Senf
Salz, Pfeffer aus der Mühle

Zubereitung:
Den in feine Scheiben geschnittenen Ochsenmaulsalat kurz abwaschen und in 2 cm große Stücke schneiden. Lauchzwiebeln putzen, waschen und in feine Röllchen schneiden. Tomaten und Gartengurke waschen, vierteln und in feine Scheiben schneiden, ebenso die Essiggurke. Zwiebelwürfel mit Senf, Salz, Pfeffer aus der Mühle, Rotweinessig und Öl gut verrühren, alles zusammen vermengen und bei Bedarf nachwürzen.
Eine andere Variante dazu wäre Kalbskopfsalat. Kalbsmaske, gekocht, gepreßt und dann mit der Aufschnittmaschine in feine Scheiben geschnitten. Als Beilage dazu passen Röstkartoffeln oder ein herzhaftes Holzofenbrot.

Otto Assenheimer,
„Gasthof Lamm",
Löwenstein

Weinempfehlung:
Spätburgunder Weißherbst

Karl Borromäus Weitzmann,
Das sättigende Wecklein, S. 132–133,
in: Sämmtliche Gedichte,
Ludwigsburg: Nast 1829,
S. 131–133

Das Bäuerlein setzte sich auf den Stein,
Gehörlos für lästige Fragen,
Und eilig, als flögen ihm Mücklein hinein,
Verschwanden die Wecklein im Magen.
„Ade, Meister Veit! muß wohl gesteh'n,
All' eu're Wecklein sind gut und schön."
Zum dritten Bäcker das Bäu'rlein kam.
Ha, dacht' es, da kann ich mit Ehren
Vorbei nicht geh'n; es abermal nahm
Sechs Wecklein, und thät sie verzehren,
Und als es die Hände gelegt in Schoos,
Da schmollt' es: Die Wecklein sind schön
und groß!

C. Weitzmann's

sämmtliche Gedichte.

Vollständige, von dem Verfasser selbst revidirte Ausgabe.

In drei Bändchen.

Erstes und zweites Bändchen

Gedichte in reindeutscher Mundart.

Ludwigsburg,

Druck und Verlag der C. F. Nast'schen Buchhandlung.

1829.

All' eu're

Wecklein

sind gut und schön

Karl Borromäus Weitzmann
1767 Munderkingen/Donau – 1828 Ehingen

Neben Sebastian Sailer ist Karl Borromäus Weitzmann der wohl bekannteste im 18. Jahrhundert geborene schwäbische Mundartdichter. Der schon 1803 erschienenen Erstausgabe seiner Gedichte, die in der Mehrzahl noch hochdeutsche Verse enthält, folgte aber erst 1819 ein zweiter Band. Beide Veröffentlichungen fanden breite Beachtung. Allerdings wurden die Derbheiten in seinen Werken – im Gegensatz zu denen Sailers – immer wieder angegriffen, da er weder vor kirchenkritischen Äußerungen noch vor politischen Attacken und sexuellen Anspielungen zurückschreckte. Auch die Schwächen seiner Zeitgenossen legte er mit seinen satirischen Texten schonungslos bloß und erregte damit in weiten Kreisen Anstoß. Man hatte wohl nicht verstanden, daß es Weitzmann vor allem um die Kritik der Zeitübel ging und er mit seiner Lyrik aufklärend und bessernd wirken wollte. Den 1828 gefaßten Plan, eine Ausgabe seiner sämtlichen Werke vorzubereiten, konnte er nicht mehr ausführen; sie erschien posthum im Jahre 1853.

Milchbrötchen

Zutaten:
1 kg Mehl (Type 405 oder 550)
20 g Salz
20 g Zucker
40 g Hefe
600 ml Vollmilch

Zubereitung:
Alle Zutaten in eine Schüssel geben und einen glatten Teig kneten (Vollmilch sollte temperiert sein). Teig abdecken und etwa 15 Minuten ruhen lassen. 30 gleich große, runde Stücke formen und nochmals ruhen lassen. Mit einem Holzstab (Rührlöffel) in der Mitte eine Kerbe eindrücken. Geformte Teigstücke mit dem Gesicht nach unten (eingedrückte Seite) etwa 30 Minuten reifen lassen, danach wenden, leicht mit Wasser bestreichen und backen.
Backzeit etwa 15 Minuten. Backtemperatur etwa 220°C.

Bäckerei Doll, Munderkingen

Weinempfehlung:
Müller-Thurgau oder Silvaner

Wilhelm Ludwig Wekhrlin, Denkwürdigkeiten von Wien, S. 163, in: Schriften 1772–1789, hrsg. v. A. Estermann, Bd. 1, Nedeln: KTO-Press 1978, S. 1–217

Aber zu Wien, wo man seit der Auferstehung Christi die völlige Freyheit hat, zu tragen, was man will, werden sie doch nichts Neues aufbringen wollen?
Meynen sie, daß man um ihres albernen Wochenblatts willen seinen Fichus oder Pets - en l'air herabreissen und ins Feuer werfen wird? Das beste ist, daß niemand ihre Armseligkeiten liest: sonst würde ich verzweiflen.
Warum bringen sie nicht auch eine Tafeluniform in Vorschlag? Ein Stück Rindfleisch auf einem bleyernen Teller, und eine Portion Sauerkraut dazu würde vortreflich auf den Tafeln unserer grossen Herren stehen. Merken sie ihre Thorheit? Statt des Champagners könnten sie weisses Bier einführen.
Diß würde euch Männern wenigstens den Kopf nicht blöd machen, wenn wir Frauenzimmer uns einen neuen Schuh kaufen wollen.

eine Portion

Sauerkraut

dazu würde vortreflich auf den Tafeln ... stehen

Wilhelm Ludwig Wekhrlin
1739 Botnang – 1792 Ansbach

Der später auch unter dem Pseudonym Anselmus Rabiosus bekannt gewordene Stuttgarter Pfarrerssohn studierte nach dem Besuch des Gymnasiums in Tübingen Jura. Nach dem Studium zunächst als Schreiber in Ludwigsburg und anschließend als Hofmeister in Straßburg und Paris tätig, ging er 1776 nach Wien, wo der freisinnig Eingestellte schon bald mit der Obrigkeit in Konflikt geriet und kurz darauf wieder ausgewiesen wurde. Von dieser Zeit berichtete er in seinen „Denkwürdigkeiten von Wien" (1776). Weitere Stationen des scharfzüngigen Publizisten, Herausgebers und Redakteurs, der sich als vehementer Verfechter der Aufklärung einen Namen machte, waren Regensburg, Augsburg und Nördlingen. Dort gab er 1777 die Zeitung „Das Felleisen" heraus und gründete 1778 die Journale „Chronologen" und „Das graue Ungeheuer". In diesem Jahr publizierte er auch seine süddeutschen Reiseerfahrungen in der Schrift „Anselmus Rabiosus' Reise durch Ober-Deutschland". Wegen publizistischer Vergehen wurde Wekhrlin dann 1787 gefangengesetzt. Von Anfang 1792 an lebte er in Ansbach und nahm als Redakteur der „Ansbachischen Blätter" wieder seine publizistische Tätigkeit auf.

Rostbraten mit Fildersauerkraut und Trollingersauce

Zutaten:
Rostbraten:
4 abgelagerte Rostbraten mit Fettrand
zu je 180 g (beim Metzger vorbestellen)
3 Zwiebeln
50 g Butterfett zum Rösten der Zwiebeln
2 EL Öl
50 g Butter zum Braten
Salz und Pfeffer

Filderkraut:
800 g Filderkraut/Sauerkraut
1 Zwiebel
1 Apfel
50 g Schweineschmalz
1/4 l Riesling
1/4 l Fleischbrühe
Salz, Pfeffer aus der Mühle
Gewürzbeutel mit
6 zerdrückten Wacholderbeeren
2 Nelken
2 Lorbeerblättern
1 TL Kümmel
Zum Abbinden:
1 EL Mehl
100 ml Milch
1 Prise Zucker

Trollingersauce:
500 g Kalbsknochen (nußgroß gehackt)
250 g Kalbsabschnitte
Je 1 Fleischtomate, Zwiebel, Petersilienwurzel
Je 1/2 gelbe Rübe und kleine Sellerieknolle
Lorbeerblatt, Thyminansträußchen
8 Pfefferkörner (schwarz/weiß)
1 l Kalbsbrühe
1/4 l trockener Trollinger
Bratfett
50 g kalte Salzbutter

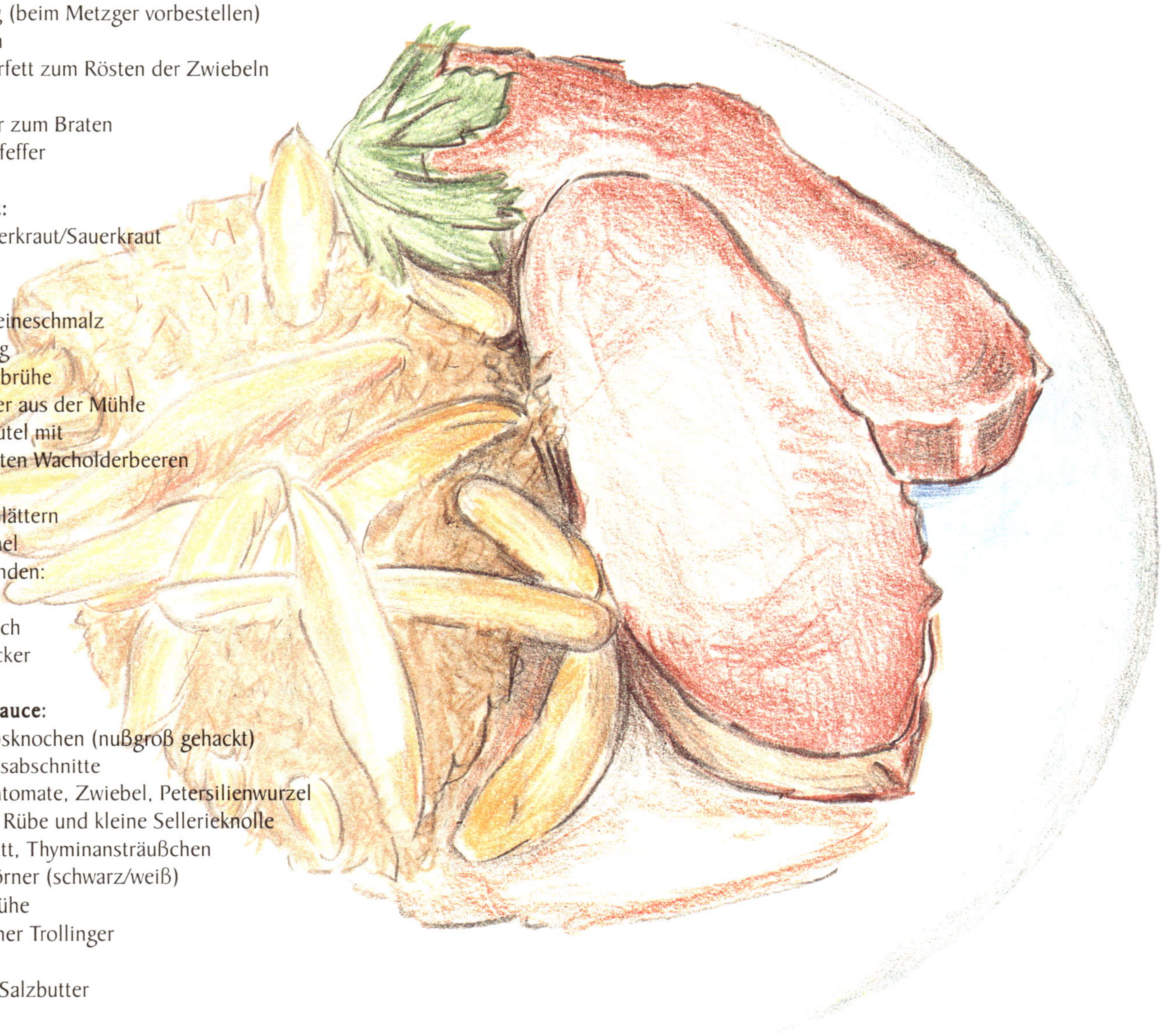

Zubereitung:
Filderkraut:
1 feingeschnittene Zwiebel und den Apfel in Schweineschmalz glasig andünsten, Sauerkraut dazugeben. Mit Weißwein und Fleischbrühe auffüllen, Gewürzbeutel dazugeben und 1 Stunde zugedeckt köcheln lassen. Gesiebtes Mehl und Milch gut verrühren und damit das Sauerkraut abbinden, nochmals 10 Minuten kochen lassen, mit Salz und Pfeffer aus der Mühle sowie 1 Prise Zucker abschmecken.
Rostbraten:
In der Zwischenzeit die übrigen Zwiebeln schälen, in feine Scheiben schneiden und im Butterfett goldgelb anrösten. Die Rostbraten leicht klopfen, würzen und in einer heißen Pfanne mit Öl von beiden Seiten je 2 Minuten anbraten. Das Öl abgießen und nochmals kurz mit der frischen Butter nachbraten. So erhalten sie einen feinen Geschmack.
Trollingersauce:
Knochen und Kalbsabschnitte bis zur Farbgebung anrösten, kleingewürfeltes Gemüse zugeben, weiter anrösten, mit dem Trollinger mehrmals ablöschen und einkochen lassen. Kalbsbrühe hinzufügen und in etwa 2 Stunden bis auf 1/2 l einkochen. Am Schluß die kalte Butter unterziehen.
Die Rostbraten auf einer vorgewärmten Platte anrichten, goldgelbe Zwiebeln darauf verteilen und mit Filderkraut, Trollingersauce und Spätzle oder Schupfnudeln servieren.

Alfred Schweizer,
„Restaurant Hahnen",
Filderstadt

Weinempfehlung:
Trollinger halbtrocken

Christoph Martin Wieland,
Geschichte der Abderiten, S. 65,
in: Gesammelte Schriften,
I. Abt., Bd. 10,
hrsg. v. Ludwig Pfannmüller,
Hildesheim: Weidmann 1986
(Nachdruck der I. Aufl. 1913),
S. 1–300

Das nenn' ich ein Land, Klonarion! Da ist es nie zu warm und nie zu kalt, nie zu naß und nie zu trocken; Frühling und Herbst regieren dort nicht wechselsweise, sondern, wie in den Gärten des Aleinous, zugleich, in ewiger Eintracht. Berge und Thäler, Wälder und Auen sind mit allem angefüllt, was des Menschen Herz gelüsten kann. Aber nicht etwa daß die Leute sich die Mühe geben müßten die Hasen zu jagen, die Vögel oder Fische zu fangen, und die Früchte zu pflücken, die sie essen wollen; oder daß sie die Gemächlichkeiten, deren sie genießen, erst mit vielem Ungemach erkaufen müßten. Nein! alles macht sich da von selbst. Die Rebhühner und Schnepfen fliegen einem gespickt und gebraten um den Mund, und bitten demüthig daß man sie essen möchte; Fische von allen Arten schwimmen gekocht in Teichen von allen möglichen Brühen, deren Ufer immer voll Austern, Krebse, Pasteten, Schinken und Ochsenzungen liegen. Hasen und Rehböcke kommen freywillig herbeygelaufen, streifen sich das Fell über die Ohren, stecken sich an den Bratspieß, und legen sich, wenn sie gar sind, von selbst in die Schüssel. Allenthalben stehen Tische, die sich selbst decken; und weich gepolsterte Ruhebettchen laden allenthalben zum Ausruhen vom Nichtsthun und zu angenehmen Ermüdungen ein. Neben denselben rauschen kleine Bäche von Milch und Honig, von Cyprischem Wein, Citronenwasser und andern angenehmen Getränken; und über sie her wölben sich, mit Rosen und Schasmin untermengt, Stauden voller Becher und Gläser, die sich, so oft sie ausgetrunken werden, gleich von selbst wieder anfüllen.

Die Rebhühner

und Schnepfen fliegen einem … um den Mund

Christoph Martin Wieland
1733 Oberholzheim b. Biberach – 1813 Weimar

Im Alter von drei Jahren kam Christoph Martin Wieland nach Biberach. Bis 1747 besuchte er die dortige Lateinschule, dann mußte er zur weiteren Erziehung in ein Internat bei Magdeburg. Einem Zwischenaufenthalt 1749 in Erfurt, wo er sein philosophisches Wissen erweiterte, folgte die Rückkehr 1750 nach Biberach; erste, schwärmerisch-pietistische Jugendgedichte entstanden. Noch im selben Jahr schrieb er sich in Tübingen im Fach Jura ein. Seiner dichterischen Interessen wegen brach er zwei Jahre später sein Studium ab und ging für acht Jahre nach Zürich, um seine literarischen Studien – zunächst bis 1854 im Hause Bodmer – fortzusetzen. Mit „Die Natur der Dinge" und „Anti-Ovid" veröffentlichte er 1752 seine ersten Gedichtbände, und mit der Tragödie „Lady Johanna Gray" hatte er 1758 bescheidenen Erfolg. Eine Existenz als freier Schriftsteller zu gründen, gelang aber nicht. So kehrte er, nachdem man ihm eine Stelle als Kanzleiverwalter anbot, 1760 nach Biberach zurück. Hier entstanden die Romane „Die Abenteuer des Don Sylvio von Rosalva" (1764) und „Die Geschichte des Agathon" (1766). Wieland, der in seiner Heimatstadt keine literarische Zukunft für sich sah, nahm schließlich 1769 eine Professur für Philosophie in Erfurt an. 1772 berief ihn dann Herzogin Anna Amalia zum Erzieher ihrer Söhne nach Weimar, wo er – zum Hofrat ernannt – von 1775 an eine Pension als Schriftsteller erhielt. Wieland verkehrte dort und auf seinem Gut im nahen Oßmannstedt unter anderem mit Goethe, Schiller, Herder und Kleist. Maßgeblich an der Wiederentdeckung der klassischen Antike beteiligt und damit auch für die literarische Geschmacksbildung des 18. Jahrhunderts mitverantwortlich, veröffentlichte Wieland zahlreiche weitere Dramen und Romane, so unter anderem den humoristisch-satirischen Roman „Die Abderiten" (1774).

Rebhuhnkotelett auf Steinpilzrisotto

Zutaten:
2 fette Rebhühner
200 g Kalbsbries (kurz überbrüht)
120 g Avorio-Reis (Risottoreis)
250 g frische Steinpilze
$^1/_4$ l trockener Weißwein
$^1/_8$ l weißer Kalbsfond
100 g Butter
80 g Parmesan
Salz, Pfeffer aus der Mühle
1 Schalotte
Etwas Mehl

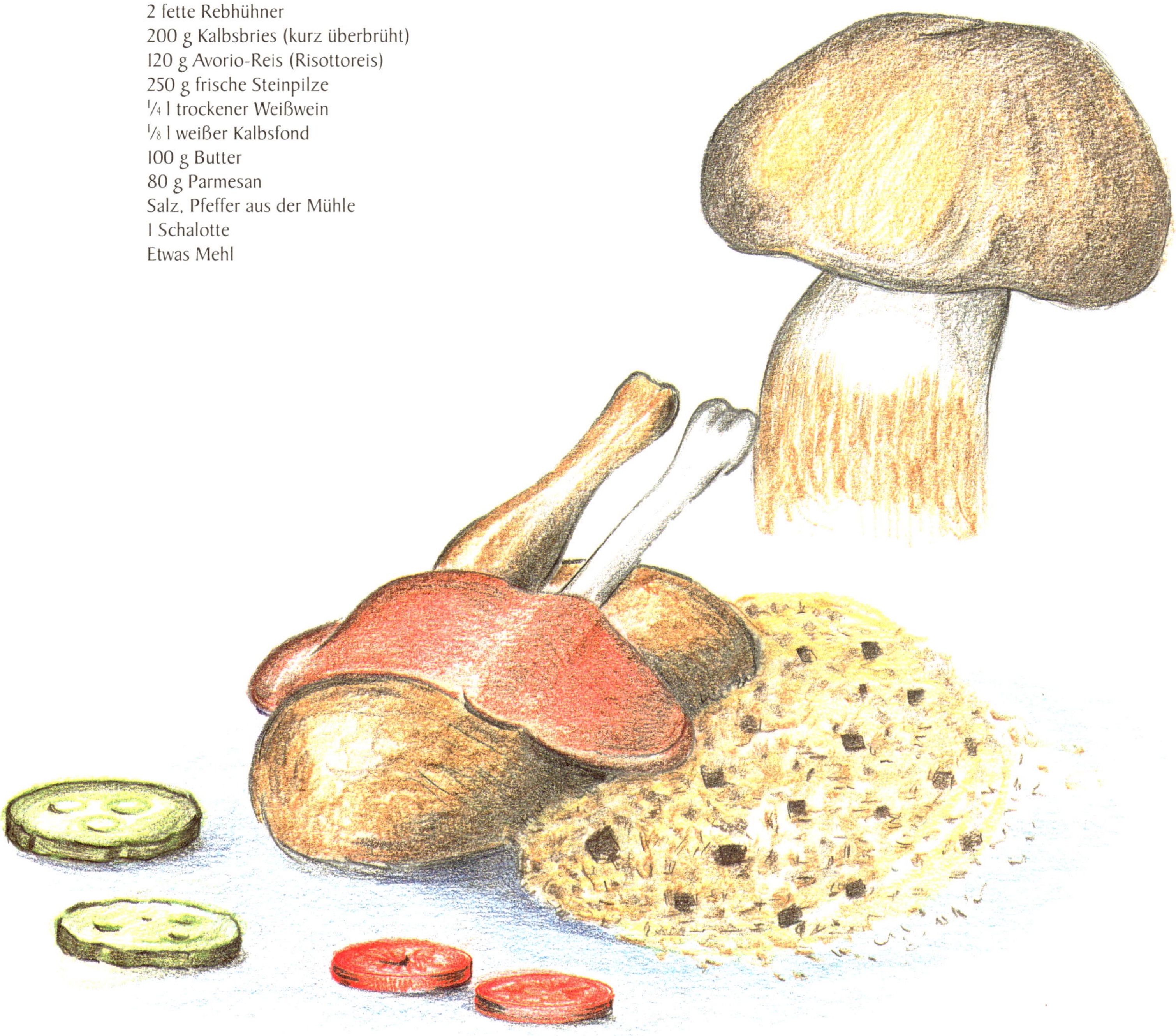

Zubereitung:
Risotto ansetzen mit Schalottenwürfeln, 20 g Butter, dem Weißwein und dem Kalbsfond. Kochzeit etwa 20 Minuten. Die geschnittenen Steinpilze, am Ende der Kochzeit die restliche Butter und den geriebenen Parmesan unterheben und mit Pfeffer aus der Mühle abschmecken.
Währenddessen die beiden Rebhühner vom Rücken her auslösen, alle Knochen bis auf die Unterschenkel- und Flügelknochen entfernen, mit den Knochen einen kurzen Fond ansetzen, diesen etwa 8 Minuten kochen, passieren und einkochen lassen, bis er sirupartig ist (Glace). Bei den ausgelösten Rebhuhnhälften die geputzten Unterschenkelknochen parallel zum Flügelknochen durch das Brustfleisch drücken, mit Salz und Pfeffer würzen und in steigender Butter braten (Bratzeit etwa 8–10 Minuten).
Kalbsbries in Scheiben schneiden, würzen, in Mehl wenden, mitbraten und warm halten.
Das rosa gebratene Rebhuhnkotelett schräg in Scheiben schneiden, eine gebratene Kalbsbriesscheibe dazwischen legen, auf Risotto anrichten und mit der Glace beträufeln.

Jörg Ebermann,
„Gasthaus-Restaurant Zur Linde",
Oberboihingen

Weinempfehlung:
Spätburgunder blanc de noir

Ottilie Wildermuth,
Von verlornen Trauringen, S. 78–79,
in: Werke. Erste Gesammt-Ausgabe, Bd. 3,
Stuttgart: Krabbe 1862,
S. 77–86

Da zog der Werner den
goldenen Verlobungsring
vom Finger, den er bewahrt
hatte in Noth und Elend,
und der kaum mehr hatte
halten wollen an der abge-
magerten Hand, und ließ
ihn langsam hinunterfallen
in den Neckar, der dort so
rasch vorüberfließt, und
er kehrte um, ohne ein
Wort zu sagen und ging
zu seiner alten Mutter.
Das Fräulein in Cannstatt,
die ahnte nichts von all
dem, sie schmückte ihr
Brautkleid und probirte den
Myrthenkranz und besah
den Hochzeitschmuck; ob
sie Zeit gehabt, an den
gestorbenen Bräutigam zu
denken, weiß ich nicht.
Am andern Tag war das
Hochzeitsmahl, und Nie-
mand sah es den glänzen-
den Augen der Braut an,
daß sie einmal so viel
geweint. – Es war eine
prächtige Mahlzeit, und
nach allerlei Delikatessen
kam noch ein Fisch auf
die Tafel: ein Hecht so
groß, wie er sich selten
im Neckar findet, man
hatte ihn zur Rarität ganz
gebraten. – Neben der
Braut saß ihr Vater,
dem wurde der Fisch zum
Zerlegen übergeben.
„Und was meinen Sie,
Herr Finanzrath," schloß
mein Vater, „daß in dem
Fisch gewesen?" – „Der
Ring, der Ring!" riefen
sechs Stimmen zugleich
in athemloser Spannung. –
„Grät' waren darin, lauter
Fischgräten und das keine
kleinen." – „Sie Coujon,
wer wird ehrliche Leut' so
für Narren halten," sagte
ärgerlich der Finanzrath.

kam noch ein Fisch auf die Tafel:

ein Hecht so groß,

wie er sich selten im Neckar findet

Ottilie Wildermuth
1817 Rottenburg/Neckar – 1877 Tübingen

Die Tochter des Kriminalrats Gottlob Rooschüz, der 1819 als Oberamtsrichter nach Marbach am Neckar versetzt wurde, verbrachte ihre gesamte Kindheit in der Schillerstadt. Das begabte Mädchen erhielt schon früh Lateinunterricht – für damalige Verhältnisse recht ungewöhnlich. Auf eine weiterführende Bildung am Stuttgarter Katharinenstift verzichteten die Eltern jedoch: Nach der Konfirmation erhielt sie weiter Privatlektionen in Französisch, Geographie und Geschichte, 1833 nahm sie Unterricht in Hauswirtschaft in Stuttgart, dann war sie wieder in Marbach und führte das übliche Leben einer Haustochter. In diesen Jahren reimte sie ihre ersten Gedichte. Nachdem sie 1843 den am Tübinger Lyzeum angestellten Oberlehrer Johann David Wildermuth geheiratet hatte, widmete sie sich, angeregt vom kulturellen Geist der Universitätsstadt und den Bekanntschaften mit den Familien Uhland, Mayer und Klüpfel-Schwab, neben ihren familiären Pflichten her verstärkt der Schriftstellerei. Zur Verbesserung der finanziellen Situation gab Ottilie Wildermuth außerdem Sprachstunden und hatte wegen Übersetzungsarbeiten erste Kontakte zu Verlagen. Als die schriftstellerischen Erfolge immer mehr Zeit und Kraft in Anspruch nahmen, zog ihre verwitwete Mutter zu der Familie nach Tübingen, um Teile des Haushalts zu übernehmen.

Gefüllter Hecht, im ganzen gebraten, mit Fencheltulpen und überbackenen Kartoffeln

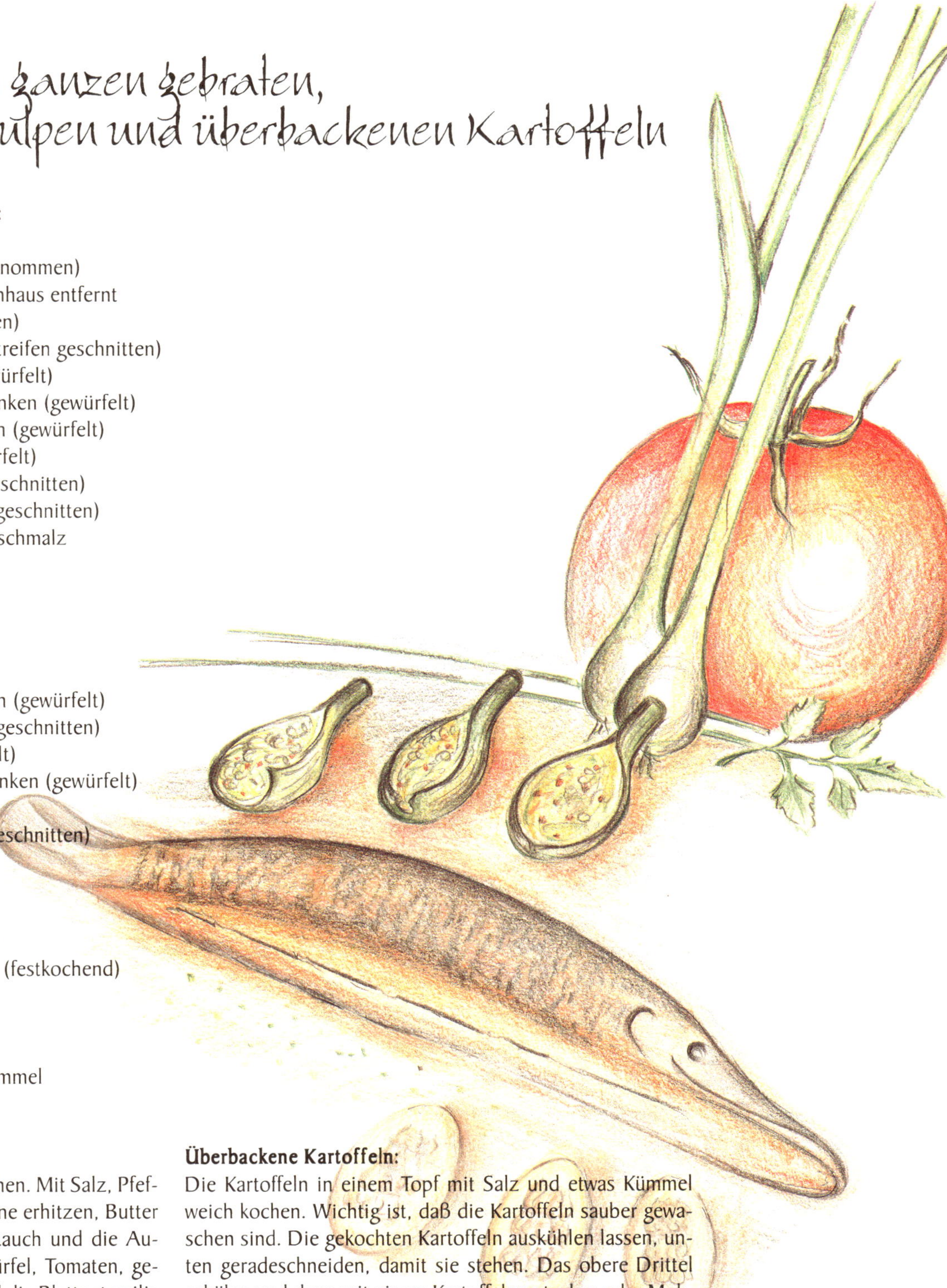

Zutaten (für 6 Personen):
Fisch und Füllung:
1 Hecht (etwa 2 kg, ausgenommen)
5 Tomaten (geschält, Kernhaus entfernt und in Streifen geschnitten)
200 g Austernpilze (in Streifen geschnitten)
50 g Schalotten (fein gewürfelt)
30 g Schwarzwälder Schinken (gewürfelt)
20 g getrocknete Tomaten (gewürfelt)
40 g junger Lauch (gewürfelt)
10 g Schnittlauch (fein geschnitten)
10 g Blattpetersilie (fein geschnitten)
50 g Butter, 100 g Butterschmalz
30 g Mehl
Salz, Pfeffer, Zitrone

Gefüllte Fencheltulpen:
3 Fenchelknollen
20 g getrocknete Tomaten (gewürfelt)
10 g Blattpetersilie (fein geschnitten)
50 g Schalotten (gewürfelt)
20 g Schwarzwälder Schinken (gewürfelt)
40 g Lauch (gewürfelt)
20 g Schnittlauch (fein geschnitten)
50 g Butter
Salz, Pfeffer, Anisée

Überbackene Kartoffeln:
12 mittelgroße Kartoffeln (festkochend)
30 g Butter
5 cl Milch
2 Eigelb
Salz, Pfeffer, Muskat, Kümmel

Zubereitung:
Fisch und Füllung:
Den Hecht sauber schuppen und abwaschen. Mit Salz, Pfeffer und Zitrone würzen. Eine große Pfanne erhitzen, Butter zerlaufen lassen. Die Schalotten, den Lauch und die Austernpilze anschwitzen. Die Schinkenwürfel, Tomaten, getrocknete Tomaten, den Schnittlauch und die Blattpetersilie beigeben, mit Salz sowie Pfeffer würzen und gut durchschwenken. Die Füllung abkühlen lassen und den Hecht damit füllen. Mit einem Bindfaden zunähen.

Gefüllte Fencheltulpen:
Vom äußeren Fenchel 6 Fencheltulpen abtrennen und sauber waschen. Das feine Grün abzupfen, den Stiel entfernen und den Fenchel in Streifen schneiden. In einem großen Topf Wasser zum Kochen bringen und die Tulpen überbrühen. Im gleichen Wasser die Fenchelstreifen kurz überbrühen, in Eiswasser abschrecken und abtropfen lassen. In einer Pfanne Butter zerlaufen lassen, Schalotten, getrocknete Tomaten, Schinkenwürfel und Lauch farblos anschwitzen, Blattpetersilie beigeben, den überbrühten Fenchel und feingehacktes Fenchelgrün beigeben, mit Salz, Pfeffer und Anisée abschmecken. Die Tulpen mit dem Fenchel füllen.

Überbackene Kartoffeln:
Die Kartoffeln in einem Topf mit Salz und etwas Kümmel weich kochen. Wichtig ist, daß die Kartoffeln sauber gewaschen sind. Die gekochten Kartoffeln auskühlen lassen, unten geradeschneiden, damit sie stehen. Das obere Drittel schälen und dann mit einem Kartoffelausstecher oder Mokkalöffel von oben vorsichtig aushöhlen. Das Ausgestochene durch ein Sieb streichen, mit der warmen Milch und Butter zu Püree verarbeiten. Die Eigelbe beigeben, mit Salz, Pfeffer sowie Muskatnuß würzen und mit einem Spritzbeutel in die ausgehöhlten Kartoffeln spritzen. Die gefüllten Kartoffeln mit Butter bepinseln und etwa 10 Minuten bei 160 °C im Backofen überbacken.
In einem Bräter oder Backblech Butterschmalz erhitzen und den Fisch auf beiden Seiten goldgelb anbraten. Die Fencheltulpen vorsichtig mit einsetzen und im Backofen 20 Minuten bei 160 °C garen. Den Hecht immer gut übergießen. Zum Schluß wie auf der Zeichnung gezeigt anrichten. Wir haben den Fenchel mit etwas Rotweinbutter serviert.

Peter Auer
„Hotel Adler"
71679 Asperg

Weinempfehlung:
Grauburgunder,
Chardonnay
oder kräftiger Riesling

Ottilie Wildermuth,
Die Lehrjahre, S. 61–62,
in: Werke. Erste Gesammt-Ausgabe, Bd.6,
Stuttgart: Krabbe 1862,
S. 7–88

Am schönsten waren die Sonntage. Da machte man bei schönem Wetter in aller Früh den Gang zur Kirche in das Dorf, das eine Viertelstunde vom gräflichen Schloß entfernt war. Der Weg führte durch eine wunderschöne Allee alter Buchen, die kleine Kirche und das Pfarrhaus lagen auf einer Anhöhe etwas abgesondert vom Dorf. Es war so recht das Ideal eines Pfarrhauses! Der Eingang war von hohen Linden beschattet und ein schmaler Weg führte über den grünen Rasen bis zu der Kirche. Ein Blumengärtchen, der Stolz der Fräulein Ludovike, der bejahrten Tante des jungen Pfarrers, umgab die andre Seite des Pfarrhauses, – und es war so wunderbar still und friedlich hier, – es wurde Sophien so heimathlich zu Muthe, daß sie vor Heimweh hätte weinen mögen. Die Kinder waren hier ganz zu Hause, der Spiz, der sich vor der Hausthür sonnte, sprang wie toll vor Freude, wenn er sie von weitem sah; die alte Pfarrmagd legte ihr Gesicht in die freundlichsten Falten, wenn die kleinen Gräfinnen kamen und die Mädchen meinten sogar, der Kanarienvogel stimme sein schönstes Liedchen an, wenn sie eintreten.
Da die Kinder Nachmittags noch eine Religionsstunde bei dem Pfarrer hatten, an der Sophie Theil nahm, so wurde meist der Mittag bei Pastors zugebracht und die Mädchen glaubten zuversichtlich, daß keine Delikatesse der gräflichen Tafel daheim je der süßen Grüze der Tante Ludovike gleich komme. Der Pfarrer war sehr ernst, fast etwas zu bedächtig für seine Jugend, doch konnte er hie und da im Kreise der Kinder eine kindliche Heiterkeit zeigen, die aus der Tiefe eines warmen, rein bewahrten Herzens quellend, ihm doppelt liebenswürdig stand.

Ottilie Wildermuth's
Werke.
Erste Gesammt-Ausgabe.
Sechster Band.
Stuttgart.
Verlag von Adolph Krabbe.
1862.

daß keine Delikatesse ... je der
süßen Grüze
der Tante Ludovike gleich komme

Ottilie Wildermuth
1817 Rottenburg/Neckar – 1877 Tübingen

In ihren Werken – hauptsächlich Jugendschriften, Erzählungen und Memoiren – zeichnete Ottilie Wildermuth lebendige Bilder vom württembergischen Leben ihrer Zeit. Dies trifft schon für die ersten von ihr in Cottas „Morgenblatt" veröffentlichten Schriften „Genrebilder aus einer kleinen Stadt" (1847) zu und setzt sich 1852 mit dem ersten Band der „Bilder und Geschichten aus dem schwäbischen Leben" fort, die – wie auch der 1854 publizierte zweite Band – in zahlreichen Auflagen erschienen, und endete mit den erst posthum herausgekommenen „Schwäbischen Pfarrhäusern" (1910). Große Beachtung fand Ottilie Wildermuth mit ihren Jugendbüchern „Erzählungen und Märchen für die Jugend" (1855), „Kindergruß" (1859), „Aus Schloß und Hütte" (1861), „Aus der Kinderwelt" (1865) und „Für Freistunden" (1869). Als vielgelesene Autorin konnte sie kaum fünfzehn Jahre nach ihrer ersten Veröffentlichung eine erste Gesamtausgabe ihrer „Werke" in acht Bänden (1862) publizieren. Wegen ihres großen literarischen Erfolgs wurde sie 1871 vom König von Württemberg als erste Frau mit der Medaille für Kunst und Wissenschaft geehrt.

Rote Grütze

Zutaten (für 6 Personen):
500 g Himbeeren
250 g schwarze Johannisbeeren
250 g rote Johannisbeeren
175 bis 200 g Zucker
½ Zitrone
⅛ Zimtstange
6 Blatt Gelatine
40 g Speisestärke

Zubereitung:
Himbeeren und Johannisbeeren mit Zucker, Zitrone und Zimt in ½ l Wasser aufkochen. Dabei einige Himbeeren und schwarze Johannisbeeren für die Förmchen zurückbehalten. Dann Zitrone und Zimtstange herausnehmen, Fruchtbrei durch ein Sieb passieren (eventuell vorher pürieren).
Stärke mit etwas Wasser anrühren und zum Fruchtsaft geben, aufkochen. So lange kochen, bis der Saft wieder klar wird.
Gelatine in kaltem Wasser einweichen, ausdrücken und in den noch warmen Saft rühren. Einige Himbeeren und schwarze Johannisbeeren in eine Schüssel oder in Portionsförmchen streuen, den Saft angießen und kalt stellen.
Ich serviere die rote Grütze mit flüssiger Sahne oder Vanillesauce, die mit etwas Himbeergeist verfeinert wird.
Als Garnitur ein Melisseblatt.

Ernst Ulrich Schassberger,
„Schassbergers Kur- und Sporthotel",
Ebnisee

Weinempfehlung:
spritziger Winzersekt

Wilhelm Zimmermann, Abschiedspredigt des schwäbischen Pfäffle zu Spoichlingen, Bern: Jenni 1836, S. 7

Ich hab e schöne Kabiskopf im Garte den mir das liebe Franziskele gepflanzt hat, ja ich glaub woit und broit hat es e koin so große Kabiskopf gebe als wie ich oine g'habt hab - - - Am hoilige Ignatiustag dees isch an moinem Namenstag hab ich woll e Freudemahl anstelle und moin Freund der Dekan von Woiblingen und andere Pfäffle oinlade. Der Ignatius isch komme moine Freund soin aun komme. Wir fange an z're-de von Papst und Bischoff, trinke G'sundheit auf dero Wohlsoin und habe uns recht gütlich thaun. Mitlerweil bringt die Köchin des Kabiskraut-köpfle ins Zimmer, und älles bewundert moin Kabiskopf; der Dekan kann ihn itt g'nug betrachte und spricht: dees Köpfle sieht g'rad so aus als wie 'ne Bischoffsmütz, ich wollt' ich wär e Bischoff so 'ne Mütz müßt mir naun gut ansteh'n? freilich! frei-lich! sage wir älle.

und älles bewundert moin Kabiskopf

Wilhelm Zimmermann
1807 Stuttgart – 1878 Bad Mergentheim

Wilhelm Zimmermann wuchs in seiner Geburtsstadt als Sohn eines Weingärtners und Hofbediensteten in ärmlichen Verhältnissen auf. Eigentlich zum Erlernen eines Handwerks bestimmt, kam er 1821 auf Grund seiner außerordentlichen Begabung ins evangelisch-theologische Seminar Blaubeuren; er galt als der genialste Kopf in dem oft als „Geniepromotion" bezeichneten Seminarjahrgang, dem auch Strauß und Vischer angehörten. Nach den Studienjahren am Tübinger Stift von 1825 bis 1829 war er zunächst im Kirchendienst tätig, lebte aber von 1830 an in Stuttgart und arbeitete als demokratisch gesinnter Schriftsteller in der Redaktion des häufig zensierten und in scharfer Opposition zu den herrschenden Mächten stehenden „Hochwächters" mit. 1832 erschien seine erste Gedichtsammlung und schon ein Jahr darauf das politische Trauerspiel „Masaniello, der Mann des Volkes". Mit Mörike gab er 1837 das „Jahrbuch schwäbischer Dichter und Novellisten" heraus. Zimmermann wurde aber nicht nur durch seine kritischen Gedichte und Schauspiele berühmt, sondern vor allem als Verfasser der dreibändigen „Geschichte des deutschen Bauernkriegs" (1841–1844). Der populäre Geschichts- und Geschichtenschreiber bekam 1847 eine Stelle als Geschichts- und Literaturprofessor in Stuttgart, die ihm wegen seiner freisinnigen politischen Gesinnung – er war Mitglied der radikal-demokratischen Fraktion der Linken in der Nationalversammlung – 1851 wieder entzogen wurde. Als schwäbischer Pfarrherr schrieb er in späteren Jahren noch zahlreiche historische Darstellungen.

Geschmorte Weißkrautköpfchen

Zutaten:
1 Kopf Weißkraut
1 kleine Zwiebel
1 Bd. Petersilie
1 Toastbrot
2 Eier
Salz, Pfeffer, Butter
100 g Speck

Zubereitung:
12 schöne Weißkrautblätter in Salzwasser weich dünsten, herausnehmen und beiseite stellen. In der Zwischenzeit 400 g Weißkraut und eine kleine Zwiebel kleinschneiden und in etwas Butter andünsten. Mit Salz und Pfeffer würzen und mit einem kleingehackten Sträußchen Petersilie vermengen. In die erkaltete Masse kommen nun 250 g entrindete Weißbrotwürfel und 2 Eier. Alles gut vermengen. Die Masse auf die 12 Weißkrautblätter geben und daraus kleine Krautköpfchen formen. Diese in einen Bräter auf kleinwürfeligen Speck setzen, mit etwas Brühe angießen und etwa 15 Minuten im Ofen bei 200 °C anbräunen.
Diese Beilage paßt zu herzhaften Schmorbratengerichten.

Heinz Stürmlinger,
„Gasthaus-Restaurant Zur Linde",
Oberboihingen

Weinempfehlung:
kräftiger Silvaner
oder Grauburgunder

Alphabetisches Rezeptregister

Rezeptregister nach Gruppen

Vesper und Vorspeisen:

Suppen und Eintopfgerichte:

Fischgerichte:

Fleischgerichte:

Geflügel- und Wildgerichte:

Mehlspeisen:

Gemüse- und Kartoffelgerichte:

Gemüse- und Kartoffelbeilagen:

Saucen:

Nachspeisen:

Backwaren:

Köche

1 Otto Assenheimer
Maybachstraße 43
74245 Löwenstein
„Gasthof Lamm"
Ruhetag: Montag
Telefon: (0 71 30) 5 42
Fax: (0 71 30) 5 14

2 Peter Auer
Stuttgarter Straße 2
71679 Asperg
„Hotel Adler"
Ruhetag: –
Telefon: (0 71 41) 2 66 00
Fax: (0 71 41) 26 60 60

3 Walter Bauhofer
Georg-Burkhardt-Straße 7
73312 Geislingen/Steige
„Landesberufsschule für das Hotel- und Gaststättenwesen, Bad Überkingen"
Ruhetag: –
Telefon: (0 73 31) 6 40 96
Fax: (0 73 31) 6 84 61

4 Gernot Belke
Lautenschlagerstraße 21
70173 Stuttgart
„Neckarwerke Stuttgart AG"
Ruhetag: –
Telefon: (07 11) 2 89 33 23
Fax: (07 11) 2 89 36 57

5 Frank Beutler
Marktstraße 5
72275 Alpirsbach
„Gasthof Schwanen-Post"
Ruhetag: Montag
Telefon: (0 74 44) 22 05
Fax: (0 74 44) 60 03

6 Franz Bolz
Bussardweg 1
73479 Ellwangen-Espachweiler
„Seegasthof"
Ruhetag: Freitag
Telefon: (0 79 61) 77 60
Fax: (0 79 61) 5 38 46

7 Jörg Ebermann
Nürtinger Straße 24
72644 Oberboihingen
„Gasthaus-Restaurant Zur Linde"
Ruhetag: Montag
Telefon: (0 70 22) 6 11 68
Fax: (0 70 22) 6 17 68

8 Holger Essig
Dorfplatz 2
71711 Murr
„Restaurant Trollinger"
Ruhetag: Mittwoch
Telefon: (0 71 44) 20 84 76
Fax: (0 71 44) 28 18 36

9 Rainer Gaiselmann
Rottweiler Straße 3
78667 Villingendorf
„Gasthof Linde"
Ruhetag: Montagabend/
Dienstag ganztägig
Telefon: (07 41) 3 18 43
Fax: (07 41) 3 41 81

10 Dietmar Gulewitsch
Ziegelbergstraße 24
72532 Gomadingen-Offenhausen
„Gestütsgasthof Offenhausen"
Ruhetag: Mittwoch
Telefon: (0 73 85) 96 79 -0
Fax: (0 73 85) 96 79-96

11 Karl Handte
Hauptstraße 39
72636 Frickenhausen
„Gasthof Stern"
Ruhetag: Restaurant Freitag/Samstag
bei Veranstaltungen geöffnet
Telefon: (0 70 22) 4 18 49
Fax: (0 70 22) 4 63 11

12 Alexander Heitz
Mühlgasse 29
74930 Ittlingen
„Restaurant Goldener Käfer"
Ruhetag: Montag/Dienstag
Telefon: (0 72 66) 23 62
Fax: (0 72 66) 24 51

13 Eugen Hemrich
Deutschordenstraße 16
74177 Bad Friedrichshall-Jagstfeld
„Hotel und Restaurant Zur Sonne"
Ruhetag: Montag/Dienstag
Telefon: (0 71 36) 40 63
Fax: (0 71 36) 72 08

14 Helmut Hilse
Lauchgasse 19
73550 Waldstetten
„Restaurant Sonnenhof"
Ruhetag: Montag
Telefon: (0 71 71) 4 23 09
Fax: (0 71 71) 4 48 43

15 Walter Hofmann
Hindenburgstraße 16
71384 Weinstadt
„Gasthof Lamm"
Ruhetag: Montag/Dienstag
Telefon: (0 71 51) 96 76 36
Fax: (0 71 51) 96 76 38

16 Hannelore Honold
Strandbadstraße 23
78315 Radolfzell
„Restaurant Mettnau-Stube"
Ruhetag: Montag/Dienstag ab 17 Uhr
Telefon: (0 77 32) 1 36 44
Fax: (0 77 32) 1 42 05

17 Hans Käfer
Weinstraße 31
71364 Winnenden-Hanweiler
„Landgasthof Krone"
Ruhetag: Montag
Telefon: (0 71 95) 23 57
Fax: (0 71 95) 92 08 22

18 Wilhelm Kellenbenz
Hauptstraße 3
73079 Süßen
„Hotel-Restaurant Löwen"
Ruhetag: –
Telefon: (0 71 62) 50 88
Fax: (0 71 62) 83 63

19 Vincent Klink
Alte Weinsteige 71
70597 Stuttgart-Degerloch
„Restaurant Wielandshöhe"
Ruhetag: –
Telefon: (07 11) 6 40 88 48
Fax: (07 11) 6 40 94 08

20 Ulrich Knoch
In den Anlagen 6
73760 Ostfildern
„Pavillon Restaurant
Stadthalle Nellingen"
Ruhetag: –
Telefon: (07 11) 3 41 20 94
Fax: (07 11) 3 48 28 10

21 Hans Peter Kotheder
Oberstenfelder Straße 90
71723 Großbottwar
„Weingut Lorenz"/„Fischerstüble"/
„Weinlaube"
Ruhetag: Montag/Dienstag/Mittwoch
Telefon: (0 71 48) 13 26
Fax: (0 71 48) 26 27

22 Volker Krehl
Obere Waiblinger Straße 113
70374 Stuttgart-Bad Cannstatt
„Hotel-Restaurant Krehl's Linde"
Ruhetag: Sonntag/Montag
Telefon: (07 11) 5 28 13 85
Fax: (07 11) 5 28 63 70

23 Hansjoachim Mackes
Florentiner Straße 20
70619 Stuttgart/Riedenberg
„Wohnstift Augustinum"
Ruhetag: –
Telefon: (07 11) 47 02-80 17
Fax: (07 11) 47 02-81 02

24 Claudia Maier
Katharinenlinde 1
73733 Esslingen-Rüdern
„Höhenrestaurant Katharinenlinde"
Ruhetag: Montag
Telefon: (07 11) 37 15 14
Fax: (07 11) 37 22 03

25 Dieter Maier
Rennstraße 6
70499 Stuttgart
„Neckarwerke Stuttgart AG"
Ruhetag: –
Telefon: (07 11) 31 90/5 34 62

26 Karl-Heinz Manske
Fürstenbergstraße 46
77776 Bad Rippoldsau
„Landhotel Rosengarten"
Ruhetag: –
Telefon: (0 74 40) 2 36
Fax: (0 74 40) 5 86

27 Hans-Peter Merk
Am Markt 12–13
74523 Schwäbisch Hall
„Hotel Der Adelshof"/
„Restaurant Ratskeller"
Ruhetag: Sonntagabend/Montag
Telefon: (07 91) 7 58 90
Fax: (07 91) 60 36

28 Andreas Müller
Schillerstraße 6
71522 Backnang
„Restaurant Tafelhaus"
Ruhetag: Sonntag/Feiertag
Telefon: (0 71 91) 98 00 44
Fax: (0 71 91) 98 00 77

29 Friedrich Nagel
Uhlandstraße 2
70182 Stuttgart
„Allianz Versicherungs AG"
Ruhetag: –
Telefon: (07 11) 21 73-33 25
Fax: (07 11) 21 73-28 12

30 Hans-Georg Otto
In den Anlagen 1
73760 Ostfildern
„Filderhotel Heides i-Tüpfele"
Ruhetag: Freitag/Samstag
Telefon: (07 11) 3 41 20 91
Fax: (07 11) 3 41 20 01

31 Rudi Pfitzer
Rathausplatz 3
71540 Murrhardt-Fornsbach
„Landgasthof Krone"
Ruhetag: Montag/Dienstag
Telefon: (0 71 92) 54 01
Fax: (0 71 92) 2 07 61

32 Gerd Reiner
Eppinger Straße 43/
Ecke Ludwigsburger Straße
74080 Heilbronn-Böckingen
„Restaurant Reiners Rebstock"
Ruhetag: Montag/Samstag erst abends geöffnet/jedes erste Wochenende im Monat geschlossen
Telefon: (0 71 31) 3 09 09
Fax: (0 71 31) 3 09 09

33 Berthold Sauter
Epplestraße 225
70567 Stuttgart-Möhringen
„Verpflegungsbetriebe Daimler-Benz AG"
Ruhetag: –
Telefon: (07 11) 1 79 30 85
Fax: (07 11) 1 79 40 35

34 Ernst Ulrich Schassberger
Winnender Straße 10
73667 Ebnisee
„Schassbergers Kur- und Sporthotel"
Ruhetag: –
Telefon: (0 71 84) 2 92 - 1 02
Fax: (0 70 43) 2 92 - 2 04

35 Karl Schempf
Frankfurter Straße 1
75433 Maulbronn
„Hotel Birkenhof"/
„Restaurant Klosterkeller"
Ruhetag: Dienstag (Hotel)/
Montagabend (Restaurant)
Telefon: (0 70 43) 4 00 67
Fax: (0 70 43) 4 00 20

36 Karl Ernst Schmidt
Brucknerstraße 14
71404 Korb
„Restaurant Rebblick"
Ruhetag: Montag/Dienstag
Telefon: (0 71 51) 3 33 31
Fax: (0 71 51) 3 66 93

37 Ralph Schmid
Grabenstraße 2
73614 Schorndorf
„Sudhäusle"
Ruhetag: Sonntag
Telefon: (0 71 81) 6 42 69
Fax: (0 71 81) 6 42 74

38 Burkhard Schork
Am historischen Marktplatz 5
74321 Bietigheim/Enz
„Hotel und Restaurant Zum Schiller"
Ruhetag: Sonntag/Montag bis 18 Uhr
Telefon: (0 71 42) 9 02 00
Fax: (0 71 42) 90 20 90

39 Alfred Schweizer
Sielminger Hauptstraße 49
70794 Filderstadt
„Restaurant Hahnen"
Ruhetag: Mittwoch
Telefon: (0 71 58) 46 54
Fax: (0 71 58) 46 54

40 Uli Stengel
Wangener Straße 241
70327 Stuttgart-Wangen
„Bistro im Theaterhaus Wangen"
Ruhetag: –
Telefon: (07 11) 4 02 07 30
Fax: (07 11) 4 02 07 30

41 Erich Stradinger
Schickhardstraße 25
71034 Böblingen-Hulb
„IBM Restaurant Cafeteria",
Ruhetag: –
Telefon: (0 70 31) 18 77 23
Fax: (0 70 31) 18 77 27

42 Rolf Straubinger
Burg Staufeneck
73084 Salach
„Burgrestaurant Staufeneck"
Ruhetag: Montag
Telefon: (0 71 62) 93 34 40
Fax: (0 71 62) 9 33 44 55

43 Annette Stricker
Lohtorstraße 9
74072 Heilbronn
„Hotel-Restaurant Grüner Kranz"
Ruhetag: Montag
Telefon: (0 71 31) 96 17 77
Fax: (0 71 31) 96 17 55

44 Heinz Stürmlinger
Nürtinger Straße 24
72644 Oberboihingen
„Gasthaus-Restaurant Zur Linde"
Ruhetag: Montag
Telefon: (0 70 22) 6 11 68
Fax: (0 70 22) 6 17 68

45 Norbert Vögele
Rheinstraße 1
76744 Wörth
„Berufsförderungszentrum Maximiliansau"
Ruhetag: –
Telefon: (0 72 71) 9 47-0
Fax: (0 72 71) 9 47-2 05

46 Dieter Wägerle
Stumpenhof 1
73207 Plochingen
„Restaurant Stumpenhof"
Ruhetag: Montag/Dienstag
Telefon: (0 71 53) 2 24 25
Fax: (0 71 53) 7 63 75

47 Frank Walter
Bei den Thermen 2
72574 Bad Urach
„Hotel Graf Eberhard"
Ruhetag: –
Telefon: (0 71 25) 14 80
Fax: (0 71 25) 82 14

48 Wolfgang Walter
Kriegsbergstraße 32
70174 Stuttgart
„Energie-Versorgung Schwaben"
Ruhetag: –
Telefon: (07 11) 1 28-22 03
Fax: (07 11) 1 28-22 40

49 Frank Widmann
Struthstraße 17
89551 Königsbronn-Zang
„Landgasthof Löwen"
Ruhetag: Dienstag ganztägig/
Mittwoch bis 18 Uhr
Telefon: (0 73 28) 96 27-0
Fax: (0 73 28) 96 27 -10

50 Georg Wurster
Bei der Martinskirche 10
72555 Metzingen
„Hotel-Restaurant Schwanen"
Ruhetag: –
Telefon: (0 71 23) 94 60
Fax: (0 71 23) 94 61 00

Bäcker

51 Friedrich Baier
Bronngasse 18
71083 Herrenberg
„Bäckerei Baier"
Telefon: (0 70 32) 54 30
Fax: (0 70 32) 2 98 20

52 Hugo Berger
Wilhelmstraße 127
72764 Reutlingen
„Bio-Vollkornbäckerei Berger GmbH"
Telefon: (0 71 21) 33 73 87
Fax: (0 71 21) 31 00 83

53 Manfred Doll
Donaustraße 25
89597 Munderkingen
„Bäckerei-Konditorei Doll"
Telefon: (0 73 93) 14 37
Fax: (0 73 93) 20 63

54 Otto Föhl
Büchsenstraße 15
70173 Stuttgart
„Bäckerei Föhl"
Telefon: (07 11) 29 43 09
Fax: (07 11) 29 24 91

55 Gottfried Gehr
Sindelfinger Straße 4
72070 Tübingen
„Bäckerei Gehr"
Telefon: (0 70 71) 94 88-0
Fax: (0 70 71) 94 88-20

56 Albert Gerstenlauer
Brucknerstraße 1
71640 Ludwigsburg
„Bäckerei-Konditorei
Gerstenlauer GmbH"
Telefon: (0 71 41) 8 14 38
Fax: (0 71 41) 8 14 38

57 Werner Hafendörfer
Heusteigstraße 35
70180 Stuttgart
„Spezialitäten und Vollkornbäckerei
Hafendörfer"
Telefon: (07 11) 9 60 12–0
Fax: (07 11) 9 60 12–15

58 Stefan Kapp
Riedlinger Straße 9
88521 Ertingen
„Bäckerei Kapp"
Telefon: (0 73 71) 65 43
Fax: (0 73 71) 96 14 88

59 Fritz Krieg
Frizstraße 20
74193 Schwaigern
„Krieg's Backhäusle"
Telefon: (0 71 38) 72 53
Fax; (0 71 38) 13 12

60 Karl Müller
Herrenstraße 23-25
88239 Wangen
„Stadt-Café Hölz GmbH"
Telefon: (0 75 22) 97 35-0
Fax: (0 75 22) 97 35-17

61 Sigrid Muth
Schloßstraße 8
74831 Gundelsheim
„Bäckerei Muth"
Telefon: (0 62 69) 2 32
Fax: (0 62 69) 2 32

62 Erich Petershans
Teinacher Straße 50
71634 Ludwigsburg
„Bäckerei-Konditorei Petershans"
Telefon: (0 71 41) 22 43-0
Fax: (0 71 41) 22 43-20

63 Gerhard Sailer
Löwentorstraße 257+259
70376 Stuttgart
„Bäckerei-Konditorei Sailer"
Telefon: (07 11) 95 46 86-11
Fax: (07 11) 95 46 86-66

64 Hans-Peter Saur
Wilhelmstraße 2
72160 Horb
„Bäckerei Saur"
Telefon: (0 74 51) 26 51
Fax: (0 74 51) 14 82

65 Manfred Sauter
Charlottenstraße 32
88045 Friedrichshafen
„Bäckerei-Konditorei Sauter OHG"
Telefon: (0 75 41) 2 21 20
Fax: (0 75 41) 3 41 56

66 Dietmar Schaal
Untere Hauptstraße 6
73630 Remshalden
„Bäckerei Schaal"
Telefon: (0 71 51) 7 57 79
Fax: (071 51) 7 59 97

67 Karl-Heinz Schnizer
Aschmannstraße 11
71665 Vaihingen
„Bäckerei Schnizer"
Telefon: (0 70 42) 55 04
Fax: (0 70 42) 9 22 70

68 Rainer Zachert
Breslauer Straße 6
71229 Leonberg
„Bäckerei Zachert"
Telefon: (0 71 52) 4 32 04
Fax: (0 71 52) 4 71 13

69 Gerhard Zoller
Eckener Straße 3
73730 Esslingen
„Backhaus Zoller"
Telefon: (07 11) 93 18 23-0
Fax: (07 11) 93 18 23-9

Kulinarische Meister in Baden-Württemberg

Bäckerbetriebe

Restaurants, Gasthöfe, Gasthäuser, Hotels

Ausführliche Angaben im Adressenverzeichnis der Köche und Bäcker auf Seite 223 bis 226

Alphabetisches Schriftstellerregister (mit lieferbaren Veröffentlichungen [Kurztitel] in Auswahl)

Lenz, Hermann 112, 114
Die Augen eines Dieners, Suhrkamp,
ISBN 3-518-22264-3
Lesebuch, Suhrkamp,
ISBN 3-518-39178-X

Mayer, Karl 116
Bilder am Wanderwege, Thorbecke,
ISBN 3-7995-4161-6

Mörike, Eduard 118, 120
Sämtliche Werke, Winkler,
ISBN 3-538-05151-8
Gedichte und Erzählungen, Manesse,
ISBN 3-7175-1295-1

Pfau, Ludwig 122, 124
Ausgewählte Werke, Silberburg,
ISBN 3-87407-163-4

Picard, Jacob 126, 128
Werke, Libelle,
ISBN 3-909081-48-7
Und ihm war leicht, Libelle,
ISBN 3-909081-59-2

Picard, Max 130, 132
Flucht vor Gott, Ammann,
ISBN 3-250-10192
Der Mensch und das Wort, Ammann,
ISBN 3-250-10191-5

Reuchlin, Johannes 134, 136
Henno, Reclam,
ISBN 3-15-007923-3

Sailer, Sebastian 138, 140
Karfreitagsoratorien, Konrad,
ISBN 3-87437-394-0
Jubilierendes Marchtall, Konrad,
ISBN 3-87437-370-3

Schäfer, Walter Erich 142, 144
Die Stuttgarter Staatsoper, Neske,
ISBN 3-7885-0023-9

Scheffel, Joseph Viktor von 146, 148
Ekkehard, Fleischhauer & Spohn,
ISBN 3-87230-301-5

Schieber, Anna 150, 152
Immergrüne Geschichten, Quell-Verl.,
ISBN 3-7918-2201-2

Schiller, Friedrich 154, 156
Gedichte und Prosa, Manesse,
ISBN 3-7175-1658-2
Der Verbrecher aus verlorener Ehre, Klett,
ISBN 3-12-351770-5

Schubart, Christian Friedrich Daniel 158
Gedichte aus der Deutschen Chronik,
Reclam,
ISBN 3-15-001821-8

Schumacher, Tony 160
Nanetta, Quell-Verl.,
ISBN 3-7918-2235-7

Schwab, Gustav 162, 164
Die schönsten Sagen
des klassischen Altertums, Insel,
ISBN 3-458-31872-5
Irrfahrten des Odysseus, Altberliner Verl.,
ISBN 3-357-00275-2

Storz, Gerhard 166, 168
Capriccios, Klett-Cotta,
ISBN 3-12-907350-7
Im Lauf der Jahre, Klett-Cotta,
ISBN 3-12-907380-9

Strauß, David Friedrich 170
Das Leben Jesu, Osiander,
ISBN 3-9800011-5-6

Supper, Auguste 172
Leut', Salzer,
ISBN 3-7936-0318-0

Troll, Thaddäus 174, 176
Deutschland deine Schwaben,
Hoffmann & Campe,
ISBN 3-455-07745-5
O Heimatland, Silberburg,
ISBN 3-87407-167-7

Überzwerch, Wendelin 178
Erzähltes und Geschütteltes, Knödler,
ISBN 3-87421-124-X
Uff guat schwäbisch, Knödler,
ISBN 3-87421-042-1

Uhland, Ludwig 180, 182
Gedichte, Reclam, ISBN 3-15-003021-8
Gedichte, Dramen, Versepik und Prosa,
Osiander,
ISBN 3-926326-18-2

Vischer, Friedrich Theodor 184, 186
Faust, 3. Teil, Reclam,
ISBN 3-15-006208-X

Vollmoeller, Karl Gustav 188
(nur noch im Antiquariat erhältlich)

Wagner, Christian 190, 192
Sonntagsgänge, Schweier,
ISBN 3-921829-03-8
Blühender Kirschbaum, Schweier,
ISBN 3-921829-33-X

Waiblinger, Wilhelm 194, 196
Werke und Briefe, Cotta,
ISBN 3-7681-9918-5
Gedichte, Schwäb. Verl.-Ges.,
ISBN 3-88466-056-X

Walser, Martin 198, 200
Ehen in Philipsburg, Suhrkamp,
ISBN 3-518-01527-3
Deutsche Sorgen, Suhrkamp,
ISBN 3-518-39158-5

Weitzmann, Karl Borromäus 202, 204
Gesammelte Werke,
Süddeutsche Verl.-Ges.,
ISBN 3-88294-179-0

Wekhrlin, Wilhelm Ludwig 206
(nur noch im Antiquariat erhältlich)

Wieland, Christoph Martin 208
Abderiten, Reclam,
ISBN 3-15-000331-8
Geschichte des Agathon, Reclam,
ISBN 3-15-009933-1

Wildermuth, Ottilie 210, 212
Schwäbische Pfarrhäuser, Osiander,
ISBN 3-926326-08-5
Die alten Häuser von Kirchheim,
Schöllkopf,
ISBN 3-927189-02-2

Zimmermann, Wilhelm 214
Der große deutsche Bauernkrieg, Dietz,
ISBN 3-320-01829-9

Quellennachweis und Dank

Zu danken ist für Hilfe und Unterstützung Herrn Manfred Herr (Württembergischer Genossenschaftsverband), den Herren Volker Braun und Fritz A. Ehmer (Hotel- und Gaststättenverband Baden-Württemberg), Herrn Ralf Jandl (Ministerium für Wissenschaft und Kunst Baden-Württemberg), Herrn Ulrich Ott (Deutsches Literaturarchiv Marbach a. N.), vor allem aber Herrn Walter Hofmann (Meistervereinigung Gastronom Baden-Württemberg) und seiner Gattin Frau Susanne Hofmann mit den Töchtern Claudia und Nicole Hofmann (Gasthof Lamm, Strümpfelbach) für die zeitraubende Koordination und Bearbeitung der Kochrezepte. Ebenso danken wir Herrn Andreas Kofler und Herrn Hans-Georg Baum (Landesinnungsverband für das Württembergische Bäckerhandwerk) für die Bearbeitung der Backrezepte.

Wesentlich zum Gelingen des Projekts „Literarisches Kochbuch" haben durch gute und kreative Zusammenarbeit außerdem beigetragen die Lektoren und Buchhersteller Hans-Jürgen Fug-Möller und Claudia Halder sowie die Korrektoren Hans-Peter Ritter und Heinz Zimmermann (Matthaes Verlag). Ferner danken wir Karen Auch und Michael Grätzbach für die Satzarbeiten, Bernd Hoffmann (Deutsches Literaturarchiv Marbach a. N.) für die fotografische Reproduktion der Porträts und Faksimiles sowie Kerstin Bergold für die Textüberprüfung und die Erstellung des Registers.

Für die freundliche Genehmigung zum Abdruck der Gedichte und Prosatexte danken wir allen Autoren sowie den beteiligten Verlagen.

Die Vorlagen für die Abbildungen der Porträts und Faksimiles wurden dankenswerterweise zur Verfügung gestellt vom Deutschen Literaturarchiv Marbach a. N. sowie von Ursula Litzmann (S. 40), Erica Loos (S. 46, 70, 166, 174), Bernd Hoffmann (S. 112, 198), Knödler-Verlag (S. 178).

Impressum

Im Rahmen der Initiative der Landesregierung von Baden-Württemberg
„Baden-Württemberg: Orte für Worte – Literatur Lesen"
und in Zusammenarbeit mit
der Meistervereinigung Gastronom Baden-Württemberg e. V.
dem Hotel- und Gaststättenverband Baden-Württemberg e. V.
dem Landesinnungsverband für das Württembergische Bäckerhandwerk e. V.
und dem Schiller-Nationalmuseum/Deutschen Literaturarchiv Marbach a. N.

Herausgegeben von Albrecht Bergold
Zeichnungen von Karin Jambor

Der Titel des Buches ist Ludwig Uhlands Gedicht
„Wein und Brot" (S. 182) entnommen.

ISBN 3-87516-691-4
3., überarbeitete Auflage

Umschlaggestaltung und Gestaltung: Karin Jambor, Erich Schönbach
Satz und Layout: Doppelpunkt Auch & Grätzbach GbR, Leonberg
Gesetzt in Baker Signet und Bergell

Herstellung und Druck: Hugo Matthaes Druckerei und Verlag GmbH & Co. KG, Stuttgart
Printed in Germany